TABLE DES CHANSONS.

A Andely sur Seine.	526
Adieu bergere adieu.	26
A la fin ce berger.	10
Allons bergere à l'ombrage.	4
Allons vieille imparfaicte.	158
Allons ma follastre mignonne.	356
Alors que mon cœur s'engage.	343
Amans qui d'amour pipez.	208
Amarante vous dormez.	255
Amis qui par vn mariage.	317
Amour m'auoit ordonné.	109
Amour n'a point des aisles.	233
Amour n'est plus mon maistre.	360
Amour ne pouuant viure.	185
Amour qui sçais qu'elle est.	399
A Paris des Dames y a.	479
Amour tout las de voler.	154
As tu encor enuie.	28
Aueugle clair voyant.	528
Aupres des beaux yeux de Philis.	298

(:) a

TABLE.

Auſſi toſt qu'vne belle ame.	430
Aux logettes de ces bois.	22
Au ioly bois ie m'en vay.	555
Baiſez ô Deeſſes & Dieux.	223
Baiſottons nous mon cher ſouly.	222
Beaux yeux lumiere de mon ame.	285
Beaux yeux qui doucement charmez.	300
Belle donnez moy voſtre amour.	422
Belles dont les beaux yeux.	339
Belle helas! pour voſtre amour	232
Belle main dont amour.	269
Belle ne paſſons nos iours.	228
Belle qui fuſtes iadis.	201
Belle fleur iadis amoureuſe.	546
Berger que vas cerchant.	51
Bergere ton bel œil vainqueur.	368
Bien heureux qui ſe peut dire.	294
Bien que portons habits.	291
Bien que voſtre rigueur.	25
Brunette mon ſoulas mon cœur.	8
Buuons mes voiſines.	48
	A
Cà qu'on me donne ma belle.	35
Ce beau tiltre de iouyſſance.	11
Ce fut alors que l'aurore.	15
Celuy la qui poutra nombrer.	14
Ce qui d'vn vouloir commun.	9
C'eſt à toy mon Capitaine.	53

C'eſt

AIRS DE COVR

COMPRENANS LE TRE-
SOR DES TRESORS, LA
fleur des fleurs, & eslite des
Chansons amou-
reuses.

*Extraictes des œuures non encor cy deuant
mises en lumiere, des plus fameux &
renommez Poëtes de ce siecle.*

A POICTIERS,
PAR PIERRE BROSSART.

M. DCVII.

TABLE.

C'est la fille du Roy.	444
Ce n'est bien ne plaisir.	97
C'est le verdier de Bernay.	495
Ce pendant que le hale.	81
Cessez de plus me baiser.	336
Cette eau benite Madame.	8
Ce sont de grandes sottises.	184
C'est obstiné refus.	283
C'est trop de tourment sans se plaindre.	216
Ceux qui disent que l'absence.	319
Ceux qui disent que l'absence.	320
Ceux qui peignent amour.	464
Chantez ailleurs folles Sirenes.	92
Cœur va tost mon pauure cœur.	355
Combien meilleur m'eust il esté.	244
C'est au païs de par delà.	523
Chambriere chambriere.	519
C'est entre Paris & Lyon.	551
Dans le touffu d'vn boccage.	1
Dedans ce lict où ie vous voy.	163
Dedans quatre chambrettes.	178
Depuis le iour qu'à la fontaine.	349
De qu'elle ingratte recompense.	13
Des maux si deplorables.	249
Desbordez vous mes pleurs.	85
Dessus l'herbe fleurie.	243
Dieu que c'est vne belle chose.	27
Dieu que c'est vne belle chose.	124

TABLE.

Dieu te gard ma belle Catin.	36
Dieu vous gard bergerette.	100
Dieu vous gard belle bergere.	238
Donques faut il qu'en aymant.	34
Dormant i'ay quelque fois songé.	385
Doux sommeil, doux repos.	254
Durant que sont parmy les champs.	238
Dy moy dy moy mignonne.	19
Elle l'auoit bien dit.	162
En ce ioly mois de May.	517
La fin c'est beauté.	198
En France il est suruenu grande.	535
En trauersant les campagnes.	351
En reuenant de Lorraine.	263
En reuenant d'vn bourg pres de.	499
Esprits qui souspirez.	377
Escoutez ie vous prie.	396
Entre Paris & la Rochelle.	507
Estendu parmi les fleurs.	407
Et où auez vous tant esté.	537
Faut-il endurer tant de maux.	212
Faut-il vous dire adieu.	181
Fay moy ce plaisir.	270
Fillettes ne faictes point.	241
Floris trembloit l'autre iour.	30
Ha ie te tiens ma cruelle.	164

Hé

TABLE.

Hé bien n'en parlons plus.	258
Hé bien que voulez vous dire.	174
Helas! Monsieur, ostez vous tost.	112
Helas! que de tourmens.	224
Helas! que me sert il d'aymer.	213
Hier au matin m'y leuay.	521
I'ay acquis vn seruiteur.	529
I'ay couru dans ces boccages.	323
I'ayme Margot ma bergere.	206
I'ayme en ce village.	386
I'ayme, & ne m'en puis distraire.	241
I'aymeray tousiours ma Philis.	188
I'ay de ton amour enuie.	206
I'ay tant batu, i'ay tant vané.	497
I'ay veu le cerf du bois saillir.	544
Ie fermay hier au soir de sorte.	31
Ie m'en allay her soir soupper.	513
Ie me leuay par vn matin.	503
Ie m'y leuay par vn matin.	508
Ie m'y leuay vn iour.	505
Ie me plains de Coridon.	196
Ie me plains de Ianneton.	233
I'endure vn fascheux ennuy.	322
Ie n'ayme rien que vous.	416
Ie n'aymeray iamais en vain.	376
Ie n'eus iamais desir.	56
Ie ne sçay que ie dois faire.	440
Ie ne suis plus comme i'estois.	63

TABLE.

Ie ne veux plus aymer sans voir.	89
Ie ne veux plus suiure.	384
Ie ne veux plus tant m'addonner.	45
I'esperay, mais ie m'en repens.	277
Ie pensois que vostre ame.	179
Ie suis amoureux d'vne fille.	478
Ie suis prisonnier arresté.	401
Ie suis sorty hors de moy mesme.	150
Ie trouuay sur l'herbe assise.	58
Ie viens de songer endormy.	236
Ie trouuay la belle vn iour.	393
I'eusse bien voulu traicter.	378
Ie veux chanter le martyre.	121
Ie vous ayme deserts.	31
Ie voudrois qu'il m'eust cousté.	451
Il estoit vne fillette.	203
Il est en vostre poissance.	282
Il est vray ie le confesse.	353
Il est vray que mes œillades.	52
Il n'est plus grand tourment.	462
Il estoit vn bon poste.	446
La belle s'en va au moulin.	449
La Diane que ie sers.	347
La fille de la Forge.	325
La haut dans ce bois.	436
L'amour pour me tyranniser.	148
La peine au monde plus sensible.	123
Las ie me meurs en presence de celle.	128

Las

TABLE.

Las ma mere ie ne puis.	411
L'autre iour allant cueillir.	531
L'autre iour cheminois par Paris.	194
L'autre iour m'allay pourmener.	16
L'autre iour m'acheminay.	532
L'autre iour ie m'y leuay.	514
Le celeste flambeau.	414
Le Ciel pour monstrer sa beauté.	324
Le pauure amour est descouuert.	410
Les enfans de France.	543
Lieux de moy tant aymez.	305
Le Roy seant en pleine cour.	40
Le vert n'est pas espoir.	5
Long temps a qu'amour me tient.	87
Ma Dame dés que ie vous vis.	473
Madame ne vous faschez point.	105
Ma Deesse, mon amour.	134
Magdelon tu n'ayme pas.	411
Ma foy c'est trop parlé d'amour.	221
Ma foy Ieanne quand i'y pense.	43
Ma folline follinette.	166
Ma guerriere il faut à ce coup.	153
Mais d'où vient que tu me baise.	288
Mais ie vous prie contentez vous.	247
Mamie m'a faict.	72
Margot si a prins sa houlette.	419
Margotton mon petit cœur.	64
Ma Robine voulez vous bien.	271

(:) 5

TABLE.

Marotte est bien malade.	511
Mes yeux que le chemin.	302
Medor tu fus heureux.	416
Mignonne puis que mon ame.	273
Mignonne que ne craignez vous.	461
Mignonne la plus gentille.	559
Mon ame est si fort blessée.	67
Mon cœur & ma vie.	340
Mon Dieu que pourray-ie faire.	333
Mon Dieu que voulez vous dire.	252
Mon esprit n'a point de cesse.	296
Mon pere a des brebis tant.	456
Mon pere m'a donnée.	490
Mon pere m'a mariée.	245
Mon pere m'a mariée.	547
Mon pere & ma mere.	186
Mon pere n'a pas voulu.	243
Mon pere n'a fille que moy.	525
Mon pere s'en va au bois.	315
Mon pere trois moulins auoit.	510
Mourir en vous seruant.	3
N'auous point veu la Peronnelle.	435
Ne vous courroucez point.	275
Ne vous offencez Madame.	234
Ne vous offencés point.	284
Non non, ie ne croy point.	299
Non non, il n'est pas tousiours.	292
Non non, rien de vous ie ne veux.	278

Non

TABLE.

Non tu ne m'eschapperas point,	115
Nous estions trois Dames.	456
Nous estions trois ieunes filles,	493
Nous sommes bluteurs en amour.	237
Nous sommes vne bande,	475
Nuict que ie suis en peine dure.	108
O beaux lauriers.	554
O beaux yeux inhumains.	195
O beaux yeux qui sçauez.	460
O bois d'ombre couuerts,	256
O cœur de marbre inexorable.	253
O d'amant estrange fortune.	331
O diuine beauté de mon cœur,	106
O Dieu que de trauaux.	478
O nuict, heureuse nuict,	100
On dit qui veut veoir vn bel œil.	117
On dit qu'en ce monde.	373
O pensers dont amour.	262
Or escoutez gentils galans.	442
Or oyez entre vous gens qui dormez.	265
Or que la nuict & le silence.	244
Or viuons donc ioyeusement.	184
Or vous pleins de pitié,	211
Or dittes moy ma mignonne.	557
Passant maintes campaignes.	541
Pendant nostre ieune aage.	276
Pendant que boirons ce vin.	549

Phi

TABLE.

Philon tenoit ſa Floris.	5
Poiadre ie voy l'aube du iour.	79
Pourquoy luy auez vous.	338
Pourquoy mon œil refuſes tu.	28
Pour trop aymer ie perds tout.	190
Preſſé d'ennuis.	311
Puis qu'au lieu de la douceur.	405
Puis que ce vieillard bleſme.	363
Puis que dans ce verd bocage.	46
Puis que le Ciel à mon bon heur.	169
Puis que le Ciel par mon malheur.	176
Puis que le Ciel veut ainſi.	447
Puis que ma belle rebelle.	182
Puis qu'eſtant tout de feu.	230
Puis que tu as tant de beauté.	424
Puis qu'il faut deſormais.	184
Puis qu'il vous plaiſt Philis.	300
Quand Colinet faiſoit l'amour.	549
Quand i'eſtois ieune fillette.	330
Quand l'infidelle vſoit.	459
Quand la bergere va aux champs.	501
Quand le flambeau du monde.	176
Quand ie ſuis loing de voſtre.	344
Quand ie voy ce bel œil vainqueur.	366
Quand la ligue maudite.	538
Quand ie viens à penſer.	125
Quand premier commencée.	77
Qu'elle choſe icy bas.	308

Qu'el

TABLE

Qu'elle folie est cecy.	231
Qu'elle pitié est cecy.	118
Quels demons de là bas.	258
Que faictes vous bergere.	370
Que i'ayme ces beaux yeux.	28
Que ie veux mal à mes yeux.	240
Que me sert il d'endurer.	427
Que sert de tant dissimuler.	334
Que tu es belle à mon gré.	327
Que vous sert tant de faintise.	7
Qui ayme & n'a point de plaisir.	328
Qui rend la femme si muable.	87
Quoy de nous baiser bergere.	27
Quoy mignarde veux tu.	340
Quittons ce fascheux poinct d'honneur.	235
Resueillez vous belle Catin.	400
Robin & Marion s'en vont.	544
Rien n'est de si variable.	553
Si i'ay fait nouuel amour.	467
Si l'amour est vn Dieu.	104
Si le Ciel a mis en moy.	239
Si les premiers malheurs.	101
Si mon conseil voulez croire.	289
Si nous sommes villageois.	454
Si pour sentir douleur.	74
Si quelque pitié te touche.	23
Si ie reçois en aymant.	280

Si

TABLE.

Si tu veux apprendre.	482
Si voſtre eſtuy.	15
Si voulez ouïr chanſonnette.	69
S'il eſt vray que d'vn traict eſgal.	214
Sont les filles de Somme.	432
Sortez bouillans ſouſpirs.	11
Sortez ma voix parmy mes plaintes.	54
Suis ie pas belle.	483
Tant plus l'amant eſt heureux.	408
Traiſtre affin de m'abuſer.	346
Toutes les nuicts ma mignarde.	167
Trois fois heureuſe penſée.	58
Tu dors mon ame appeſantie.	107
Venez çà que ie vous baiſe.	38
Venus qui de tés beautez.	86
Viue Dame d'eſprits.	394
Viue le gris ma couleur.	392
Vinray ie touſiours en triſteſſe.	403
Vn amant reſpandit vn iour.	161
Vn bergerot gaillard & beau.	503
Vu iour de May par vn matin.	85
Vn iour madame Perrette.	341
Vn long deſdain, ou vn courroux.	192
Vne belle geoliere empriſonne.	219
Vne petite feſte.	266
Volle mon cœur viſtement.	32
Vollez petit archer.	380

Voila

TABLE.

Voila le berger Catin.	237
Voſtre amour n'eſt pas.	76
Voſtre humeur ne m'a point faſché.	301
Voſtre humeur propre à n'aymer.	66
Voulez ouyr chanter.	217
Vous dittes que ie ſuis muable.	160
Vous faictes bien de la farouche.	26
Vous ieunes filles ſans eſmoy.	60
Vous m'auez fermé la porte.	102
Vous me blaſmez le plus ſouuent.	12
Vous me iurez bergere.	172
Vous qui auez l'ame d'amour.	81
Vrayement c'eſt trop, mais laiſſez moy.	316

Chanſons de ſurplus adiouſteés.

Qui veut ouyr merueille.	563
Eſcoutez vn cas deplorable,	567
Qui veut ouyr chanſon.	570

F. I N.

LA FLEVR
OV L'ESLITE DE
TOVTES LES CHANSONS
amoureuses & Airs de
Cour.

Air de Cour.

Ans le touffu d'vn boccage
Amour d'vn lointain seruage
M'a voulu rescompenser
Trouuāt ma belle endormie.
Tant s'en faut que ie le die,
Ie ne l'ose pas penser.
De son sein le bel albastre
Bouffoit doucement follastre:
Qui fist ma main s'aduancer
Sur le lieu ou gist ma vie.
Tant s'en faut, &c.

Toute esprinse de merueille
En sursaut floris s'esueille
Mais sans peur de l'offenser
D'vne chose ie la prie.
  Tant s'en faut,&c.
 En sa collere elle eut grace
Colorant sa belle face.
Mais comme amour peut forcer
Ce que doucement il lie.
  Tant s'en faut,&c.
 Le ciel qui veoid que mon ame
De mille douceurs se pasme
Sembla lors se courroucer
Portant a mon heur enuie.
  Tant s'en faut,&c.
 O beaux combats ou il semble
Viure & mourir tout ensemble,
D'vn trauail doux & amer
Plein de penible ambroisie.
  Tant s'en faut,&c.
 Puissions nous tousiours combattre
Et combattans nous esbatre
Tant qu'en ce ieu d'embrasser

Chansons amoureuses.

Mon ame me soit rauie.
Tant s'en faut que ie le die,
Ie ne l'ose pas penser.

Air de Cour.

Mourir en vous seruãt, c'est ma belle naissance
Puis que ie suis pour vous, plustost que pour moy né
Estant fatalement à ma mort destiné
Le destin en est doux s'il a de vous l'essence.

Estouffer dans son cœur vne peine mortelle
Sans oser seulement penser à sa douleur
Est-ce viure ou mourir mais t'estime vn bon heur
Mon trespas renaissant ma peine en est trop belle.

Ma vie est peu de cas pour faire vn sacrifice,
A vn subiect qui est d'amour mesme adoré
Aymer auec les Dieux c'est trop estre honoré
Et souffrir auec eux ce n'est pas vn supplice.

Tout ce qui estoit mien à moy mesme faict guerre
Et comme desia rien se bande contre moy,
Mais doucement charmé ie nourris mon esmoy
Et suis en te seruant à moy mesme contraire.

Ie ne demande rien pour toute rescompense
De ma constante foy qu'vn tourment douccreux
Pour loyer de mes feux ie demande des feux
Car endurer pour toy c'est ma seule esperance.

La fleur ou l'eslite des
Air de Cour.

ALlons bergere a l'ombrage
De ces tremblottans cyprez
Et nous ioygnons de si pres
Qu'en vn doux meurtier plaisir
Le desir,
Nous anime le courage.

　　Si quelque mouton folastre
Se perd de nous tout a coup,
Nous crierons au loup au loup.
Et si quelqu'vn veoid nos ieux
Amoureux,
N'est-il pas bon de s'esbattre.

　　Et quoy tu fais la mignarde
Ne repousse plus ma main,
Mais pasmant dessus ton sein
Vien tost mon mal appaiser,
D'vn baiser,
Floris nul ne nous regarde.

　　Ie meurs ma flamme s'augmente
Tous ces passetemps sont vains,
Si nous ne venons aux mains,
Mais ie benis en ce pas,

　　　　　　　　　　Mon-

Chansons amoureuses.

Mon trespas,
Tant ceste mort me contente.

Air de Cour.

LE verd n'est pas espoir à vn qui rien n'espere,
Soubs le verd bien souuët se couure la rigueur
L'amant n'est pas amant, qui cede à la douleur
Et qui a ces tourments son debuoir ne prefere.

Si mon verd est menteur mēteuse n'est ma flame
Menteurs ne sont mes pleurs, menteuse n'est ma foy
Mais il vaut mieux mentir pour couurir mō esmoy
Que noircir ton beau nom d'vn eternel diffame.

Parmy les froids glaçons de mille & mille peines
Mon amour reuuerdis, & ton bel œil vainqueur;
D'vn hyuer froidureux, peut faire dans mon cœur
Vn printemps: & l'esté au profond de mes veines.

Beau verd certain tesmoin de ma ferme cōstance
Et qui porte les traicts de ma fidelité,
Iamais ne puisse tu embrunir ta clarté,
Mais plustost renuerdir au fort de ma souffrance.

Et toy belle qui vas dessoubs la couleur traistre
D'vn verd feint & menteur voillant ta cruauté,
Puisses tu renuerdir en henneur en beauté
Car de ton seul bon heur le mien apres peut naistre.

Air de Cour.

PHilon tenoit sa floris,
Vn matin dessus sa couche
Ou d'vne fureur espris,
Pasmoit sur sa belle bouche

A 3

Bien heureux est le tourment
D'où naist le contentement.
Floris sentoit dans son cœur,
Les effects de mesme flamme
Et en mourant de douceur
Disoit tout bas dans son ame,
Bien heureux, &c.
Philon lors couloit sa main
La voyant toute endormie
Sur la rondeur de son sein
Qu'attendez vous qu'on vous die.
Bien heureux, &c.
Si Floris eust peu parler,
Elle eust repris son audace
Mais que nous sert de voiller,
Ce qu'on lit dans nostre face.
Bien heureux, &c.
N'en blasmez pourtant Philon:
Mais dictes si voz pensees
D'vne mesme affection,
Ont esté iamais touchées.
Bien heureux est le tourment
D'où naist le contentement.

Chansons amoureuses.

Air de Cour.

QVe vous sert tant de feintise
Pour me rendre en vos lacqs,
Deux fois d'vne mesme prise
Vous ne triompherez pas.
  Car dés que vous l'auez faict,
  Tout soudain chacun le sçait.

Tout ce que vous sçauez faire,
Pour couurir si lasche tour,
C'est me vouloir faire croire
Que vous auez de l'amour.
  Car dés que, &c.

Ie ne seray plus si folle,
De me rendre au premier mot
Desormais sur la parolle
Ie ne quitteray le fort.
  Car dés que, &c.

Vostre ceruelle mouuante,
Plus que les astres le bal
Et vostre humeur moins constante
Que les flots qui vont aual.
  Qui font que quand l'auez faict
  Tout soudain chacun le sçait.

A 4

Me rendront ores plus sage,
En l'amour que ie n'estois
Lors de mon aprantissage,
Captiue dessoubs voz loix.
 Puis que quand vous l'auez faict
 Tout soudain chacun le sçait.
Retirez vous ie vous prie.
Et me laissez en repos
Ce sera plus à propos.
Si ie le fais de ma vie,
 Car des que, &c.
Vos parolles mensongeres.
Et souspirs feints de ton cœur
Auec tes amours legeres,
Plus ne toucheront mon cœur.
 Car dés que vous l'auez faict,
 Tout soudain chacun le sçait.

Air de Cour.

CEste eau beniste Madame,
Dont vous m'arrousastes vn iour,
Helas c'estoit de la flame
Ou du feu de nostre amour.
 Ce n'est pas de l'eau beniste
    Dequoy

Chansons amoureuses.

Dequoy vous fustes arrousé,
Elle a bien autre merite,
Vous en seriez embrasé.

Si-est car des la mesme heure,
Que vous m'eustes arrousé
Ma mignonne que ie meure,
Si ie ne fus embrasé.

Non c'estoit de l'eau boüillante,
Prinse au chaut brasier d'amour,
Dont l'vn & l'autre se contente
Chacun de tour à son tour.

C'est bien pour prendre courage,
Puis que si froidement
Au lieu d'esteindre ma rage,
Ma flamme va r'alumant.

Mon Dieu quand ie vous regarde:
Mais quoy qu'est-ce que de vous.
I'ay beau me poser en garde,
Ie ne puis parer voz coups.

Ne ferois ie pas folie
Plaindre ma captiuité,
Puis que ma belle marie
Captiue ma liberté.

A 5

La fleur ou l'eslite des Air de Cour.

A La fin ce berger
Monstre vn esprit leger,
Pour tromper mon attente
Mais i'auray desormais
Pour ne l'aymer iamais
L'ame constante.

   Ie n'en vaudray que mieux,
Elle qui de ses yeux
Son ame à recouuerte,
La tenant en sa main
Ne faict non plus de gain
Que moy de perte.

   Non, non ce ne sont pas
Ces yeux ny ses apasts
Qui ont faict la conqueste :
Mais son esprit mouuant
Qui est ainsi que vent,
La luy à faicte

   Elle perd à demy
C'est infidelle amy
Commençant à le prendre,
Et sa legereté
Qui ma son cœur osté,

Me le peut rendre.

Ie le tiens mieux aquis
Auant l'auoir conquis,
Que quand ie le possede
Il reuient en allant,
Et son mal violant,
Est son remede.

Il à beau reuenir,
Si i'ay mon souuenir,
Et luy son inconstance
l'appreste à son retour,
Au lieu de mon amour
La resistance.

Air de Cour.

Sortez bouillàs souspirs qui m'estouffez d'ardour
Laissez ce pauure corps pour aller veoir ma belle
Eschauffez luy son cœur & bruslez sa froideur,
Afin qu'elle ne soit enuers moy si cruelle.

Volettez à l'entour de la bouche & du sein,
Baisez & rebaisez sa coraline bouche
Puis ô mes chers souspirs, renouuellez vous soudain
De peur que le brasier de ses yeux ne vous touche.

Fuyez dans ses cheueux les liens de mon cœur.
Pour deslier les nœuds ou ma raison s'oublye.
Mais gardez vous aussi que l'archerot vainqueur,
Pensant

Pensant me deslier vous mesme il ne lie.
   Ces cheueux annellez ressemblent aux apats,
De loiseleur qui prend les oyseaux par finesse
Vous pourriez bien ainsi estre pris en ses lacqs,
Car ce ne sons que rets & filets que sa tresse.
   Entrez dans son aureille & luy dictes ainsi,
Ce miserable corps dont auons faict sortie,
Est tellement vaincu de dueil & de soucy
Qu'estendu sur son lict sa force est amortie.
   Voulez vous point auoir de luy quelque pitié.
Vous causez ses ennuicts, soyez donc moins rebelle,
Et ne mesprisez point de son extreme amitié.
Non vous n'aurez iamais vn amant si fidelle.

Air de Cour.

Vous me blasmez le plus souuent
De veoir mon amour en balance:
Mais auec le sable & le vent,
Vous gaignez le pris d'inconstance.
   Bergere conuenons d'vn point,
   Que ie châge ou ne châgez point

Ie ne serois estre leger,
Quand ie recognois que l'on m'ayme:
Mais lors que ie me vois changer
Tout aussi tost ie fais de mesme.
   Bergere conuenons, &c.

Non vous n'auez pas plus que moy,

Chanfons amoureufes.

De ruze, ny de priuilege
Amour qui nous donna la loy
Nous apprift en mefme college.
  Bergere conuenons,&c.
 Ie ne puis fouffrir nullement
Les traits d'vne amour vagabonde,
N'y pleurer pour vous feulement
Quand vous muez à tout le monde.
  Bergere conuenons,&c.
 Vous recognoiftrez qu'à grand tort,
Voftre cœur à moy fe courrouce,
Car fi ie fuis party du port
C'eft du mefme vent qui vous pouffe.
  Bergere conuenons,&c.
Bergere dont l'efprit errant
N'a rien d'efgale à fa viteffe
Pour accorder ce different,
Qui nous faict difputer fans ceffe.
 Il faut donc conuenir d'vn point,
 Que ie châge ou ne châgez point
  Air de Cour.

DE qu'elle ingratte recompenfe,
Payes tu ma fidelité,
     Cruell

Cruelle & perfide beauté
Tu foulles aux pieds ma constance.
 Mais ie te verray quelque iour,
 Punir de ton fol amour.
Celuy qui retient en seruage,
Ton cœur qui deuroit estre mien
Ne iouiroit pas de ce bien
Si ton amour n'estoit volage.
 Mais ie te verray, &c.
Ne m'as tu pas la foy iurée,
Et ie croyois ton faux serment
Que tu m'aymois vniquement,
Toutesfois tu t'es pariurée.
 Mais ie te verray, &c.
Celuy qui possede ton ame,
Au preiudice de ta foy
Bien tost me vengera de toy,
En changeant d'amour & de Dame.
 Cela t'aduiendra quelque iour,
 Pour punir ton volage amour.
Lors tes yeux qui sont plains de char-
mes,
De trets d'amour & de douceur
 Seront

Seront cause de ta douleur,
Changez en fontaines de larmes.
  Cela t'aduiendra, &c.
  Quand tu sentiras en toy mesme,
La rigueur de ton changement,
Tu iugeras en ton tourment
Combien ma douleur est extresme,
  Cela t'aduiendra, &c.
 Mais las! d'vn supplice semblable
Le ciel nous punira tous deux,
Moy pour le bien que ie te veux,
 Toy pour auoir esté muable.
  Cela t'aduiendra quelque iour,
  Pour punir ton volage amour.

SI vostre estuy ma maistresse
N'est de ces pieces garny,
I'en suis assez bien muny
Pour vous seruir d'allegresse.
  A vn poinçon bien poly,
  Il faut vn estuy ioly.
I'ay vne pointe galante
Si propre pour vostre estuy,
Et i'ay ce qui s'ensuit

      Pour

Pour vous rendre bien contente.
A vn poinçon, &c.
Si ceste piece iolye
Dedans voſtre eſtuy eſtoit,
Pourueu qu'elle y fuſt bien droit
Vous la trouueriez iolye.
A vn poinçon, &c.
C'eſt vn poinçon le plus roide
Que nature ait iamais faict,
C'eſt vn œuure ſi parfaict
Que i'en priue toute laide
A vn poinçon, &c.
Ce preſent donc ma mignonne,
Doit eſtre priſé de vous
Dar il n'eſt commun à tous
A vous belle ie le donne
A vn poinçon bien poly,
Il faut vn eſtuy ioly.

Air de Cour.

L'Autre iour m'allay pourmener,
Le long d'vn verd boccage
Le mien amy me vint trouuer,
Iuſtement au paſſage.
O que

Chansons amoureuses.

O que le combat d'amour
Est plaisant à l'vsage.
Le mien amy me vint trouuer
Iustement au passage
Il y estoit venu expres,
Afin de me combattre,
 O que le combat, &c.
Il y estoit venu expres,
Afin de me combattre
Et moy le voyant de si pres,
Ie fis de la folastre
 O que le combat, &c.
Et moy le voyant de si pres
Ie fis de la folastre,
Il me print par mon ioly corps,
Et en bas me terrasse.
 O que le combat, &c.
Il me print par mon ioly corps,
Et en bas me terrasse
Et sans me laisser en repos
Incontinent m'embrasse.
 O que le combat, &c.
Et sans me laisser en repos

B

Incontinent m'embrasse
Mist soudain sa lance en arrest,
Me pensant faire outrage.
  O que le combat, &c.

 Mist soudain sa lance en arrest
Me pensant faire outrage,
Moy le voyant à courir prest,
Luy monstray bon visage.
  O que le combat &c.

 Moy le voyant à courir prest,
Luy monstray bon visage,
Lors il courut cinq ou six coups
D'vn fort braue courage.
  O que le combat, &c.

 Lors il courut cinq ou six coups
D'vn fort braue courage,
Mais en fin il deuint rebours
Sur la septiesme charge.
  O que le combat, &c.

 Mais en fin il deuint rebours,
Sur la septiesme charge,
Et se voyant du tout vaincu
Me supplia de grace.
     O que

Chansons amoureuses.

O que le combat, &c.
Et se voyant du tout vaincu
Me supplia de grace,
Que ie misse bas mon escu,
Et treue luy donnasse.

O que le combat, &c.
Que ie misse bas mon escu,
Et treue luy donnasse
Et qu'vne autrefois reuiendroit
En ceste mesme place:

O que le combat, &c.
Et qu'vne autrefois ie reuiendroit
En ceste mesme place,
Et qu'il seroit frais & adroit
Pour bien battre la casse.

O que le combat d'amour,
Est plaisant à l'vsage.

DY moy dy moy mignonne
Quel plaisir tu reçois,
Quel aise tu te donne.
Et quel bien tu conçois
Quand tu ny veux pas faire
Fariron la la la la.

Qund tu ny veux pas faire
Pour ton amy cela.
Que seruent tant d'œillades
Qu'acroistre le desir
Toutes vos algarades,
Ne me donnent aucun plaisir.
Si l'on n'y vient à faire
Fariron la la la la
Si l'on ny vient à faire
Pour son amy cela.
Est-ce vn plaisir ou peine,
D'ainsi faire l'amour
Nenny mais vne gesne
Trop cruelle en amour.
Si l'on ny vient, &c.
Veux tu viure sans flame,
Et sans aucun desir
Tu me desrobe l'ame,
Faute d'vn seul plaisir.
Si tu ny viens, &c.
Est-ce contentement,
Se baiser tout vn iour:
Non, mais bien vn tourment,
Inhu

Chansons amoureuses.

Inhumain en amour.
  Si l'on n'y vient, &c.
 Aproche toy Clerisse,
Aproche toy de moy,
Tu auras la iaunisse,
Ie te iure ma foy.
  Si tu ny viens, &c.
 Veux tu que ie perisse
A faute d'vn baiser,
Sus donc entrons en lice,
Pour mon mal appaiser,
Et nous en allons faire
Fariton la la la la,   } Reprinse
Ce que l'amour voudra.
 Ce grand Dieu qui tout dompte,
Soubs l'effort de ses traicts
Ne veut pas que ie monte?
Ou sont ses doux attraicts
Sans premierement faire,
Fariton la la la la,   } Reprinse
Ce que l'amour voudra.
 Or afin que tu tienne,
Le plaisir par effect,

B 3

Approche que ie prenne
Mon desir à souhait.   } Reprinse.
Et nous en allons faire
Fariron la la la la,
Ce que l'amour voudra.

AVx logettes de ces bois
Est vne pucelle,
Ou bien souuent ie m'en vois
Pour parler à elle,
Ie l'entretiens tous les iours,
De mille propos d'amours.
   Mais helas ie cognois bien,
     A son fier langaige,
     Que ie n'y peux gaigner rien
     Sur son pucelaige.
   Elle ne peut desirer
Rien que ie ne face,
Et si ne peux esperer
Que sa bonne grace,
Que ie veux tousiours cherir
Fussay ie prest à mourir,
     Mais helas,&c.
Pleust à Dieu qu'elle sceust bien,

Chansons amoureuses.

Mon amour extresme,
Et que son cœur & le mien
Fust vn vouloir mesme,
Nous viurions tous deux heureux,
Ainsi que vrais amoureux.
  Mais helas,&c,
 Si ie ne la puis gaigner,
Par loyal seruice,
Ie tascheray à l'auoir,
Par quelque artifice,
Ou i'innocqueray tousiours
Le conducteur des amours.
  Mais helas ie congnois bien,
 A son fier langaige,
Que ie n'y peux gaigner rien
Sur son pucelaige.

Air de Cour.
L'amant.

SI quelque pitié te touche,
Du mal que souffre mon cœur,
Vien appaiser de ta bouche
Mon amoureuse chaleur,
Ma flamme en ton sein s'augmente

B 4

Mon ame aux tetons s'enfuit
Pren sur ma leure mourante,
Le reste de mon esprit.
L'amie.
Tu te trompes ma pensee,
De dire que mes tetons
Tiennent ton ame pressee,
Sur leurs rougissans boutons.
Tu te trompes mon fidelle,
De me mordre ainsi le sein
Ta morsure est trop cruelle
N'y touche que de la main.
L'amant.
Puis que ta langue fuyarde
Sucrez en mille deduits,
D'vne grace si mignarde
Desrobe tous mes esprits
Rends les fascheux à la mienne
Ie meurs encore vne fois,
La douceur de ton haleine.
Rauit mon cœur & ma voix.
L'amie.
Que fais tu donc mon folastre,

Tout

Chansons amoureuses.

Tout beau ie ne le veux pas
Qu'elle façon de s'esbattre,
Ton ame n'est pas la bas,
Ha desloyal ie suis morte,
Certes ie me fascheray
Ie ne suis pas la plus forte
Tu me blesses ie crieray.

L'amant.

Vrayement tu as bonne grace
Sus que ie baise tes yeux,
Presse ma bouche & m'embrasse,
O quel esbat gracieux
Nous mourons tous deux ensemble
Ha la parolle me faut,
Ma maistresse que te semble
De c'est amoureux assaut.

L'amie.

Ton ame estoit prisonniere
Es liens de ma beauté,
Mais d'vne douce maniere,
Tu las mise en liberté,
Tu m'as desrobé la vie
Rends la moy cruel garçon,

Rends la moy ie te supplie
D'vne pareille façon.

Air de Cour.
Demande.

Vous faictes bien de la farrouche,
Parce qu'on vous veut du bien.

Responce.

Monsieur essuyez vostre bouche.
Ma foy vous ny gaignerez rien.

Demande.

Ne croyez vous pas la belle
Quand ie vous dy verité.

Responce.

Vostre trop creuse ceruelle,
M'en oste la volonté.

Demande.

Quoy vous n'auez point fiance
Au vœu qu'ay faict si souuent

Responce.

Parce que vostre constance,
Se change comme le vent.

Demande.

Adieu donc belle mauuaise,

Chansons amoureuses.

Ie ne vous diray plus mot.
Responce.
Allez vous mettre à vostre aise,
Vous n'estes qu'vn ieune sot.
Chanson.
Dieu que c'est vne belle chose,
De viure libre & peu auoir,
L'homme sans soucy se repose
N'ayant subiect de se douloir.
   Viure libre en fin si ie peux,
   M'engager iamais ne me veux,
   L'homme qui de peu se contente,
Vit sans aucune passion,
Iamais n'a l'ame languissante
Pour subiect ou occasion.
   Viure libre, &c.
O Dieu qu'elle sotte manie
Dont les hommes sont tourmentez,
Puis que ce n'est que pour la vie
Que seruent des biens par excez.
   Viure libre, &c.
De peu Dieu à creé le monde.
Est ce pas vn tresbeau miroir:

Mais

La fleur ou l'eslite des

Mais le mal qui en nous abonde
Nous empesche de le sçauoir.
 Viure libre en fin si ie peux:
 M'engager iamais ne me veux.

Air de Cour.

Que i'ayme ces beaux yeux ou gist tāt de poisō
Si cruels & si doux autheurs de ma destresse
Que i'ayme ce beau sein ou ie pasme sans cesse
Et l'or de ces cheueux ma plus saincte prison.
 Que i'ayme ceste main ou la belle longueur,
Au fort de mon tourment redresse mon courage:
Que i'ayme les attraicts de ce diuin visage
Et ce front ou s'escourne vne feinte douceur.
 Que i'ayme ce beau ris chastement affetté,
Et les accens pipeurs de sa douce parolle
Et ceste mer de laict qu'à petits flots briscolle,
De son sein potelé dans la belle durté.
 Que i'ayme ces pillers de marbre tremblottant,
Sur tout ie ne sçay quoy qu'on veoid entre eux pa-
 roistre,
Me rauit de douceur:mes Dames que peut c'estre
De moy ie n'en sçay rien tant ie m'en sens contens.

Air de Cour.

Aveugle clair voyant mon escorte fidelle,
Secourable flambeau qui guida ma nacelle:
Soubs vne obscure nuict dans le port de mon mieux
Tu enhardis mes pas tu monstras la place,
Et floris fus l'autel ou te payant mes vœux,

Amour

Amour ie te rendis vne action de grace,
　Tu fus mon Ariadne ainsi comme Thesee
I'erroy au Dedalus d'vne peur qui campee,
Tout à l'entour de moy s'opposoit à mon bien:
Mais l'espoir du plaisir animant mon courage,
Me seruit de filet & me conduit si bien,
　Que mon heur ne permet desirer d'auantage.
　O fauorable nuict trop plus qu'vn beau iour claire
O belle obscurité l'vnique secretaire,
Des plus doux passetemps, des plus saintes fureurs
Des baisers plus sacrez des douceurs plus cruelles,
　Qui font rougir les Dieux ialoux de nos bons heurs
Sois pour iamais mō iour & mes clartez plus belles.
　Mais sur tout Pithyen enuieuse lumiere,
Va dormir desormais finissant ta carriere,
D'vn sommeil eternel au giron de Thetis,
　Qu'vn nouueau Phoeton aux despens de la terre,
Precipite ton char & que l'œil de Floris
Serue pour le briser à Iuppin de tonnerre.
　Et toy petit archer cause de ma torture,
Qui pour m'en alleger me seruit de Mercure,
Endormant finement vn Argus ennuyeux,
Comme tu as esté maintiens toy fauorable:
Et si le commencer en à esté heureux,
Fay que la fin en sois encor plus desiderable.

Air de Cour.

Bien que vostre rigueur mon seruice reiecte
Ie n'ayme rien, que vous n'y ne sçaurois aymer
Ie despite autre amour qui me sceut enflamer

Mon cœur est un rocher à toute autre sagette.
La foy qui pour son temple a choisi ma poitrine
Iamais n'en partira quoy qu'il puisse arriuer,
L'effort du temps vainqueur ne l'en sçauroit priuer
Contre tous ses assauts plus ferme elle s'obstine.
Pourquoy doutez vous donc de mon amour si telle
Voulez vous mespriser mes larmes & mes pleurs,
Si vous cognoissiez bien qu'elles sont mes douleurs
Vous vous accuseriez de m'estre si cruelle.
Mais puis que vos desdains rédét ma voix plaintiue
Et que mon mal vous plaist & mes tristes langueurs
Ie voy biē qu'il faudra pour borner mes malheurs,
Et mes loyaux desirs que la mort me captiue.
Et bien quand ie mourray pour vous auoir seruie,
Voyez ce qu'on dira quand on sçaura ma mort
Ceste Dame cruelle est dedaigneuse à tort
Fit tant que son amant donna fin à sa vie.

Air de Cour.

Floris trembloit l'autre iour,
D'vne glace qui l'entore
Et moy qui brusle d'amour,
Ceste froidure implore :
   Ainsi de ces deux poisons
   Nous portons les guerisons.
  Floris des palles couleurs
Mille fois le iour se pasme,

Et

Chansons amoureuses.

Et moy de mille chaleurs
Ie sens bourreller mon ame.
  Ainsi de ces, &c.
  Ma floris a sur les mains
Vne fascheuse colique,
Et ie sens brusler mes reins
D'vn amour melancolique.
  Ainsi de ces, &c.
  Mille suffocations
S'opposent à sa constance,
Et mes inflammations
Luy demandent allegeance.
  Ainsi de ces, &c.
  Venons floris à l'accort,
Par vn gracieux eschange
Afin d'euiter la mort:
Faisons dans nous vn meslange.
  Ainsi de ces deux poisons
  Prouiendront nos guerisons.

Air de Cour.

IE fermay hier au soir de sorte
La fenestre que sçauez,
Vintes heurter à la porte

Dictes

Dites hola vous en allez:
    Ma mere entendit bien cela:
    Mais pourquoy disiez vo' hola.bis
Si fussiez venu de sorte,
Certes m'amour eussiez eu:
Non point heurter à la porte,
Mais aux fenestres venu,
Fussiez couché entre mes bras:
    Mais pour quoy &c.
Il falloit venir de sorte
Que ne fussiez descouuert,
Tout le long de la grand porte
Le petit huis estoit ouuert,
Sans faire tout ces mines là,
    Mais pourquoy,&c.
I'attendois vostre venue,
Certes ie ne dormois pas
I'estois desia toute nue
Pour mieux prendre nos esbats,
Hola nous fit perdre cela:
    Mais pourquoy,&c.
Venez demain deuant nonne,
Ma mere n'y sera pas.

                    Et si

Chansons amoureuses.

Et si n'y aura personne,
Ie vous prie n'y faillez pas
Toute perte on recouurira
Gardez vous bien de dire hola.   bis
    Regardez à vostre affaire
Ny venez à l'estourdy,
Et ne faictes le contraire
De ce que hier ie vous dy.
Vous n'auriez cecy ne cela,
Gardez vous bien de dire hola.   bis
    Gardez vous de mettre en doubte,
L'entree du iardinet,
Car ie seray aux escouttes
Pour vous mettre au Cabinet,
Puis nous ferons cecy, cela,
Gardez vous bien de dire hola.   bis
    Le drolle n'y faillit mye
A l'heure qu'elle auoit dit,
Feirent à leur fantasie
Accomplirent leur deduict,
Hastez vous ma mere viendra,
Gardez vous bien de dire hola.
    La reietta sur la couche,

C

Qui trop ferme n'estoit pas
Comme ils estoient bouche à bouche,
Tous deux tomberent en bas,
Ostez vous l'on nous surprendra
Despechez ma mere viendra.
Gardez vous bien de dire hola.   bis.

Air de Cour.

A Dieu Bergere adieu d'vn eternel adieu,
 Couure ta passion d'vn immortel silence
Puis que de mon destin l'indomptable puissance,
M'a faict changer d'amour de courage & de lieu.
    Sur le vent comme toy ie fonde mes plaisirs
I'adore comme toy vne cruelle Idee,
Ce feu qui me repaist d'vne seulle pensée,
Belle d'vn mesme pas s'oppose à tes desirs.
    Miserable Ixion qui d'vn espoir menteur
Benissant mes liens vas nourrissant mon ame,
Mais ie suis plus heureux au milieu de ma flame,
Que lors que ie pasmoy pipé de ta douceur.
    Ne me reproche plus ce iour tant attendu,
D'vn plaisir mutuel la peine fut commune,
Nous courions cependant vne mesme fortune,
Vn bien prez du trespas n'est il pas bien vendu.
    N'attends donc plus de moy pour remede à ton feu,

Chansons amoureuses.
Que la seulle pitié de te veoir en seruage.
Et d'auoir prez de moy faict ton aprentissage,
Adieu Bergere adieu d'vn eternel adieu.

Air de Cour.

Qvoy de nous baiser Bergere,
Est-ce vn tel peché d'amour
Qu'il faille pour tout vn iour
Encourir vostre colere:
  Amour le veut son vouloir
  Effacer nostre vouloir.
  Et si dans ce sein d'albastre
Se desrobe vn coup de main,
Faut il d'vn bouffi desdain,
Si longuement me combatre:
  Amour le veut, &c.
Si soubs ta cotte i'eslance
Ma main, poussé de fureur,
Faut il prendre au poinct d'honneur,
Vne si petitte offence:
  Amour le veut, &c.
Si ie demande vn salaire

Qu'ores dire ie ne veux
Qui ne tiendroit qu'à son mieux,
Puis amour me le fait faire :
  Amour le veut, &c.
Si ie te nomme cruelle,
Helas! n'ay ie pas raison
Refusant la guerison
A ma blesseure mortelle :
  Amour le veut, &c.
Mais belle aussi si ma flame,
Me faict perdre tout respect,
Donne la coulpe à l'obiect,
Et dy au fond de ton ame :
  Amour le veut son vouloir
  Effacer nostre debuoir.

Air de Court.

Pourquoy mon œil refuses tu
 Ce que pour moy l'amour demáde,
 Contre ton vouloir la vertu,
 Pour mon honneur me le commande
Bergere laissons ces propos.

Pleins de rigueurs opiniastres,
  Monsieur laissez moy en repos
  Mon Dieu que vous estes folastre:
L'amour à luy rendre nos vœux
En vn si beau lieu nous inuite,
  Vous estes de ces amoureux
  Qu'à aymer le plaisir incite.
Sans le plaisir amour n'est rien
Qu'vne torture & vn seruage,
  Le plaisir apres vn tel bien
  Enfante souuent vn dommage.
Vous forcez par ceste rigueur
Les loix de la mere nature,
  La nature doibt de l'honneur
  Receuoir tousiours la censure.
L'honneur n'interdit pas l'amour
Auant coureur de mariage,
  La legereté faict se iour
  Tousiours dans vn pipeur langage.
Baisez moy, mon tout & mon mieux,
Que doutez vous de ma constance?
  Vous estes importun de ceux
  Qui taschent masquer leur offence.

Iamais d'aymer autre que toy
Mignonne, ie n'eu le courage,
Monsieur, ailleurs qu'auprès de moy
Allez faire vn apprentissage.
Que perdons nous vn temps en vain,
Que sert ceste feinte colere,
Tenez en repos vostre main,
Ainsi que vostre esprit, legere.
Ce nenny qu'n'est dit du cœur
Faict renaistre mon asseurance,
Vous n'estes pas encor, Monsieur,
Au but ou tend vostre esperance.
Souuent le cœur nous faict present
De ce que la bouche refuse,
Celuy qui ayme ardentement
A ces demandes ne s'amuse.
Du lieu ou ses tourments son nez
Doit aussi naistre l'allegeance,
Monsieur, que vous m'importunez,
Non i'ay trop bonne conscience.
Ma foy n'est ce vn gaige assez seur
Pour auoir vne seulle grace,
Fier le secret de l'honneur

Chansons amoureuses. 31

Ce n'est chose qui tost se face.
Iouissons d'vn amour heureux
Dessoubz le manteau d'vn silence,
L'enfant de Cybelle à mille yeux,
Et par tout public vne offence,
C'est perdre le temps opportun
Mon bon heur ne consiste au dire,
Hastez vous car voicy quelqu'vn
Qui apres le pourroit redire.

Air de Cour.

IE vous ayme deserts à mon mal salutaires
Vos silences profonds sont plains d'humanité,
Hé que vous m'estes doux beaux deserts solitaires
De me laisser mourir sans importunité.
 A ce coup ie puis donc assouuir mon enuie
Ie suis tantost au bout de mon dernier dessein,
Deserts entre vos bras ie puis rendre la vie
Et vomir sous les feux que ie cache en mon sein.
 Or auant que mourir ainsi que ce chaud martire
M'ait rendu peu à peu plus proche du trespas,
Secretaires deserts il me plaist de vous dire
La cause de mon mal, mais ne le dites pas.
 Aymant ie fus aymé d'vne Dame assez b...

C 4

Assez belle de vray : mais belle & puis c'est tout
Heureux cent fois heureux s'elle eust esté fidelle,
Et s'elle eust eu loisir de m'aimer iusques au bout.

I'adoray ses beautez le long de trois années
Ie chantay ses beaux yeux la honte de venus.
Peut estre ses beautez sans moy fussent fanées
Et sans moy de ces yeux les flambeaux incogneus.

Tandis pour soulager le tourment que i'endure,
Et rendre tesmoignage à sa legereté,
Sur le front esleué de ceste roche dure
Ie consacre ces vers à la posterité.

Dans le vaste tombeau de ceste solitude
Gist le cors estendu d'vn amant malheureux,
Qu'vne Dame sans foy d'vn traict d'ingratitude
Chassa soubz la forests des mirthes amoureux.

Air de Court.

Olle mon cœur vistement
Vers ce bel œil que i'adore,
Dy luy que ie l'ayme encore,
Et que ie meurs en l'aymant.
L'œil de ma belle deesse
Est l'hauteur de ma tristesse.
Approche tout bellement
C'est œil astre qui m'esclaire,

Ou

Ou l'amour nostre aduersaire
Va ces flambeaux allumant.
   L'œil de ma belle, &c.
   Baise c'est œ l doucement.
Et te mirant en sa flame,
Dy que pour luy dedans l'ame
Ie n'ay que peine & tourment,
   L'œil de ma belle, &c.
Descouure luy doucement.
Mon cœur tes playes cruelles,
Et les feux que tu recelles
Pour l'aymer trop constamment,
   L'œil de ma belle, &c.
L'ors si d'vn doux mouuement
Ce bel œil te reconforte,
Pren courage & fais en sorte,
Qu'il nous donne allegement,
   L'œil de ma belle deesse
   Est l'autheur de ma tristess.

Air de Court.

O D'amant estrange fortune
Mon pauure cœur est depuis peu

Deuenu clochette importune
Qui tousiours sonne au feu au feu.
 Et iour & nuict elle est battue,
D'vn marteau de soucy ardans
Dont le tintamarre me tue,
Et m'estourdit tout au dedans.
 Dans le clocher de ma poitrine
Amour luy mesme la cacha,
Et d'vne belle tresse orine
Au lieu de cordes l'attacha.
 Amour au feu sans cesse il sonne,
On y voit chacun accourir
Helas! le secours de personne
Ne peut ma flame secourir.
 Mais vien tost belle, si ton ame
Fut onc atteinte de pitié,
Estaindre ce feu qui m'enflame
D'vn peu d'eau de ton amytié.

Air de Cour.

Doncques faut il qu'en aymant
Les beautez de ma maistresse,

Mon

Chansons amoureuses.

Mon cœur s'aille consommant
Plein d'ennuy & de tristesse:
    Faut il pour estre amoureux,
    Que ie sois si langoureux.
Elle n'a tant de beautez
Peintes dedans son visage,
Comme elle à de cruautez
Encloses dans le courage:
    Faut il pour, &c.
Mes amiables desirs
Et ma grande seruitude,
Ne causent mes desplaisirs
Si non que l'ingratitude:
    Faut il pour, &c.
Tant plus i'ay de loyauté
En mon amoureuse flame,
Plus ie me voy tourmenté
De la rigeur de madame:
    Faut il pour, &c.
O gentil Idalien
De ta dure & prompte flesche
Arreste dans ton lien,
Son cœur pour y faire bresche:

Faut

Faut il pour, &c.
Que ie fois si langoureux.

Air de Court.

Dieu te gard ma belle Catin
Et ton petit gent corsage
Chantois tu pas à ce matin,
Tout le long de ce riuage:
  Viue le gentil godelureau
  Le plus minguant du vilage.
Non Tenot mon doucelet,
I'y estois au verd boccage,
Où i'acoustrois ce touffelet,
Et chantois de grand courage:
  Viue le gentil, &c.
Mais ie te prie dy moy mon cœur
Lequel emporta le gaige
Des trois & qui eut l'honneur
De la chanson le presage,
  Viue le gentil, &c.
Mon Tenot Philis chanta bien,
Pensant auoir l'auantage,

       Mais

Chansons amoureuses.

Mais Tibrine passa le sien
Qui en emporta le gage:
    Viue le gentil,&c.
Car iamais le Rossignolet
Qui est enclos dedans sa cage,
Ne raisonna son chant si net
Que fit la bergere sage:
    Viue le gentil,&c.
Mais dy moy ma belle Catin,
Ce qu'il y auoit pour gage
Ie te le diray mon poupin,
Et d'vn allaigre courage:
    Viue le gentil,&c.
Il estoit dit par les Pasteurs
Des plus gallands du village,
Qui mieux chanteroit pour faueurs
De ces bergerettes sages:
    Viue le gentil,&c.
Elle auroit en dom pour prix,
L'oiseau chantant son ramage,
Auec la plus belle brebis
De tout nostre pasturage:
    Viue le gentil,&c.

Mais

Mais toy mon Tenot bon berger
Que desires tu pour gage
Ie te donne ce doux baiser,
Prens le donc de bon courage.
  Viue le gentil, &c.
 Sieds toy derriere ce gazon
Entourné de verd fueillage,
Et la faisons la liaison
Adoucissant d'amour la rage.
  Viue le gentil godelureau
  Le plus minguant du vilage.

Air de Court.

Venez ça que ie vous baise
 Derriere ce verd buisson,
Ne faictes point la mauuaise
Mais d'vne gaye façon,
 La la la la, couchons nous la,
 Et faisons gayement cela.
 Que voulez vous que ie face,
Mon cœur n'est il pas rendu
Ie voy bien qu'en ceste place,

Chansons amoureuses.

Mon honneur sera perdu,
 La la la la, &c.
  Non sera da, ma fillette
Ie le garderay fort bien,
Leuez voſtre chemiſette
Ou bien ie n'en feray rien,
 La la la la, &c.
  Tout beau la lutte eſt trop forte
I'endure trop de tourment,
La la la la ie suis morte
Vous poiſſez trop rudement,
 La la la la, &c.
  Ie penſois perdre la vie
Tant i'ay receu de plaiſir,
Recommençons ie vous prie
Puis qu'en auons le loiſir:
 La la la la, &c.
  Vous eſtez par trop follaſtre
Ne ſuis ie pas bien à point,
Puis que vous voulez combattre
Oſtez donc voſtre pourpoint,
 La la la la, &c.
  Non feray da ma mignonne

Ie mourray aupres de vous,
Ces plaisirs que ie vous donne
Ne vous semblent il pas doux,
  La la la la, couchons nous la,
  Et faisons gayement cela.

Air de Court.

LE Roy seant en pleine Cour,
Ou arriue maint grand Seignour
Là l'on ne parle que d'amour.
 Le Roy enuoye vn messager,
Vers Isambourg sans plus tarder
D'autant qu'il la veut marier.
 Belle Isambourg sans s'enquerir
Voulant à son pere obeir,
S'achemine sans point faillir.
 Belle Isambourg arriue en cour
Ou elle void Princes & Seignours,
Mais point n'y trouue ses amours.
 Le Roy luy est venu parler
Pour sa volonté escouter
S'elle se vouloit marier.

Mon

Chanson amoureuses.

Mon pere i'ayme vn Cheualier,
Que i'ay aymé & veux aymer,
D'autre que luy ne veux auoir.
 Ma fille il faut mettre en oubly
Ce Cheualier & autre amy
Trouuer qui aye plus que luy.
 Lay plus aymé pour sa beauté
Que n'ay faict tout ma parenté
Quoy que pauure ayt tousiours esté.
 Le Roy à fait faire vne tour
Pour y mettre bel'e Isambour,
Pensant qu'elle change son amour.
 Belle Isambourg est à la tour
Ou il n'y à que peu de iour:
Mais tousiours songe à ses amours.
 Regardant auec vn grand soin
Elle auisa venir de loin,
Son amy cheuauchant grand train.
 Amy qui par icy passez
Or arrestez vous arrestez
Ma patience vous orrez.
 Malade & morte my feray
Porter en terre my lairray,

D

Pourtant morte ie ne seray.

Puis apres ie vous prie amy
Qu'à ma Chapelle à Sainct Denis,
Ne m'y laisser pas enfouir.

L'on va criant parmy la Cour
Elle est morte belle Isambour,
Elle est morte pour ses amours.

Par trois Princes & vn Cheualier
L'on porte la belle enterrer
Dont chacun se prend à plorer.

Le Roy leur commanda deslors
Cheminer par dedans le bosc
Son amy viendra par dehors.

Il à ouy les cloches sonner
Il à ouy les Prestres chanter
Bien tost les alla deuançer.

Entre vous qui ce corps portez
Or arrestez vous, arrestez
Pour prier pour les trespassez.

Puis qu'elle est morte pour le vray
Las pour m'auoir par trop aymé
Vn de profundis luy diray.

De son cousteau alors couppa

Trois

Trois points du suere & regarda,
Vn ris d'amour ell'luy ietta.
   Le monde de s'esmerueiller
Et son pere tout le premier,
Oyant vn tel cas raconter.
   Or n'est il homme auec pouuoir
Qui peust encor qu'il voye bien cler,
Engarder sa fille d'aymer.
C'est à luy folie d'en parler.

Air de Cour.

Ma foy Ieanne quand i'y pense
A toy qui és mon amour,
Mon cœur d'ayse saute & danse,
Et parmy les boys il court.
   Mon Dieu mon Dieu qu'elle rage,
Que c'est que d'estre amoureux,
Mon Dieu ma Ieanne i'enrage
   Que neioüons nous nous deux.
   Ieanne si ie vay aux vignes,
Ma foy ie n'y puis bescher
Ie pense à ces petits signes

Que l'on ne faict sans toucher:
    Mon Dieu, &c.
  Si ie vay à la charrue
Ie ne fais que rauasser,
Mon cheual regimbe & rue
Et ne le puis empescher,
    Mon Dieu, &c.
  Qui plus est estant en troupe
Apres que ie suis repeu
Ie boy cinq fois plain ma couppe
Afin destaindre ce feu:
    Mon Dieu, &c.
  Pour tout cela ce farouche
Ne se veut point apaiser
C'est alors qu'il se courrouce,
Et ne le peux arrester,
    Mon Dieu, &c.
  Lors s'il t'auenoit ma Ieanne
Que tu fusses en mesme esmoy,
Ce fort mal qui tant m'embenne
Te feroit venir à moy,
    Mon Dieu mon Dieu qu'elle rage,
    Que c'est que d'estre amoureux,

Mon Dieu ma Ieanne i'enrage
Que ne ioüons nous nous deux.

Air de Court.

IE ne veux plus tant m'adonner
Au plaisir qu'on ma veu ensuire,
Puis qu'il me faut abandonner
Ce bel œil qui me faisoit viure.
  Mais d'vn trescruel deplaisir
I'entretiendray ainsi ma peine,
Puis que la mort pour son plaisir
Enuers moy se monstre inhumaine.
  Sus sus mon cœur à c'este fois
Faictes sçauoir vostre martire
Auec vne dolente voix,
Puis que c'est force de le dire.
  Adieu le Soleil de mes yeux,
Et le printemps de ma ieunesse
Puis que les destins enuieux,
M'ordonnent qu'en fin ie vous laisse,
  Adieu les beaux cheueux dorez
Ornant ceste angelique face

Quand à mon malheur penserez
Qui ma contraint changer de place.
 Ie croy que direz quelquefois
Ce pauure amant tant miserable,
Las en quelque endroit que tu sois
Vn iour arriue fauorable.
 Songez à noz plaisir passez:
Maistresse ie vous en supplie,
Puis qu'en voz mains sont delaissez
Mon cœur, mon ame, aussi ma vie.

Air de Cour.

Vis que dans ce verd boccage
Ie t'y trouue mon teton
Pour nous baiser apreston
Ton gent corps soubs se fueillage,
Ie n'y perdray point mes pas
Vous tenant entre mes bras.

L'amie.

Si c'est pour mon pucelage

Que vous me faictes l'amour,
ie le promis l'autre iour,
A vn garçon de vilage:
   Vous n'y perdez que vos pas
   Galant vous ne l'aurez pas.
       L'amant.
Si ie fais quelque priere,
Pour ton pucelage auoir:
Tu ne t'en dois preualoir,
Mon amour est volontaire:
   Ie n'y perdray point mes pas
   Vous tenant entre mes bras.
       L'amie.
Toutes vos belles caresses
Vos propos tant decepuants,
Ce sont des voilles à tous vents,
Dont ie deffie vos finesses:
   Vous n'y perdés que vos pas
   Galant vous ne l'aurez pas.
       L'amant.
Tout ce que pouuiez attendre,
Pour vostre legereté
N'estoit rien en verité,

Qu'vn baiser iusques au rendre:
Ie n'y perd ay poinct mes pas
Pour vous ne le croyez pas.

L'amie.

Si ie ne suis Damoyselle,
Si ie n'ay tant de beauté
Que les Dames de cité,
Pour le moins ie suis pucelle:
Vous n'y perdez que vos pas
Galant vous ne l'aurez pas.

L'amant.

Si vous n'estes Damoyselle,
Ce me feroit du tourment
De me nommer vostre amant,
Encor que soyez pucelle:
Ie n'y perdray point mes pas
Pour vous ne le croyez pas.

L'amie.

Si ie ne suis assez riche,
Pourquoy me recerchez vous,
I'en ayme vng autre que vous,
Qui d'auoir n'est pas si ciche:
Vous n'y perdez que vos pas

Galant

Chansons amoureuses.
Galant vous ne laurez pas.
L'amant.
Non ce n'est pour vous Madame
Que mes seruices asseurez,
Ont esté tant reseruez
I'ay bien ailleurs d'autre attente,
   Ie n'y perdray point mes pas
   Pour vous ne le croyez pas.
L'amie.
Ie suis fort bien asseurée.
Que si m'auiez faict cela,
Bien tost vous me lerriez la,
Comme vne pauure abuzée :
   Vous n'y perdez que vos pas,
   Galant vous ne l'aurez pas.
L'amant.
Si vous eussiez esté sage,
Ie n'vsse rien desiré,
Belle que vostre amytié :
Mais vous estez trop volage,
   Ie n'y perdray point mes pas,
   Pour vous ne le croyez pas.

D 5

La fleur ou l'eslite des
L'amie.
Ie n'ay pour toute heritage,
Dedans ce petit hameau
Que ma quenouillette & mon fuzeau
Et mon ioly pucelage:
 Vous n'y perdez que vos pas
 Galant vous ne l'aurez pas.
L'amant.
Mon amour n'est point volage,
Ny subiette à changement,
Car ie suis fidel'amant
D'amitié & de courage:
 Ie n'y perdray point mes pas
 Pour vous ne le croyez pas.
L'amie.
Retirez vous à ceste heure,
I'aperçois desia la nuict,
Voyez mon troupeau qui fuit
Ie ne suis point à l'espreuue:
 Vous n'y perdez que vos pas,
 Galant vous ne l'aurez pas.
L'amant.
Ie souhaite en ceste affaire
      Estre

Chansons amoureuses.

Estre deuenu berger:
Ieusse peu mon temps passer,
Auiourd'huy sus la fougere,
   Ie n'y perdray point mes pas,
   Adieu ie n'y reuiens pas.

Air de Cour.

BErger que vas cherchant,
Est-ce ta bergerotte?
Helas! tout maintenant
Lay perdue prez la grotte,
   La voyla la 5 fois voyla la 4 fois
   Berger leger vaten,
   Voyla ton amie qui t'attend.
   Hau dictes moy Berger
N'as tu veu Elizee
Dans ce bois ou Verger,
Passer toute esplorée:
     La voy la la, &c.
   Nagueres ay veu la haut
Vne Nymphe dolente,
Qui éuitant le chaut
Reposoit dans vn antre,

La

La voyla la, &c.
C'est elle pour le vray,
Que ie vois sommeiller
Doucement ie y ray,
De peur de l'esueiller,
La voyla la, &c.
Qui me vient cy baiser,
Sont ce mes amourettes,
Pour mon mal alleger,
Souuent ie te regrete:
La voyla la, &c.
Ha Ianot mon amy,
D'où vient tu en tel estre,
Mon œil tout endormy
Ne te puis recognoistre.
La voyla la voyla la
Berger leger vaten
Voyla ton amye qui t'attend.

Air de Court.

IL est vray que mes œillades
Ont eu le pouuoir,
De forcer les embuscades,

D'vn

D'vn si beau vouloir,
Ie suis aussi glorieuse
De plaire à ses yeux,
Que la Nymphe estoit heureuse
Qui seruoit aux Dieux.
  Et s'il vante la trophée,
Qu'il à de mon cœur
Ie sens mon ame embrasée
De pareille ardeur,
Aussi si ie suis blessée,
Vn iour de ses yeux,
Mon ame meurt embrasee
De cent mille feux.
  Quand Venus estoit absente,
De son Anteros.
Elle viuoit languissante
Sans auoir repos,
De mesme en suis pour l'absence,
Qui me va ruinant,
N'aymant rien que la presence.
Que ie cheris tant.
  Si mon œil force les charmes,
Et s'en rend vainqueur

Son

Son amour force les Dames,
Et s'en rend Seigneur
Iuno pour honneur luy rendre
Voudroit bien quitter
Son doux Nectar & le prendre
Pour son Iupiter.
 Si heureux il se plaisante,
En ses passions,
Heureuse ie me contente
En mes fictions
Bien heureuses sont les flames,
Qui vont alumans
Les cœurs, les sens, & les ames
De deux vrais amants.

Air de Cour.

SOrtez ma voix parmy mes plaintes,
 Vous mon cœur helas! souspirez:
Vous mes yeux sans cesse pleurez,
Voz libertez d'amour estaintes:
 Ie ne voy rien qu'obscurité
 Absent de ma belle clarté.
Las! ce qui redouble mes l'armes,
       C'est

C'est que ie suis priué de veoir
Celle ou i'ay mis tout mon espoir,
Et qui me donne tant d'allarmes.
  Ie ne voy rien, &c.
Estant au lit, la ialousie,
Me vient esueiller en sursaut,
Et crains que Iupiter la haut,
La voyant n'ait l'ame saisie.
  Ie ne voy rien, &c.
  Le soucy, la peur & la rage,
Et les pleurs enfans de l'amour,
Me tirannisent tour à tour,
Cruels bourreaux de mon ieune aage
  Ie ne voy rien, &c,
  La douleur, l'ennuy, la tristesse,
La peine iointe auec le dueil
Ont auoisiné du cercueil,
Ma vie confite en destresse,
  Ie ne voy rien, &c.
  Voila qu'elle est ma poure vie,
Or qu'eslongné de vous ie suis
Ie puis tout & rien ie ne puis,
Et de moy-mesme ie m'ennuye,

Ie ne voy rien obscurité,
Absent de ma belle clarté.

IE n'eus iamais desir
D'auoir maistresse,
Mon cœur pour son plaisir.
A eu l'adresse.
Et tout à vn instant,
En à faict vne
Qui ma rendu constant
En ma fortune.
Vn soir estant venu
Parler a elle,
Passa vn incognu
Qui me querelle.
Ayant l'espee au poing,
Fis resistance,
Trois accourent de loing,
A grand puissance.
Puis m'ont prins & ietté,
En place obscure,
Plaine de pauureté,
Aussi d'ordure.
Meschant & ennuyeux,

Par

Chansons amoureuses.

Par ialousie,
Qu'enuiez mon mieux
Aussi ma vie.

  Vn iour puisse arriuer
Que la fortune
Permette nous trouuer
D'vn clair de Lune.

 Si ie sçauois voler
Comme vne mouche,
L'on me verroit aller,
Droit sur sa bouche.

  Si muer me pouuois,
En arondelle,
Mon plaisir ie prendrois
Auec ma belle.

  Sa bouche de courail,
Son sein d'albastre,
Sont cause de mon mal,
De mon desastre.

  Ie l'ayme & l'aimeray
Toute ma vie,
Son seruiteur seray
Quoy qu'on en die.

E

Ou fut faict la chanson
En ceste ville,
Par vn bon compagnon
Et bien habille.

IE trouuay sur l'herbe assisse
Iancton tout à recoy,
En luy leuant sa chemise
I'aperçeus ie ne sçay quoy:
  Que ie ne vous veux   bis
  Que ie ne vous veux pas dire.
 Il estoit faict en focette:
Mais de dire que c'estoit
La chose est par trop secrette
Pour en parler tout à faict.
  Ie ne vous le veux, &c.
 Ie me mis prez de la belle,
Puis regarday çà & là,
Et me voyant sul prez d'elle,
Ie me saisis de cela:
  Que ie ne vous veux, &c.
 La belle toute honteuse
Alors reprit ses esprits
Et d'vne grace amoureuse
        M'osta

Chansons amoureuses.

M'osta ce que i'auois pris,
  Que ie ne vous veux, &c.
 N'ayez n'ayez peur mignonne,
En ce lieu ne craignez rien,
Tandis qu'il n'y à personne
Laissez moy iouyr du bien,
  Que ie ne vous veux &c.
 Hé mon Dieu se dit la belle,
Quel feu m'est venu saisir,
Estains estains ce dit elle,
Ceste chaleur ce desir:
  Que ie ne vous veux, &c.
Puis que dans ceste fougere,
Ie suis seulle auecque toy,
Prens cela de ta Bergere,
Berger prens cela de moy:
  Que ie ne vous veux, &c.
 A ces mots soudain i'embrasse
La belle qui se mouroit,
Et d'vne fort bonne grace
Ie luy fis ce qu'ell' vouloit:
  Que ie ne vous veux, &c.
 La belle toute rauie,

De honte ferma les yeux
Afin d'estre plus hardie,
Au combat delicieux,
  Que ie ne vous veux,&c.
 Puis d'vn adieu regrettable,
Et d'vn repentir forcé:
Me dit faictes le semblable,
Au ieu qu'auons commencé:
  Que ie ne vous veux,&c.
 Ie luy fis pour luy complaire,
Ce que desiroit son cœur,
Et pour conclurre l'affaire,
Ie moderay son ardeur:
  Que ie ne vous veux,&c.
 Et puis apres nous partismes
Tout contens de ce ce lieu la,
Et nous baisans nous promismes
Continuer ce ieu la,
  Que ie ne vous veux   bis
  Que ie ne vous veux pas dire.

V Ous ieunes filles sans esmoy,
 Qui auez du courage:
Ne laissez perdre ainsi que moy

          Le

Le printemps de voſtre aage,
    Ne ſçauroit on auoir bon temps
    Sans eſtre en mariage.
  Trois ou quatre ans ſont ia paſſez,
Qu'vn feu lent me ſaccage,
Me faiſant ſouffrir des accez
Qui me cauſent vne rage,
    Ne ſçauroit-on, &c.
  Ma mere dit attens attens,
Tu n'es pas aſſez ſage:
Mais helas!ie perds bien mon temps
Et encor d'auantage,
    Ne ſcauroit on, &c.
  Pour auoir trop attendu,
Et vous rendre l'hommage
Mon beau printemps las:i'ay perdu,
Et l'auril de mon aage.
    Ne ſçauroit on, &c.
  Ma mere ayez eſgard à moy,
Et auſsi à mon aage,
Ie ſçay bien aſſez le pourquoy
Qu'on ſe met à meſnage:
    Ne ſcauroit on, &c.

E 3

I'ay j'à dix & huict ans passez,
N'est-ce pas assez d'aage
Vn enfant souffrira l'accez,
D'vne fiebure & la rage:
  Ne sçauroit on,&c.
 N'endurerois ie pas l'effort,
D'vn amy au passage:
Mais qu'il soit braue & bien accort,
Pour payer le barrage:
  Ne sçauroit on,&c.
I'ayme trop mieux donc y mourir,
Pour apaizer la rage,
Qui me faut sans cesse souffrir,
Gardant mon pucelag:
  Ne sçauroit on,&c.
 Vous vous trompez fort mes parens
Et estez bien peu sages,
De ne prendre garde à mes ans,
Qui vont comme vn nuage,
  Ne sçauroit on,&c.
 En fin pour me licentier,
Et tirer de seruage,
Vn mien amy ie vay trouuer,

      Qui

Chansons amoureuses.

Qui entend bien l'vsage:
  Ne sçauroit on auoir bon temps
  Sans estre en mariage.

Air de Cour.

IE ne suis plus comme i'estois
Libre de l'amoureuse flame,
La liberté que tant i'aymois,
Ne se sioume plus dans mon ame.
  Ie suis arresté prisonnier
Soubs le pouuoir d'vne guerriere,
Qui d'vn traict doucement meurtrier
M'a frappé droit à la visiere.
  Helas! ou vintes vous mes yeux,
Chercher vostre perte asseuree,
Ne valloit il pas beaucoup mieux
Quester en autre contree.
  Ie pensois prendre & ie suis prins:
Mais ma conquerant'est si belle,
Que ie voudrois estre repris
Si ie m'estois eschappé d'elle.
  Elle à pour guide la raison,

C'eſt la meſme que ie veux prendre,
Raiſonnable eſt la paſsion
Qui ſon priſonnier ma faict rendre.
 Puis que ce rencontre eſt ſi beau
Ie iure ma belle guerriere,
Que iamais vn amour nouueau,
N'eſtaindra ma flame premiere.

Air de cour.

MArgotton mon petit cœur,
Margotton ma vie,
Si ie vous ſuis ſeruiteur
Serez vous m'amie,
Margotton dictes moy donc
Pour contenter mon enuie,
 Ie ſeray ta Margotton
 Si tu m'es fidelle Corydon.
Fidelle ie vous ſeray,
Ma belle Bergere,
Et du plus ie garderay
Du long la riuiere,
Nos brebis & nos moutons,
En diſant qu'en toy i'eſpere.
 Ie ſeray ta, &c.

Ie

Chansons amoureuses.

Ie chanteray tous les iours,
Dessus ma musette,
Le subiect de nos amours,
Par ma chansonnette,
Pour ieu que vos beaux yeux doux
Me die berger honneste,
    Ie seray, &c.

Tout le long des arbrisseaux,
Proche des fontaines,
Ce pendant que nos troupeaux
Paistront par les plaines
Tu baiseras mon teton,
Disant berger pour tes peines:
    Ie seray, &c.

Ainsi heureux & contens,
En ioyeuse vie,
Nous passerons nostre temps,
Exempts de l'enuie
En disant d'affection,
Berger croy moy ie te prie,
    Ie seray, &c.

Berger gardant vos moutons
En vos chansons dictes,

Que c'est l'heur de Coridon,
Et de Margueritte,
Qui disent d'affection
D'vne grace qui meritte:
  Baise moy ma Margotton
Rebaise moy mon Coridon.

  Air de Cour.

Vostre humeur propre à n'aymer rien,
M'estoit ennuyeux & contraire,
Et ne puis auoir plus de bien
Que de vous veoir de moy distraire,
Soyez ou non ailleurs promis:
Nous ne ferons iamais amis.

Si le change vous plaist si fort,
Ie ne croy que m'ayez aymee,
Ce pendant vous auez grand tort
De m'auoir du change blasmee,
Ce vice à vous seul est permis,
Et ne fusmes iamais amis.

Vous n'auez point esté mon cœur,
Ne prenez point c'est auantage,
Car vous ayant trouué trompeur
D'esprit fantastique & volage,

       Vostre

Voſtre ſeruice onq' n'admis,
Et ne fuſmes iamais amis.

 Fy de ceſte deſloyauté,
Qui priue de foy noſtre vie
Ie n'apelle point liberté,
Vn amour au change aſſeruie,
A quoy nous nous ſommes remis,
Partant ne parlons point d'amis.

 Adieu ſans eſpoir de retour,
Peu me chaut de voſtre fortune,
Il me ſuffit que voſtre amour,
Deſormais plus ne m'importune
Rien ne perd qui rien n'y a mis,
Et ne ſerons iamais amis.

Air de Cour.

MOn ame eſt ſi fort bleſſee,
Des traicts d'vn bel œil vainqueur
Qu'elle n'a d'autre penſee,
Que d'aller reuoir ſon cœur.

 La Nimphe qui la poſſede.
L'alume d'vn feu ſi beau,
Que ie ne voy nul remede,
D'eſtaindre vn ſi doux flambeau,

Si

Si le ciel est fauorable
Aux amans infortunez,
Il se rendra secourable,
Au m l que vous me donnez.

Lors que mon amour s'enflame,
Elle me va distilant
Vn glaçon dedans mon ame,
Qui me brusle en me gelant.

L'vnique but ou i'aspire,
Est d'aymer vostre beauté,
En la seruant ie desire
Fleschir vost e cruauté.

Ie ne fis iamais offence,
Digne de vostre courroux,
Pour dire ce que ie pense,
Ce n'est pas rire de vous.

Quoy penseriez vous cruelle.
Me perdre pour trop changer,
Mon amour est si fidelle
Qu'elle s'asseure au danger.

Vous Nymphes de ces fontaines,
Qui viuez l'esprit content,
N'estes vous pas plus humaines,
Que

Que celle que i'ayme tant.
SI voulez oüir chonsonnette,
C'est d'vne fille D'alençon,
Quand l'on luy parle d'amourette,
Elle dict n'entendre la façon,　　　　bis
D'aymer pour le vous dire:
Mais elle sçait bien sa leçon,
　　　Lors qu'on parle de rire.
Il n'est autre bruit par la ville,
Que de ceste ieune tendron,
Qui au devis est si gentille
Ayant vn maintien si tresbon　　　　bis
Qu'vn chascun la desire
Pour tout cela c'est temps perdu,
　　　Car elle n'ayme qu'a rire.
Vn soir estant deuant sa porte,
Auec quelqu'vnes de ses sœurs,
L'vn de ses seruiteurs l'accoste
Pour luy raconter ses douleurs.
Qu'il souffre & le martire:
Mais c'est à luy tout temps perdu,
　　　Car elle, &c.
Vous sçauez dit-il ma mignonne,
　　　　　　　　　　Que

Que ie n'adore que voz yeux,
Et que ie ne puis veoir personne,
Fors que d'vn regard ennuyeux, bis
Qui mon corps tant empire
Pour tout cela c'est temps perdu,
   Car elle, &c.

  Ie sçay que d'autres vous courtisent
Non d'vne telle affection,
Pourueu qu'auec vous ils deuisent,
Et vous content leur passion bis
Disant ie meurs martire:
Mais c'est à luy tout temps perdu,
   Car elle, &c.

  Comme ils estoient en ces deuises,
Vint arriuer vn incogneu,
Luy donnant bonsoir à sa guise,
Monsieur soyez le bien venu
Puis que c'est vous beau sire,
Car il sçait fort bien sa leçon,
   Et le vray mot pour rire.

  Il entrerent alors dans la salle
Pour faire la collation.
Ce folastre alors danse & balle,

                  Ayant

Chansons amoureuses.

Ayant si belle occasion   bis
Vous sçauez sans le dire,
Car il sçait fort bien sa leçon
    Et le vray mot pour rire.
   Le pauure transi se proumene,
Qui contemple en fin ces façons,
Se voyant pris a la cadene,
Et aussi à ses hameçons   bis
Et si ne l'ose dire
Voyant bien que c'est temps perdu
    Pour luy sans qu'on luy die.
   Ils prennent congé l'vn de l'autre,
S'entredonnant la bonne nuict,
Elle qui estoit fine & caute,
Assigne Monsieur au deduict   bis
Ce s'entend sans le dire:
    Car il sçait, &c.
Estant montez à sa chambrette,
A la fenestre se sont mis
Alors Madame la finette
Regarde d'où vient ses amis   bis
   Qui entendent à rire,
   Y aller pour autre subiect,

La fleur ou l'eslite des

  Ce seroit grand folie,
Voyant encor l'autre à la rue,
Elle luy dist ces mesmes mots,
Monsieur vous vous gastez la veuë
Et encor fort mal à propos   bis
Ie le vous veux bien dire,
Car à vous c'est tout temps perdu,
  Ie n'ayme rien qu'à rire.

  Celuy qui la chanson à faicte,
Ie ne veux pas vous nommer,
Car Ie cognoissoit la fillette
Qui n'entendoit le ieu d'aymer   bis
Trop bien aymoit à rire,
Se donnant ainsi du bon temps,
  Pour chasser fascherie.

Air de Cour.

MAmye ma faict   bis
De sa main vn touret
Moy ie l'ay prins   bis
Pour faire vn bracelet,
Et les cordons sont si mignons,
Tissus en broderie.
  Sont noz amours la dibe dibe dou,
          Sont

Chansons amoureuses.

Sont nos amours mamye.
 Mamye & moy   bis
Allasmes pourmener,
Puis à requoy   bis
Nous mismes à deuiser,
Et elle de me caresser
Pour faire la folie,
 Sont nos amours.
 Mamye vn iour   bis
Alla au bois iouer,
Moy d'vn fin tour   bis
Ie m'allay auiser,
Ie fis la drosesse sommeiller
 Sont nos amours.
 Mamye vn soir   bis
Estant dans vn iardin,
S'alla asseoir   bis
Proche d'vn Rosmarin,
La ie luy manie les tetins,
Et ce que ne veux dire,
 Sont nos amours.
 Mamye alors

Me donna vn baiser,
Et par son corps
Ie l'alay embrasser,
Incontinent sans trop tarder,
La mis bas de furie,
  Sont nos amours la dibe dibe dou.
  Sont noz amours m'amye.

Air de Cour.

SI pour sentir douleur
Mort me veut prendre,
Lors l'on verra mon cœur
Rerduit en cendre,
Ta cruauté fera   bie
Mon maltenir cruel
Croissant mes peines,
Corrompt mon naturel
Succant mes veines,
Et si n'ay le pouuoir   bis
Rompre ces chaisnes.
 Voyez ma fermetté
Ie vous supplie,
Aussi ma loyauté

        Ma

Ma grand'amie,
Ton seruiteur seray
Toute ma vie.
    Mon cœur tient constat
Rien de la Lune,
Ie souffre grandement,
En m'infortune
Vn mal trop inhumain   bis
Qui me consumme.
    Quand ie pense au partir
Helas? mon amie
Suyuie d'vn souuenir,
Souuent se pasme,
M'oyant crier sans fin,   bis
Pitié Madame.
    I'attendray ton retour,
Et si t'asseure,
Que si ie n'ay secour,
C'est chose seure
L'on me verra mourir   bis
A la mesme heure.

F 2

La fleur ou l'eslite des
Airs de Cour.

Vostre amour n'est pas si extreme,
Comme vous la dictes à tous,
Mon cœur demandez à vous mesmes,
Car ie ne sers autre que vous.
Aucunesfois ie m'en asseure,
Et quelquesfois i'en doubte au...
  Las voyla en quoy l'aduenture,
  Ma porté vn cruel soucy,
  Que sentez vous en vostre ame,
Pour vous plaindre en la façon,
  Vn feu vn flambeau vne flame,
  Vn froid, vne neige, vn glaçon,
Ostez l'amour qui vous precede,
Voyla le meilleur appareil:
  Las! ie ne veux vn tel remede,
  Ni vser d'vn tel conseil.
Feignez qu'autre à peu vous attraire,
Qui plus que moy plaise à vos yeux,
  Ne me commandez point de faire
  Ce qui nous offence tous deux.
Vostre amour à plus de constance,
Qu'il n'y à en moy de beauté,

Non mais par heureuse influence
I'ay plus que ie n'ay merité.
Ceux qui vont sonspirant leur plainte
N'ont pas tous ceste affection,
Aussi leur tourment n'est que plainte,
C'est coustume & non passion.

Air de Cour.

Quand premier commenceé,
Fust mon affection,
D'amour ie fus blecée,
Maintenant delaissée:
 O qu'elle passion.
M'asseurant en ton dire,
'auois contentement:
Mais te voyant desdire,
 souffre grand martire:
 O desloyal amant.
Ie croy bien que nature
'oublia rien à toy,
'où vient ma peine dure,
non que creature,

T'a faict sans auoir foy.
Et combien que fortune
T'a faict mettre en haut lieu,
Faut il comme la Lune,
Variant changer vne.
    Qui t'ayme comme vn Dieu,
    Amour des Rois est maistre,
Et des Princes vainqueur
Il te faut donc cognoistre
Qu'il te pourroit bien mettre,
    En plus bas lieu ton cœur.
    Est-il chose plus grande
Qu'vn amoureux desir.
Que l'honneur recommande,
Helas ie te demande,
    Sçauroit on mieux choisir.
    Que ie ne fusse telle,
Tu l'as cogneu souuent,
Est il chose plus belle
Ne plus riche que cele,
    Qui va l'honneur suiuant.
    Ie chanteray sans cesse
Ma grande fermette,

Chanfons amoureufes.

Ma peine & ma triſteſſe:
Mais ie te prie confeſſe,
    Ton infidelité.

         Air de Cour.

POindre ie voy laube du iour,
Et mes defirs ſi loin de moy
Sans nul eſpoir d'aucun retour:
O quel regret ô quel eſmoy,
    Perdre l'eſpoir & l'eſperance
    Qui nourriſſoit ma patience.
Laube permet le iour plaiſant,
Et ie n'attends las que la nuict:
Nuict ſans deduit nuict de tourment
Si violent qui me deſtruit,
    Iamais pour moy rien ie n'eſpere.
    De mes deſirs ſinon miſere.
Trop mieux il m'euſt helas vallu
N'auoir cogneu ce que cognois,
Puis que fortune m'a tollu
Le bien qu'eſperer ie pouuois,
    Dequoy me ſert la cognoiſſance,
    D'vn grand plaiſir ſans iouyſſance,
Rememorer vn ſoulas mort,

            F   4

C'est vn remors de desplaisir
L'oublier est le vray confort,
Heureux qui le peut bien choisir,
    Ce n'est pas moy ie vous asseure
    Car mes plaisirs passez ie pleure,
  En dueil angoisse & en regret
Tout mon deduict est transformé,
Et de cela que tant me plaist
Mon desplaisir i'en ay formé,
    N'esperant plus en mon grand mal,
    De mes desirs sinon trauail.
De mon desastre le discours,
Qui le sçaura iamais à droit,
Il cognoistre qu'en grandes cours
On n'a point tout ce qu'on voudroit,
    Il cognoistra que la franchise,
    Et liberté le sage prise.
L'estrange espoir de son pouuoir,
Et des grands heurs le tresgrand tort.
Que sa fin est sans nulle espoir,
    En grand Palais point ne frequente,
    Puis qu'a bon droit ie me l'amente.

Air

Chansons amoureuses.
Air de Cour.
Le Berger.

CE pendant que le hâle,
Et la chaleur s'auale,
Bergere viens à l'ombre:
Dans ceste forest s'ombre,
Car ton teint sera gasté,
A la chaleur de l'esté,
La Bergere.
Si auois beau visage
Ie cercherois l'ombrage:
Mais ma couleur brunette,
Au halle n'est subiecte.
Mon teint & noire couleur
Ne craint en rien la chaleur,
Le Berger.
Ie te treuue tant belle,
Qu'vn autre pastorelle,
Iamais n'aura puissance
Sur mon obeissance,
Puis que t'ayme mon soucy.
Il faut que tu m'aymes aussi.
La Bergere.

Si i'estois bien certaine,
Que ta foy ne fust vaine,
Et que ceste foy tienne
Fust semblable à la mienne,
Lors amy vous cognoistriez
L'amitié que vous doubtez.
   Le Berger.
Ne doute point amie,
Que iamais ie varie,
Oste ceste pensee,
Qui mon ame à faschee,
Et si meux apaiser
Viens promptement me baiser.
   La Bergere.
Si i'estois asseuree,
De ton amour iuree,
Ie seroys bien contente
D'estre ta chere amante:
Mais des hommes bien souuent,
La foy va comme le vent.
   Le Berger.
Ma fermeté est telle,
Quoy qu'vne autre plus belle,

        Sans

Chansons amoureuses.

Sans cesse me caresse,
Se disant, ma maistresse:
En fin escouter ne puis
Ses discours n'y ses deuis.
   La Bergere.
 Puis que c'est chose vraye,
Qu'à m'aymer tu t'employe,
Ie seray bien contente,
D'estre ta seulle amante,
Berger soyons donc amis,
Signons nostre comprins.
   Air de Court.

BRunette mon soulas, mon cœur,
Tes beaux yeux font mō ame fōdre
Puis que ie suis ton seruiteur,
Pourquoy t'enfuis tu sans respondre.
 Tu m'as rauy sans y penser,
Le plus entier de ma poitrine,
Prens donc pitié de ton Berger,
Qui peu à peu pour toy se fine.
 Bergere ou vas tu si soudain,
Ne veux tu pas vn peu m'attendre,
Las ie mourray deuant demain.

Si

Si tu ne veux mon cœur me rendre.

Retournez donc retourne helas!
Et viens querir mon cœur malade,
Il ne me faut pour mon soulas
Qu'vn baiser ou bien vne œillade.

Ne vaux ie pas si peu de bien:
O cœur d'acier ô cœur de glace.
Encor que ne te fusse rien,
Me ferois bien autant de grace.

Ie meurs pour trop d'affection,
Ie meurs pour t'aymer ma cruelle,
Vous riez de ma passion,
Et de ma foy qu'est si fidel'e.

Garde toy belle garde toy,
Vn iour viendra que mon mesaise
Te ruinant ainsi comme moy,
Finera ta ioye & ton aise.

Alors tu penseras aux maux
Qu'ay soufferts pour toy ennemie,
Trop tard sera, car mes trauaux,
Auront prins fin perdant la vie.

Ne vaut il pas mieux mon soucy
Ne vaut il pas mieux se resoudre
Deuant

Chansons amoureuses.

Deuant que le temps accourcy
Tourne noz beaux desseings en poudre,
  Ne sois donc contre la raison,
Enuers moy si dure & farouche,
Redonne moy ma guerison,
Par vn seul baiser de ta bouche.

VN iour de May par vn matin,
  Me pourmenois dans vn iardin
Dessus l'herbe nouuelle,
Hé baisez moy la belle donc,
  Hé baisez moy la belle.
  Là i'aperçeu pres d'vn buisson
Vne Dame sur le gazon,
Ceuillant la violette,
Baisez moy ma doucette donc,
  Hé baisez moy ma doucette.
  Lors ie vins à luy demander
S'elle me vouloit pas aymer,
Et estre ma maistresse,
Baisez moy ma Deesse donc.
  Hé baisez moy ma Deesse.
  Car comme au printemps gracieux,
Tout se rend plus gay & ioyeux,
                Prenant

Prenant vigueur nouuelle,
Baisez moy ma rebelle donc,
 Hé baisez moy ma rebelle.
Ainsi les cœurs plus endurcis,
Se doiuent lors rendre adoucis,
De façon plus gaillarde,
Baise moy ma mignarde donc,
 Hé baise moy ma mignarde.
Alors elle m'a respondu,
Las ie n'ay iamais entendu,
Que c'est qu'amour ordonne,
Baise moy ma mignonne donc,
 Hé Baise moy ma mignonne.
D'autant que le cours de mes ans,
Ne m'a permis ce passetemps,
Pour este trop ieunette
Baisez moy ma brunette donc,
 Hé baisez moy ma brunette
Ieunette certes ie vous voy,
Donc par ce moyen ie vous croy
Plus propre à ceste flame
Hé baisez moy Madame donc,
 Hé baisez moy Madame.

Vostre

Vostre bel œil & le beau teint,
Qu'en vostre face on veoid de peint,
Allez le represente,
Hé baisez moy la gente donc,
   Hé baisez moy la gente.
  Puis la grace de ton maintien,
Joint à vostre bel entretien,
Vous rend de tous aymee,
Baisez moy Citheree donc,
   Hé baise moy Citheree.
  Ne laissez doncques eschapper,
Le fruit que vous peut desrober,
La saison trop legere,
Baisez moy ma bergere donc,
   Hé baisez moy ma Bergere.
  Mais plustost suiuant la raison
Employez tout vostre saison,
Aux plaisirs d'amourettes.
Baisez moy ma Nimphette donc,
   Baisez moy ma Nimphette.

Air de Cour.

LOng temps à qu'amour me tien,
Sans en rien cognoistre,

Ce

Ce que de luy on obtient,
Ou veoir apparoistre,
L'alegement du malheur,
Qui ronge & lime mon cœur
 Nul ne dit le fiel amer,
Qui ne s'en abreuue,
Nul ne sçait le mal d'aymer,
Qui bien ne l'espreuue
Si me voulez escouter,
Ie vay le vous reciter.

 Le fruict qui vient en aimant,
Est chose admirable,
Quelque fois resiouissant,
Quelque fois nuisable,
Souuent qu'on pense iouir,
On est delaissé mourir.

 Crainte auec espoir reçoit
Ce mal sans mesure,
L'espoir qui dans l'un couchoit,
L'autre s'en asseure,
Crainte en l'autre esloignement
Du mignard embrassement.

 Le cœur est par la souuent

En

Chansons amoureuses.

En peine & martire,
Arbitre en vn iugement
Difficille à dire,
En l'espoir sera vinqueur,
Ou la crainte en son erreur.

Apres vn loyal seruir,
Le long d'vne annee
Nous voyons la fleur rauir,
D'vne chose aymee
Par la main à qui le droit,
Tel honneur n'apartiendroit.

Voyla le gain de l'amour
Recordez mes Dames,
Voyla l'aise & le secour,
Venant de ses flames,
Mieux vous vaut ce fol fuyr
Qu'ainsi le seruant languir.

Air de Court.

VOus qui auez
L'ame d'amour attainte,
Oyez ma plainte,
Et vous sçaurez
Comme fus amoureux,

G

Lors vous verrez,
Que m'estimant heureux
Les faux arraits,
Et assauts que l'enuie
Donne à ma vie.
    Vn iour ie fus
Veoir ma maistresse
Plein de destresse,
Laquelle ayant
Ma constance cognue,
Tout à l'instant
D'vn bon œil ma receue,
Tant que i'en eus,
La recompense,
A ma plaisance.
    Or ce pendant
Que mon cœur nourrissoye,
En ceste ioye
Vne seruante.
Escoutant mon secret,
Plus que méschante,
Vn raport en à faict
En se monstrant,

Trop

Chansons amoureuses.

Trop laschement traistresse
A sa maistresse.
   Par vagabonds
A ma mort on pourchasse,
En toute place,
Tesmoin le sang,
Lequel i'ay respandu,
Hors de mon flanc,
Frappé à l'impourueu,
De trois qui m'ont
Prins à leur aduantage,
Moy & mon page.
   De vous parler,
Qu'elle fut ma deffence
C'est sans doutance,
Que fus surpris,
Par ces traistres enuyeux,
Mes ennemis
Dont l'vn d'entre eux,
A faict sçauoir
De ma mort les nouuelles
Iusques à Bruxelles,
   Non ne croyez

Madame ce menſonge,
Ce n'eſt que ſonge,
M'eſtant gardé
En deſpit de leur cœurs,
Combien que fus bleſſé,
Ie demouray vianqueur,
Gardant expres,
Ce mien corps & ceſte ame,
Pour vous Madame.
   Si l'vn d'entre eux,
Veut vuider la querelle,
Par la lumelle,
Ie ſuis tout preſt
De ma part ie l'areſte,
Et ſi l'arreſt,
Tombe deſſus ma teſte,
Mettez i eux,
Vers: ſus ma ſepulture,
Ie vous conjure,
   Soubs ceſte pierre,
Repoſe en ſomme
Vn Gentil homme,
Aymant tresfort.

                     Samye

Samye & Dame,
Fut mis à mort,
Par homme infame
Laissant en terre
Vne extresme tristesse.
A sa maistresse.

Air de Cour.

Desbordez vous mes pleurs,
Et submergez ma flame,
Esteignez de noz flots les bruslans de mon ame,
Tant pleine de douleurs.
  Faites de vos torrens
Esteindre tant de meschefs,
Faites frotter d'amour les indomptables flesches,
Et tant de traicts sanglans.
  Faites mes douces eaux
Que ma chaleur s'appaise,
Allez iusqu'au fonds esteindre ceste braise
Qui nourrit tant de maux.
  Ostez-moy la chaleur
Qui tient en feu ma vie,
Afin qu'amour si faux n'aye iamais enuie
De me faire douleur.
  Noyez tant de souspirs,
Douces eaux sous vne onde,

Faites que mon mal chaut, ou ma douleur se fonde,
N'aye plus de desirs.
 Las, ce sont ces mutins.
Qui de leurs feux me pennent
Qui me bruslent tousiours, & sans cesse me mennent,
Combattre mes destins.

Air de Cœur.

Venus qui de tes beautez
 Ma maistresse decore,
Chasse d'elle les cruautez
Qu'vn chaste amant abhorre,
Où est il mon bel obiect allé
M'aymera il encore.

 Celle qui les deitez
D'vn beau portraict honore,
Ne doit auoir les meurs glacez
Car lors moins on l'adore.
 Où est il, &c.

D'aymer vn œil sans pitié
Soy-mesme on se deuore,
Mais d'aymer & d'estre aymé
L'vn pour l'autre on s'adore.

Ou

Chansons amoureuses.

Ou est il, &c.

Haste toy doncques de m'aymer
O bel œil que i'honore,
M'aymant tu ne puis aymer
Vn plus fidelle encore.

Ou est il, &c.

M'aymant ie t'honoreray
Plus qu'on ne fait l'aurore,
Et en t'aymant ie mourray
A l'ennuy de Pandore:
Ou est-il mon bel obiect allé
M'aymera-il encore.

Air de Cour.

Qvi rend la femme si muable
Au lieu de constamment aimer,
C'est sa foy conuertie en sable
Qui s'esmeut aux flots de la mer:
Puis de Venus elle à l'essence
Qui d la mer tira naissance.

Qui vit iamais la mer fidelle
Et les vents sans legereté,
La femme de nature est telle
Qui n'a non plus de fermeté:

Car ses promesses vagabondes
Sont des flots, des vents, & des ondes

Le vent gueres long temps ne dure
En vn mesme lieu arresté,
De mesme la femme pariure
N'a point d'autre fidelité
Que demeurer certain & stable
A n'estre iamais veritable.

La mer incessamment ondoye
Et son flot n'arreste son cours,
Aussi la femme fait sa ioye
De rester muable tousiours:
Mais elle est pourtant excusable
Car elle n'asquit variable.

Mais pourtant l'homme sent, vtile
Sa pariure legereté:
Car par elle il cognoist fertile
L'honneur de sa fidelité,
Et sa vertu paroist diuine
Par le vice qu'elle domine.

Soyez donc tousiours inconstante,
O race, source de mal-heur,
Afin que ma gloire ie chante,

Viue

Vive par vostre deshonneur
Et chacun comme moy pense,
Qu'en fin leur gloire est l'inconstance.

Air de Cour.

Ie ne veux plus aymer sans veoir
Le doux fruict de mon esperance,
Fy de l'amour qui n'a pouuoir
Nous en liurer la iouyssance.

Pour vne inconstante beauté
C'est mal-heur qu'il faut qu'on souspire,
Fy de l'amour qui n'a esté
Iouyssant du bien qu'il desire.

Cent mille pariures sermens
Mille desguisement de dames,
Me font dire fy des amans
Qui n'ont trompé cent mille femmes.

La iustice n'ordonne pas
D'estre fidelle à l'infidelle,
Fy de ceux qui font trop de cas
D'vne chose pariure & belle.

Il faut aymer tant seulement
Pour esteindre sa chaude enuie,
Fy de celuy dont le serment

Pour estre vif le rend sans vie.

C'est mal vouloir nommer amour
Vne amitié de rage pleine,
Fy de ceux qui pensent tousiours
Que l'amour doux viue en la peine,

L'on ne peut amitié nommer
Ce qui nostre aise contrarie,
Fy de ceux qui font de l'amer,
Pour estre fols, vne ambrosie.

La femme r'allume les feux
Des larmes des amants fidelles,
Fy de ceux qui offrent des vœux
A des beautez qui sont mortelles.

Pour vn bien qui passe soudain
C'est forfait que languir en peine,
Fy de celuy qui souffre à plein
Pour iouyr d'vne chose vaine.

Ie ne veux plus aymer ainsi
Iouïssant de ma chere amie,
Fy de l'amour qui est transi
C'est vne mort, non vne vie.

Faut aymer tant qu'on soit content
Puis courtiser vne autre dame,

Fy

Chansons amoureuses.

Fy d'vn amour qui dure tant
Qu'on s'ennuie en sa vieille flame.
Ce qui est nouueau plaist tousiours
Viue donc les amours nouuelles,
Fy au contraire des amours
Qui trop vieilles ne sont plus belles.

Air de Cour.

CE qui d'vn vouloir commun
Assemble deux cœurs en vn,
Comme amour fait chacun iour
Mettre qu'on l'honore,
   Viue donc viue l'amour
   Il faut bien qu'on l'adore.
Rien n'esgale le plaisir
Qui se conforme au desir,
Des cœurs où tu fais seiour
Amour qui les decore,
   Viue donc viue l'amour
   Il faut bien qu'on l'adore.
Ie te veux seruir tousiours
Comme dieu de mes amours,
Toy qui peux esteindre vn iour
Le feu qui me deuore,
               Viue

La fleur ou l'eslite des

Viue donc viue l'amour
Il faut bien qu'on l'adore.
Il n'est point de braue cœur
Qui n'esprouue la vigueur,
De ce Dieu qui vit tousiours
Es cœurs braues encore,
Viue donc viue l'amour
Il faut bien qu'on l'adore.
Ce n'est ni mal ni tourment
Que sentir diuinement,
Ce Dieu luire tout autour
De l'ame qui l'implore,
Viue donc viue l'amour
Il faut bien qu'on l'adore.

Air de Cour.

CHantez ailleurs folles Sirenes
Ailleurs serpens, lancez vos cris
Car vostre chant & vos soulpirs
Ne sçauroiêt plus charmer mes veines.
Prudent ie suis par ma souffrance
Vous folles par vostre fureur.
Demeurez donc en vostre erreur,
Comme ie fay en ma prudence.

C'est

C'est erter que penser capables
Les femmes de foy, de repos:
D'estre sans foy elles font los
Comme nous d'estre veritables.

Puis d'esperer trouuer en elle
Logé le perdurable amour,
C'est proprement vouloir vn iour
Voler au ciel n'ayant point d'aisles.

L'amour ne demeure fidelle
D'ont vn esprit si peu constant,
Car de ceux qu'il tient il attent
Vne seruitude eternelle.

La femme est pourtant excusable
D'estre sans amour & sans foy,
Puis que son esprit n'est en soy
De loger rien de bon capable.

C'est le defaut de sa nature
Qui luy fait defaillir c'est heur,
Mais puis que tel est son malheur,
Mal'heureux qui pour elle endure.

Plus cruelle est sa fiere veuë
Que celle du serpent malin,
Qui porte en ses yeux le venin,

L'vn

L'vn le corps, lautre l'ame tue.
 Sa voix sont charmes, tous semblables
A ceux de Circe renommez,
Car c'est bien estre transformez,
Que d'heureux estre miserables.
 Ce mal-heur aux amans arriue
Qui veulent trop long temps aymer,
Mais quand on perit sur la mer
Heureux qui est dessus la riue.
 Bien-heureux ie me dis de mesme
De voir perir tant d'amoureux,
Et pense que ie suis heureux
De n'aymer point puis qu'õ ne m'aime.

Air de Cour.

OR viuons donc ioyeusement
Moy libre & toy vn autre aymant,
 Tu te ris de ma loyauté
Ton amour leger ie despite,
Pour vn autre tu m'as quitté
Et pour ton erreur ie te quitte.
 Or viuons donc.
 Ton œil vacillant trop pipeur
Pour estre constant & fidelle,

Il

Il resemble au cristal trompeur
En qui l'à l'aideur paroist belle,
 Or viuons donc.

 Tu presumois que ta beauté
M'assubiettiroit sans remede,
Ha! non, car la desloyauté
La plus belle beauté rend laide,
 Or viuons donc,

 Caresse ce nouueau reçeu,
En moy ma liberté reprise,
Si sera-il vn iour deçeu
Car ton ame vit de faintise,
 Or viuons donc.

 Pensois-tu que mon œil cherit
Ta beauté, sans la voir humaine?
Ha! non car l'amour se nourrit
Du plaisir doux & de la peine,
 Or viuons donc.

 Tu le sçais aussi bien que moy,
Puis que d'vn nouueau feu tu tremble:
Mais, ô pariure garde toy
Que ton amant ne te ressemble.
 Or viuons donc.

Le

Le mal que nous allons causans
Regallit contre nous en peine,
Garde que celuy que ie sens
Par ta desloyauté ne t'aduienne.
  Or viuons donc.

Ces roses, ces œillets, ce teint
Iront bien tost en decadence:
Mais l'on ne verra point estaint
Le blasme de ton inconstance.
  Or viuons donc.

Pendant que tu vas carresser
Ce nouuel amant qui te lie,
Ie plore, non de te laisser:
Mais de t'auoir trop bien seruie.
  Or viuons donc, &c.

Vne infidelle comme toy
Ne meritoit vn amour stable,
D'vn si fidelle amant que moy:
Car la vertu seule est aymable.
  Or viuons donc.

Or adieu pariure beauté,
Ces vers qui te firent hommage,
Chanteront ta desloyauté,

Chan

Changeans comme toy de courage:
Or viuons donc ioyeusement,
Moy libre, & toy vn autre aimant.

Air de Cour.

CE n'est bien n'y plaisir,
Estre de tant seruie,
Qui à bien sçeu choisir,
Sur autruy n'a enuie:
Et les vrayes amitiez,
N'ont que leurs deux moitiez,
Et qui plus y en fait
Rend leur bien imparfait.

Mais c'est bien vn grand heur
Auoir obeyssance,
D'vn loyal seruiteur,
Auecques iouyssance:
Et le tenir si cher
Qu'il n'est besoin cercher
Ailleurs contentement
Qu'en vn lieu seulement.

Quand à moy ie ne veux
Prendre pour mes exemples,
Celuy qui à des vœux,

Rendus en plusieurs Temples:
Amour n'est de ces lieux
De qui sont en tous lieux,
Et en toutes saisons,
Receuez nos raisons.
 Vn Dieu & vne loy
Pour heureusement viure,
Vne Foy & vn Roy,
Chacun dit qu'il faut suyure:
Mais il s'entend parmy,
D'auoir vn seul amy,
Car sans ce dernier point,
Viure on ne sçauroit point.

Ari de Cour.

TRois fois heureuse pensee,
 Qui t'a dans ce sein placee,
Dedans ce sein amoureux
Pres d'vn beau teton follastre
Beau teton que i'y dolastre,
Et dont ie suis desireux.
 Helas! c'est ma Nyphelotte

Ma Nymphelotte Charlotte,
C'est elle qui t'y à mis:
Hé, pourquoy ceste cruelle
Pourquoy donc ne voudroit elle
M'en auoir autant permis?

Faut-il follastre Bergere
Faut-il qu'vne fleur legere,
Ait plus que moy de credit?
Faut-il que par ta licence
Elle ait pleine iouyssance,
D'vn bien qui m'est interdit?
Mais las dequoy ma pensee
En peut estre offensee,
Elle qui secrettement
Peut sur ses pommes d'albastre
Comme celle là s'esbatre,
Et les baiser librement.

Amans que vos mains hardies
De ces pommes arondies,
Se gardent bien d'aprocher:
Elles seroient offensees
Car c'est aux seulles pensees,
Qu'il est permis d'y toucher,

H 2

La fleur ou le slite des
Air de Cour.

O Nuict heureuse nuict ô nuict plus agreable,
Que l'ardante lueur d'vn iour mieux esclairé
Qui me fus à mon gré d'autant plus agreable,
Que moins heureuse nuict ie t'auois esperé.

Estoilles aux larcins des ames bien apprise:
De voiler quelquefois vos fascheuses clartez,
Qui pour fauoriser mes douces entreprises
Auiez enueloppé vos feux d'obscuritez.

O sommeil qui coulant sous ta fraischeur paisible,
A tout autre qu'à nous les yeux auoit sillez,
C'est par toy doux sommeil que ie fus inuisible,
Et que de ces ialoux nuls ne furent esueillés.

O porte de mon heur receleuse fidelle,
Qui pour me receuoir fus ouuerte sans bruit?
O chambre ou puis apres ie fus receu de celle.
Auec qui ie passay le reste de la nuict.

O couche qui sembloit si souuent esbranlee,
Auoir part au plaisir dont nous estions charmez,
Tu sçais combien de fois tu fus la nuict soulee,
Tu sçais combien de fois tu nous sentis pasmez.

T'oubliray-ie flabeau qui durant la nuict sombre,
Voulant ainsi que nous nous monstrois à l'efet,
Que l'amoureux plaisir parmy l'obscur de l'ombre,
Ne doit estre estimé entierement parfait.

Tu me donnois moyen estant las d'autre chose,
De mirer à mon aise, & son front & ses yeux;
Et de noyer ma veuë en sa bouche, ou repose
Ceste douce liqueur qui enyure les dieux.

Ainsi

Chansons amoureuses.

Ainsi en cent façons soigneux ie prenois peine,
De saouller chasque sens de son propre plaisir,
Vne douce liqueur colant de veine en veine
Me venoit puis apres en fin le cœur saisir.

Mais que le temps fut court Aurore matineuse,
Tu t'ennuyas bien tost de ce mary vieillard:
Ha: tu fus sur nostre heur ialouse & enuieuse
Il t'en faudroit auoir vn qui fut plus gaillard.

Di, que ne cerches tu si ton mary t'ennuye,
Quelque amy qui soit ieune & mieux duit à l'amour
Il falloit ce pendant que par ta ialousie
Nous fussions si matin importunez du iour.

Air de Cour.

Si les premiers mal-heurs de mes amours passées,
Ne m'eussent plus Accort & plus sage rendu,
D'vne Dame sans foy les parolles faussées
M'eussent encore perdu.

Mais au seul souuenir de mes premieres flammes,
De ce nouueau danger ie ne suis eschappé,
Vn qui n'eust point cogneu le naturel des femmes,
Y eust esté pippé.

Elle sçauoit pleurer sans qu'elle en eust enuie
Touſiours mille souspirs en sa poitrine estoient
Me nommant à tous coups son tout, son cœur, sa vie,
Fine & traistre qu'elle estoit.

Mais ses mignards attraits ses souspirs, & ses larmes
Dont finement accorte elle sçauoit vser,

N'y tant de faux sermens ces plus certaines armes,
Ne m'ont sçeu abuser.

Comme vn pauure nocher eschapé du naufrage,
J'aquite dans le port les vœux de ma raison,
Dont la sage clarté m'a sauué de l'orage
De sa fausse trahison.

Vous qui voulez aimer & que l'amour contente,
Dont les masles esprits aiment la fermeté,
Aduertis de ma part fuyez ceste inconstante
Pleine de legereté.

Pour selon son humeur la rendre assortie
Il faut que quelque vent se prenne dans ces lacs.
Si Borée pouuoit oublier Orithie,
Ce seroit bien son cas.

Air de Cour.

L'amant.

Vous m'auez fermé la porte
Apres me l'auoir promis,
Ma foy vous estes bien sotte
De manquer à vos amis.

L'amie.

Pour auoir fermé la porte
Apres vous l'auoir promis,
A l'honneur ie m'en rapporte
Si c'est vn peché commis?

L'amant

Chansons amoureuses.

L'amant.
Ie vous tenois braue Dame
D'auoir sceu si bien choisir,
Pour esteindre vostre flame
Et vous donner du plaisir.

L'amie.
Si n'eusse cogneu vostre ame
Lors que me vinstes choisir,
D'vn meschant desir infame
I'eusse estaint vostre desir.

L'amant.
Ie vous eusse bien seruie
Si ne m'eussiez fait ce tour,
Qui m'a fait perdre l'enuie
De plus vous faire l'amour.

L'amie.
Ie ne veux estre seruie
D'vn capricieux en amour,
Qui n'a rien que la folie
Qui le grippe nuict & iour,

L'amant.
Ma foy vous estes bien sotte
Beste sans entendement,

Qu'en me refusant la porte
Perdez tout contentement?
L'amie.
Ne me tenez pas si sotte
Monsieur sans entendement,
Pour auoir fermé la porte
Ie n'ay fait que sagement.
L'amant.
Vous estes vne grand beste
ie vous le dis en amy
Vous n'auez dedans la teste
De la ceruelle à demy.
L'amie.
Ie ne suis tant que vous beste
Monsieur vous estes en courroux
Ie pense auoir dans la teste
Plus de ceruelle que vous.
L'amant.
Adieu ie vous dis la belle
Si ie mens Dieu me pardoint,
Cerchez vn peu de ceruelle
Vous en auez grand besoin.
L'amie.
Adieu

Chansons amoureuses. 105

Adieu Monsieur l'infidelle
Adieu Monsieur l'indiscret,
Vous manquez bien de ceruelle,
Apprenez d'estre discret.

Air de Cour.

MAdame ne vous faschez point
Si ie recerche auec tel soin,
Vostre faueur & grace.
Car vos vertus sont le suiet
Du bien que ie pourchasse.

Vn estrange peril ie cours
En vous declarant mes amours,
Mais ce n'est ma nature
De pouuoir rien dissimuller
Le vray amant ne peut celer
Le tourment qu'il endure.

Accordez moy mon cher soucy
Vostre amour & faites mercy
A ma cruelle flame:
Car seule pouuez soulager
Mon mal ou ma vie abreger
Et du tout m'oster l'ame.

Pourquoy voulez vous differer

H 5

Puis que vous pouuez asseurer,
De mon loyal seruice?
Adoucissez vostre rigeur
Madame & retirez mon cœur
D'vn si cruel supplice.

Air de Cour.

O Diuine beauté de mon cœur tresoriere,
Ie meurs en vous aymant sans estre cartesse,
D'vn regard de vos yeux qui fust cause premiere
De mon loyal amour dont ie suis oppressé.

Car vos yeux asserez de rigueur trop cruelle
Me naurent sans cesser d'vne cruelle ardeur,
D'vn desir d'amitié qui tousiours renouuelle
Mon tourment ma langueur & accroist mō malheur

De nuict en mon dormāt Morphée Dieu du songe
Vous represente à moy & pensant embrasser
Ceste grande beauté, i'apperçois le mensonge,
Ne trouuant au resueil sinon qu'vn faux penser.

Piramis le gentil qui s'occit pour s'amie
N'endura le tourment, l'amour, la passion,
Comme ie fais pour vous, ô tresdouce ennemie,
Car de iour & de nuict croist mon affection.

Ores ie suis glacé, ores chaud comme flamme,
Ores tout esiouy, tout ioyeux, tout content
Puis apres tout transi en vous voyant madame
Ne me fauoriser d'vn regard seulement.

Air

Chansons amoureuses.

Air de Cour.

TV dors mon ame appesantie,
Du regret que tu dois auoir,
De nostre estrange departie:
Mais moy qui n'espere plus voir
La belle qu'en dormant ie laisse
Ie m'esueille & plure sans cesse.
 Douce amitié sois esueillee,
Esueille toy ma chere amour:
O que tu es ensommeillee,
Il n'est pas gueres loin du iour,
 Ma vie comme est-il possible
 Que tu sois ores si paisible?
 Helas! quand tu ne dors ma belle,
L'on n'ose toucher ton teton,
Qui ressemble à la noix iumelle,
De l'arbre amoureux ce dit-on:
 Et maintenant mon amourette
 Ie baise ce que ie souhaitte.
 Douce nuict alonge ta course,
Beau iour retire tes cheuaux,
R'appelle ceste brillante Ourse
Et la plonge dedans ces eaux.

Cache

Cache ta clarté ennemie
Pour laisser reposer m'amie.

Air de Cour.

Nvict que ie suis en peine dure
Si tu ne deuiens plus obscure,
Craignant que ie sois decellé:
Attens que ie m'en sois alle,
Nuict douce nuict au moins sômeille
Tant que ma belle se resueille.
Helas! ma tres-fidelle amante
Ie ne te reuerray donc plus,
Ie te laisse icy mescontente,
Et moy ie m'en iray confus
Pour plaire au doux feu de ma rage,
Mourir en vn vil hermitage.
Quand tu sçauras ma departie:
Te laissant dormir en ce lieu,
Sans que ie t'en aye aduertie:
Et mesmes sans te dire adieu,
Tu changeras l'amitié sainte
Que tu as dans ton cœur emprainte.
Tu m'appelleras infidelle
Traistre meschant sans amitié;

D'vne

Chanfons amoureufes.

D'vne ame caute & cruelle
Et qui à le cœur fans pitié
   Outrageant ta blanche poitrine
   De ta main fur toutes diuine.

Air de Cour.

AMour m'auoit ordonné
  D'aymer des rofes l'eflite,
Maintenant il ma donné
Le cœur d'vne Marguerite,
  Voyez donc comme amour
  Veut que ie ferue toufiour.
 L'vne me vient baifotter
A l'ennuy de fa guerriere,
L'autre qui m'a fçeu dompter
Me veut baifer la premiere:
Voyez doncques les faueurs
Que me font ces belles fleurs.
  Ma rofe chafque matin
Amoureufe fur ma tefte
Met vn chappelet de thin
En figne de fa conquefte,
N'eft ce pas vne faueur
Que me fait ma belle fleur?

               Marguerite

Marguerite d'vn soucy
Parseme toute ma robe,
Et veut me gaigner ainsi
Le cœur qu'elle me desrobe,
Voyez ceste belle fleur
Caresser son seruiteur.

L'vne dit qu'elle à ma foy
L'autre dit qu'elle est à elle,
Et l'autre dit que ie doy
Seruir des deux la plus belle:
Oyez dontques le discours
Que me font mes deux'amours.

Pour iuger ce different
Ie prins amour pour arbitre,
Elles venuës seulement
Et leur beauté pour leur tiltre:
Voyez doncques ces deux fleurs
En procez de mes douleurs.

Amour pres de moy se tient
Ses flesches bien acerées,
Venus par la main le prend
De mille beautez parées
Voyez pour auoir mon cœur

Ce

Chansons amoureuses.

Ce que font ces belles fleurs.
Amour plaide pour moy ainsi
Ma cause pleine d'oppresse,
Pour ces beaux debats icy,
Il se consume en tristesse,
    Moy ie sçay bien les douleurs
    Que i'endure pour ces fleurs.
Plus que ie ne fais mon cœur
Ie les cheris & les ayme,
Cent fois le iour ie me meurs
De les voir en ceste peine,
    Considerez les douleurs
    Que ie souffre pour ces fleurs.
Amour qui me sent blessé
En ceste guerre mortelle,
Aussi tost il à lancé
Vne flesche à la plus belle,
    Voyez voyez comme amour
    M'ayme & m'assiste tousiour.
A l'autre de mesme traict
Luy entame les mammelles
Et dit en riant c'est faict
Voyla la fin des querelles

                  Voyez

La fleur ou l'eslite, des

Voyez comment amour peut
Faire du bien quand il veut.
Air de Court.

Helas, Monsieur, ostez-vous tost,
Enda ie vous chatoüilleray,
Madame, ici viendra bien tost,
Par ma fi, ie vous piqueray :
Helas ! ouyez quelqu'vn i'entens,
Monsieur vous perdez vostre temps.

Ostez la main de ceste endroit,
Hé bien vous n'y auez rien mis,
Ie disois bien que l'on viendroit
Ne me touchez sous mes habits,
Cessez de tant me fretiller
Despeschez de vous en aller.

Autre m'estimez que ne suis
Ne me venez plus harseler,
Non, Monsieur, ne fermez pas l'huis
Cela ne se pourroit pas celer,
Le bel honneur que ce seroit,
Quand ainsi on nous trouueroit.

Laissez moy, Monsieur, ie vous prie
Vn autre que moy vous faudroit,
Laissez

Chansons amoureuses.

Laissez-moy ie vous en supplie
Car quelqu'vn icy suruiendroit,
Quel deshonneur me seroit ce,
Plustost mourir que faire ce,
    Laissez moy donc icy seulette
Et vous en allez vistement,
Ne destachez vostre esguillette,
Car vous estes bien proprement,
Monsieur ne vous destachez point
Vous estes tresbien en ce point.
    Cognoistre faut deuant qu'aimer
De ce mot là soyez content,
Vous ne vous faites qu'enflammer,
Monsieur ne me tastez point tant,
Ie vous prie vous deporter
Car d'vn doux il vient vn amer.
    Mais qu'est-ce que tant barbouillez
Ie n'entens point ce ieu icy,
Vous dites que vous vous ioüez
Mais ie ne le trouues ainsi:
Arrestes vous quelqu'vn i'entens
Of, of, helas! il est dedans.

Air de Cour.

I

L'amant.

Non tu ne m'eschapperas point,
Puis que ie te tiens ma mignone,
Ie suis arriué tout à point
Car il n'y a ici personne,
 Non, tu ne m'eschapperas pas,
 Plustost liures moy le trespas.

L'amie.

Ie vous pri' ne vous faschez point
Alles voir quelque folletonne,
Vous vous trouuerez cour d'vn point,
Quand à moy ie n'aime personne
 Quand vous encourriez le trespas
 Si ne me baiserez vous pas.

L'amant.

Ma belle n'ayez point de peur,
Ne craignez que personne arriue,
Ce me seroit trop de mal-heur:
Pourquoy fais-tu donc la tardiue,
 Non auant que partir d'icy
 Il faut auoir de moy mercy.

L'amie.

Quand à moy ie n'ay point de peur
D'au

Chansons amoureuses.

D'aucune personne qui viue,
Monsieur, i'aime trop mon honneur,
Voila ce qui me rend tardiue,
    Si vous ne m'auez à mercy,
    Ie crieray que l'on vienne icy,
      L'amant.
Non, non, vous auez beau crier
Personne ne vous peut entendre,
Cà ça ie vous veux manier
Le teton, ie m'en vois le prendre,
    Ie l'ay, ie le tiens, le voila,
    Et si vous passerez par là.
      L'amie.
Ie vous feray bien chastier
D'auoir osé par force prendre
Mon teton, las ie voy crier
Si haut qu'on me pourra entendre,
    Helas, helas, mon Dieu helas,
    Voulez-vous pas laisser cela?
      L'amant.
Ce n'est rien ie vous veux fesser,
Vous faites trop de la criarde,
Et auant que de vous laisser,

Il vous faut d'ancer la gaillarde,
Vous aurez beau crier hola,
Vrayement vous passerez par là.
L'amie.
Monsieur ie ne sçay pas dancer,
N'y la volte, n'y la gaillarde,
Vous pourriez bien aller baiser
Vn autre plus que moy mignarde,
Vn iour vous vous repentirez
De ce que tant me tourmentez.
L'amant.
Me repousserez-vous tousiours
Dites moy petite cruelle,
Il faut iouyr de nous amours
Cependant que vous estes belle,
Iamais plus ne refuserez,
Sur ma foy vous y passerez.
L'amie.
Monsieur, las: que me faites vous?
Quel mal'heur d'estre icy venuë?
Vous me faites mal aux genoux,
Helas! quelle desconuenuë,
Quoy tousiours vous continuez,

Helas

Chansons amoureuses.

Helas! ma foy vous me tuez.
L'amant.
Petite nous mourons tous deux
Ce me semble, à la bonne heure,
Ha que ce mourir m'est heureux,
Fais encor vn peu de demeure,
　　Encor ce coup douce moitié,
　　Continuons nostre amitié.

Air de Cour.
ON dit qui veut veoir vn bel œil,
　Il faut qu'il soit de couleur bleuë
Pour moy ie n'en ay veu vn seul
A qui ceste beauté soit deuë.
　Iamais l'œil bleu n'a eu pouuoir
Et n'aura iamais en sa vie,
De me ranger sous son vouloir
　Comme l'œil noir, quoy qu'on en die.
　Ceux qui auront du iugement
Engageront tousiours leur vie,
Qu'estimer cest œil bleu autant
Comme le noir seroit folie.
　En fin on ne doit rien aymer,
Que ce bel œil noir, ce me semble:

Puis qu'il à pouuoir de charmer
Les dieux, & les hommes semble,
 Si iamais il se trouue humain,
Qui pour l'œil bleu se vueille battre
L'œil noir me metra dans la main
Les armes dequoy le combattre.
 Puis on dira, sa loyauté,
Sa fermeté l'a rendu maistre:
Pareillement que la beauté
Du bel œil noir s'est fait cognoistre.

Air de Cour.

Qv'elle pitié est-cecy,
 De me laisser tant icy, (ge,
Au serain, à la pluye, au vent, & à l'ora-
Madame, à tout le moins logez moy mõ
 Il y à tantost deux nuicts, (bagage.
Que ie tremblotte à vostre huis:
Vrayemét vous estes bien d'vn naturel
Madame à tout le moins, &c. (sauuage
 Vous oyez comme ie l'ay
Morfondu, roide, & gelé, (i'enrage?
Ma foy ie n'en puis plus, voulez voꝰ que
Madame, a tout le moins, &c.

L'on

Chansons amoureuses.

L'on dit qu'en toute saison,
Vous auez ample maison,
I'ay le train si petit, que i'y seray au lar-
Madame, à tout le moins, &c.   (ge,
  Croyez que quand i'y seray,
Les autres i'empescheray,
De vous venir fouler, ou de vous faire
    outrage
Madame, à tout le moins, &c.
  Si apres m'auoir logé,
Vous trouuez bon ce que i'ay,
N'espargnez pas l'oyseau dont vous a-
    uez la cage
Madame, à tout le moins logez moy
    mon bagage.

Arrest de Cour.

CE beau tiltre de iouyssance
Qu'vn iaune paille porte en soy,
Tient vn chacun sous sa puissance
Mesme Amour recognoit sa loy.
  C'est Amour qui reçoit victoire,
Et qui triumphe des mortels
S'est contraint de luy rendre gloire

I 4

Sur la grandeur de ses autels.

 Amour ne peut rien sans sa force
Sinon qu'à donner du torment,
Amour sans luy n'est qu'vne amorce
Qui brusle sans allegement.

 C'est la couleur seule parfaite,
Car toutes les autres couleurs
N'ont perfection qu'imparfaites,
Et qu'vne ioye de douleurs.

 Que nous sert la seule esperance
Si la iouyssance ne suit,
Ce n'est auoir qu'vne esperance
D'vn esperé bien qui nous fuit.

 Si nostre constance loyalle
N'est reuestuë de plaisir
C'est proprement estre vn tantale
Qui s'abuse de son desir.

 Il n'est que iouyr de sa Dame,
Viure autrement c'est vne mort,
Plus nous rendons ayse nostre ame,
Et plus l'amour s'allume fort.

 Sur tous les hazards elle regne
Comme non suiette au torment,
Diane

Chansons amoureuses.

Diane l'a pour son enseigne
D'auoir iouy de son amant.
 Tout iaunit aupres sa verdure
Ne tendant qu'à perfection,
Le iaune paille est sa nature,
Sa fin & son intention.
 Ce iaune paillé tant aimable
Que Madame porte en son chef
La rend encor plus redoutable
Et l'eternise de rechef.
Madame aussi pour recompense
Immortalise son renom,
Et de reciproque puissance
Tous deux font immortel leur nom.

Air de Cour.

IE veux chanter le martyre
Où maintenant suis reduit:
Car quand vos beautez i'admire
Autant le iour que la nuict
Qui me fót mourir, qui me fót mourir,
Qui me font mourir martyre.
 Quand tes beaux yeux ie regarde,
Estincellans comm' vn Soleil,

Cupido dans mon cœur darde
Vn tonnanr qu'est nompareil,
Qui me faict mourir, &c.

 Helas ne me fois cruelle,
N'vse enuers moy de rigueur
Et ne fois point si rebelle,
A ton fidelle seruiteur
Qui s'en va mourant, &c.

 Ce beau petit sein d'yuoire,
Et ces deux tetins iumeaux
Sont pourtraicts dans ma memoire
Me donnant mille trauaux
Qui me font mourir, &c.

 Fay moy donc ceste grace,
Et aussi ceste faueur,
Que ton ioly corps i'embrasse
Pour appaiser la douleur
Qui me faict mourir, &c.

 Nature rien ne façonne
Pour demeurer occieux,
Helas, donne moy mignonne
Vn doux regard de tes yeux
Qui me font mourir, &c.

Appro

Chansons amoureuses.

Approche toy que ie lie
Mes mains à ton corps si beau,
Comme la vigne se lie
A quelque second aulneau
De peur de mourir, &c.

 Excuse moy ma mi‍e nonne
Si ie te prie humblement,
Car le feu qui me consomme
Me tient en si grand tourment
Qui me fait mourir, qui me fait mourir,
Qui me fait mourir martyre.

Air de Cour.

LA peine au monde plus sensible
 Est celle qui vient de l'amour:
Car tout trauail bien que penible
Se clost à la couche du iour:
 Rien n'est icy plus estimé
 Que d'aymer bien & estre aimé.

Mais ce malheur iamais ne cesse
Et ne finit que par la mort,
Et l'amant au mal qui l'oppresse
Ne trouue conseil ny support.
 Rien n'est icy, &c.

La raison toute chose dompte,
Et le temps fleschit son courroux:
Mais l'amour tous deux les surmonte,
Il est donc plus puissant que tous:
  Rien n'est ici, &c.

 Auant qu'on ait senti sa flamme
L'on se mocque de son pouuoir,
Mais quand elle brusle nostre ame
Lors l'on commence à se douloir:
Rien n'est ici plus estimé
Que d'aymer bien & estre aymé.

   Air de Cour.

Dieu que c'est vne belle chose
 Que d'estre aimé & n'aymer point
L'on ne tient point la bouche close
Pour celer le mal qui nous point:
  Ayme qui voudra ie ne veux
  Iamais deuenir amoureux.

 L'on n'a que faire de se plaindre
Pour vn bien qu'on ne peut auoir,
Le mal nostre cœur ne vient poindre,
Viure libre est vn grand auoir:
  Ayme qui voudra, &c.

       De

Chansons amoureuses.

De maint desir prompt & volage,
Nostre esprit n'est point apasté,
Et alors l'on ne devient sage
De sa propre infelicité:
  Ayme qui voudra, &c.

Il n'est femme qui ne soit fine,
Sans foy, & sans affection,
Bien qu'elle face bonne mine
Ce qu'elle dit est fiction.
  Ayme qui voudra, &c.

Heureux qui n'a que faire d'elles,
Et qui ne les void pas souvent:
Car pour devenir trop rebelles
Elles font mourir maint amant:
  Ayme qui voudra ie ne veux
  Iamais devenir amoureux.

Air de Cour.

Quand ie viens à penser à mon cruel malheur,
Et au point desastré de ma triste naissance,
Ie me sens si pressé d'angoisseuse douleur
Qu'il faut qu'en souspirant mille plaints ie commëce
Ie sens l'air de regrets, ie despite les cieux,
Tout forcené de rage,
Et le torrent de pleurs qui desbordent mes yeux,

Me noyent le visage,
Desolé que ie suis à qu'oy puis-ie aspirer,
Où faut il que ie tourne: helas, que doy ie faire
Si ie ne cognoy rien qui me face esperer.
Et si ie ne voy rien qui ne me soit contraire.
Tout obiect me desplaist, toute chose me nuit,
Le ciel, l'air & la terre,
La chaleur & le froid, la lumiere & la nuict,
A l'ennuy me font guerre.
  Si i'ay quelque plaisir c'est helas seulement.
Quand i'inuoque la mort pour finir ma detresse,
Pour luy faire pitié ie luy dy mon tourment,
Et le mal importun qui iamais ne me laisse:
Mais i'ay beau raconter ce qui me fait douloir
A ceste inexorable.
Car, helas! ie ne puis, ie ne puis l'esmouuoir
A m'estre fauorable.
  Lors que ie la requiers de finir mon esmoy,
Elle ferme l'oreille à ma iuste priere,
Si i'en veux approcher reculer ie la voy,
Si ie vay au deuant elle fuit en arriere,
Et dit que c'est en vain que d'elle ie pretends,
Secours en mon domage:
Car les dieux qui ne sont de mes malheurs contens,
M'en gardent d'auantage.
  Ils veulent que ie viue, afin de faire voir
Toutes lire du Ciel dans vn homme assemblée,
Et tout ce que l'enfer dedans soy peut auoir
Pour tourmenter vn ame, & la rendre troublée
Car l'eternelle nuict ne sont depeint d'horreur,

De tourments & de flame,
De pleurs, de peurs, de morts, de remorts, de fureur,
Qui ne loge en mon ame.

Ie ne sçay qui ie suis, ie ne me cognoy point,
Sinon que pour vn homme où tout malheur abonde:
Las, ie me sens reduit à vn si piteux poinct,
Que me faschant de moy ie fasche tout le monde,
Et ce qui plus me trouble, & me fait blasphemer,
Nature & la fortune,
C'est que ie ne sçauroy seulement exprimer
L'ennuy qui m'importune.

Il faut que ie le couure & l'estouffe au dedans,
Pour ne le pouuoir pas assez tristement plaindre,
Dont ie viens à sentir mille charbons ardans
Que larmes & souspirs n'ont puissance d'estaindre,
Que tel est mon martire
Que quand le Ciel voudroit plus fort se courroucer,
Ie ne puis auoir pire.

S'il aduient quelquefois qu'outre ma volonté
Du logis où ie suis l'abandonne ta porte,
Ie chancelle à tous pas d'vn & d'autre costé
Tant l'extresme douleur hors de moy me transporte,
Ie ne parle à personne, & chemine incertain,
Comme il plaist à ma rage,
Si quelqu'vn me rencontre, il me prend tout soudain
Pour vn mauuais presage.

Bien que ie sois comblé de toute affliction,
Et que mon iuste dueil par le temps ne s'appaise,
Mes amis seulement n'en on compassion,

Et

Et semble qu'en mon mal tout le monde se plaise:
Mesmes aux plus durs assauts de ma calamité,
J'entr'oy comme vn Murmure,
De ceux qui vont disant que j'ay bien merité
Le tourment que j'endure.

C'est trop, c'est trop languy sans espoir de secours
Pour finir ma douleur il faut que ie me tuë,
Ie veux haster la fin de mes mal'heureux iours.
M'outreperçant le cœur d'vne lame pointuë:
Mais, helas! ie ne sçay si par ce doux trespas
J'auray banny mes peines.
Et crains de les porter maudit ombre là bas
Tousiours plus inhumaines.

C'est assez ma chason il est temps de cesser.
Et d'arrester le cours de ton dueil larmoyable.
Mais en m'abandonnant où me puis ie addresser
S'il ne s'en trouue vn seul tant que moy miserable?
Va donc où tu voudras & me laisse endurer
La douleur qui m'affolle.
Aussi bien est ce en vain que ie veux esperer
Que ton chant me console.

Air de Cour.

Las! ie me meurs en preséce de celle
Qui en est cause & si ne le sçait pas,
Et ce qui m'est plus grief que le trespas,
Il faut, ô dieux! que mõ mal ie luy cele.
Elle s'enquiert de mon cruel martyre.
En me voyant si prochain de la mort,

Chansons amoureuses. 129

Mais i'ayme mieux mourir sás recõfort
Qu'ouurir la bouche & ma douleur luy
 dire.

Las! ie pẽsois pource quelle est diuine
Que mes ennuis luy seroyent euidens,
Et que son œil penetrant au dedans
En peust soudain descouurir l'origine.

Vn feu couuert me deuore & saccage,
Il cuit mon sang & desseiche mes os:
Las! ie le cache & le veux tenir clos:
Mais sa fureur me paroist au visage.

Il n'y a point de gesnes si cruelles,
De feux si chauts, ny de sidurs tourmẽts
Dans les enfers plains de gemissemẽs
Pour tourmenter les ames criminelles.

S'il est permis aux enfers de se plaindre
En endurant les tourments rigoureux,
Esprits dãnez vous estes biẽ-heureux
Vo° ne sçauriez à ma douleur atteindre.

O cieux cruels si i'auois fait offẽse,
Osant aymer vne diuinité,
Auoy ie bien tant de maux merité;
Las! i'en reçoy trop dure penitence.

K

O durs rochers, ô deserts solitaires,
Qu'on me pardône, & vos riues & bois,
De ce qu'encor ainsi que ie soulois,
De mes ennuys ne vos fais Secretaires.
 Ma passion est d'vne telle sorte
Qu'en la souffrāt ie crains de souspirer,
Sans me douloir il me faut endurer,
Ma peine est viue, & ma parole est morte
 Aussi l'espoir où ie me veux attēdre,
C'est que le feu dans mon sang allumé,
En peu de iours me rendra consommé,
Et que mon corps sera reduit en cédre.
 Mais il est tēps de finir ma cōplainte:
Car i'aurois peur qu'é faisant les regrets
Mon triste luth entendit mes secrets,
Où me plaignant de moy-mesme i'ay
                Air de Cour.   (crainte.

AVssi tost qu'vne belle ame
Commence à viure icy bas,
il faut que l'amour l'enflame,
Ou qu'elle ne viue pas:
Sans l'amour ie ne puis viure,
L'amour est tout mon plaisir,
Ie veux mourir pour le suiure

Chansons amoureuses.

Ie n'ay point d'autre desir.

Le destin qui a puissance
De disposer d'vn bon-heur
Graua lors de ma naissance,
L'amitié dedans mon cœur,
C'est l'amour qui me contente,
L'amour est tout mon plaisir,
Ie seray tousiours amante,
Ie n'ay point d'autre desir.

En fin ce que ie trauaille,
Ce n'est rien que pour l'amour,
Plustost que l'amour me faille,
Me puisse faillir l'amour
L'amour me rend bien heureuse
L'amour est tout mon plaisir,
Ie veux mourir amoureuse,
Ie n'ay point d'autre desir.

Que bien heureuse est la vie
Qui se passe doucement
Parmy l'amoureuse enuie,
D'vn amante & d'vn amant,
Quand à moy ie ne puis croire
Qu'il soit vn plus grand plaisir,

Vive l'amour & sa gloire
Ie n'ay point d'autre desir.
  Celuy qui la chanson à faite
Ce fust vn ieune garçon
Estant auec sa maistresse,
La tenant sur son giron
Luy disoit bas en l'oreile,
Mignonne fais moy ce bien,
Fais le moy à la pareille
Personne n'en sçaura rien.
    Air de Cour.

BElle helas pour vostre amour,
Ie meurs mille fois le iour
Pour vous seruir loyaument,
Ie vis en martire,
  Ayez pitié d'vn amant
  Qui sans fin souspire.
Que sert de dissimuler,
Ie ne vous serois celer,
Que loyal en vous aimant,
Ma langueur empire:
  Ayez pitié, &c.
De moy seul rien ie ne suis:

Car sans vous rien ie ne puis,
Rien est mon allegement
Si rien ie respire :
  Ayez pitié, &c.
 Mais permettez que ce rien
Soit le meilleur de mon bien
Vn baiser tant seulement
De vous ie desire :
  Ayez pitié d'vn amant
  Qui sans fin souspire.

Air de Cour.

Amour n'a point des aisles
 Comme l'on dit souuent,
Ce sont les arondelles
Qui vont comme le vent.
 Ie sçay bien le contraire
Pour sentir mon tourment :
Mais ma belle aduersaire,
Ne le sçait nullement.
 Amour la void si belle
Et cerche incessamment
De se loger pres d'elle
En vn coing seulement,

Il travaille, il tracasse,
La trouvant sommeillant,
Il desrobbe vne place
Dedans son œil brillant,
 Euitons donc sa veuë
Qui blesse viuement,
Qui blesse à l'impourueuë
Malicieusement.
 N'est-ce pas bien malice
De chercher promptement,
N'en voulant par son vice
Guarir qu'vn seulement?

Air de Cour.

MA Deesse mon amour,
 Ma mignardise & mon ame,
 Ie veux suiure nuict & jour
Vostre beauté qui m'enflame:
 Mon cœur languist bien heureux
 Dans vos fillets amoureux.
 Ie ne trouue en mes desirs
Rien que vous qui me contente,
Venez donc de cent plaisirs
Recompenser mon attente.

Chansons amoureuses.

Mon cœur languist, &c.
　Meslons ensemble meslons
Nos ames enamourées,
Et l'vn & l'autre cueillons
Mille douceurs ensucerées.
　Mon cœur languist, &c.
　Afin de mieux embrasser
Le feu qui me met en cendre.
Me refusant d'vn baiser,
Soudain laissez le moy prendre:
　Mon cœur languist, &c.
　Tantost douce embrassez moy,
Tantost soyez moy rebelle,
Tantost doutez de ma foy:
Et puis m'estimez fidelle.
　Mon cœur languist, &c.
　Tantost refusez mon tout
Iusques à la moindre chose,
Puis pressez d'vn baiser glout,
Ma bouche à demy declose,
　Mon cœur languist, &c.
　Mais pensez-vous quel plaisir
Entre les ris & les larmes

De contenter son desir
Des amoureuses alarmes:
  Mon cœur languist, &c.
 Amour ayme beaucoup mieux
Vn doux refus qui contente,
D'espoir nos cœurs amoureux.
Qu'vne victoire presente
  Mon cœur languist bien heureux
Dans voz fillets amoureux.

   Air de Cour.

JE viens de songer endormy,
 Que i'estois deuenu fourmy,
Et que i'allois parmi la plaine
Desrober à ma souueraine.
L'esmail des fleurs & du Printemps
Au gré des Zephirs voletans.
 Fourmy ie recognois tousiours
La Deesse de mes amours,
Et d'vne source plus isnelle
Ie fais tant que m'approche d'elle,
Et commençay par ces patins
A monter iusques à ses tetins.
 Alors ie redeualle en bas,

      Et

Chansons amoureuses.

Et me pourmeine par ses bras
A long du dos & de son ventre
Où selon ma nature i'entre
Au fonds du nombril l'arrondi,
Voisin du ventre rebondi.

 Oyez ce qui m'auint apres,
R'encontray vn petit marets
Tout bordé d'vne mousselette :
Alors ie cherche & ie furette,
Et me logeay en la prison
D'vn double & redoublé gazon.

 Alors Madame qui me sent,
Sa main tout bellement descend
Au lieu où plus ie la fretille,
Et comme vigoureuse fille
Fait tant que ie sortis de là :
Alors mon songe s'en alla.

Air de Cour.

VOila le Berger Catin
 Qui ià conduit Perinette,
Aussi le Berger Patin
Fredonnant sur sa musette :
 Ma Bergere ma lumiere.

Mettons aux champs nos troupeaux,
Ia l'herbette nouuelette
Se descouure au bord des eaux.
Nous ferons de bons repas,
Et puis chacun a la dance
Irons dessus l'herbe bas
En obseruant la cadence.
  Ma bergere, &c.
Et puis quand las de dancer,
Il faudra faire vne pose
Sur l'herbe on irons coucher
Afin qu'vn chacun repose.
  Ma bergere, &c.
Et puis le berger Nalin
Au son de sa chalemie
Esueillera de grand matin
Nostre belle bergerie.
  Ma bergere ma lumiere, &c.

Air de Cour.

Vrai que sont parmy les champs,
Ie passe le iour solitaire,
D'ennuis tout couuert ie me sens,
Loin de vostre belle lumiere.

Chansons amoureuses.

Vous estes là ie suis icy
Comblé de peine & de soucy,
Ie suis icy, vous estes là
Franche de cecy & cela.

Ie prens vos beautez pour subiet
A mon ame si bien empraintes,
Attendant qu'en sorte l'effect
De mes ennuyeuses complaintes.
  Vous estes là, &c.

Si quelquefois parmy le fleurs
Ceste plaisante odeur m'attire,
Ie sens enleuer les douceurs,
Et l'air que vostre sein respire.
  Vous estes là, &c.

Quand la clarté d'vn beau Soleil
Estend les rayons sur ma face,
Ie pense reuoir de vostre œil,
L'esclair des attraicts & la grace.
  Vous estes là, &c.

Ainsi mon plaisir escarté
Par vn vain penser ie ressemble,
Encor ne me plaist la beauté,
Sinon en ce qui vous ressemble.

        Vous

Vous estes là, &c.
Mais alors que vostre amitié
Chassera ses vaines pensees,
Et que pres de vous arresté
I'oubliray mes peines passees.
　　Vous estes là, & moy icy,
　　Exempt de l'amoureux souci
　　Bien loing d'icy ie seray là,
　　Content de cecy & cela.

Air de Cour.

Que ie veux mal à mes yeux,
Qui me trompent tous les iours.
Ie le puis quand ie le veux
Me guarir du mal d'amours.
　Ie m'en fuis & ie reuiens,
Et ie m'en vay au rebours,
Ie ne puis quand ie le veux
Me guarir du mal d'amours.
　En qu'elle peine ie suis
Embroüillé de ce discours.
　　Ie ne puis, &c.
Il le faut, il plaist ô dieux
Que le mal suyue son cours:

Ie ne puis, &c.
Ie me meurs si ces ennuits
Ne se passent en deux iours:
Ie ne puis, &c.
Il me plaist, & i'ayme mieux
L'ennemy que le secours:
Ie ne puis quand ie le veux
Me guarir du mal d'amours.

Air de Cour.

I'Ayme & ne m'en puis distraire
Vn Gentil homme de cour
A qui i'ay donné m'amour:
Mais comme pourroy-ie faire
Pauure fille que ie suis?
Ie le veux, mais ie ne puis.

Il a bien si bone grace
En tout ce qu'il dit & fait
Qu'il n'est rien de si parfait:
Mais de ce qu'il me pourchasse:
Pauure fille, &c.

Pour mon amour il souspire,
Et ce qui m'est plus amer
C'est qu'il meurt pour trop m'aimer

Mais pour le point qu'il desire:
  Pauure fille, &c.
Ie me plains & me lamente
De le voir ainsi mourir,
Ie le voudrois bien guerir,
Mais ce qui plus me contente:
 Pauure fille, &c.

 Ce n'est ny respect de mere,
Ny contraincte, ny rigueur,
Seul il est Roy de mon cœur:
Mais pour le fruict qu'il espere
  Pauure fille, &c.
 En quelque lieu qu'il se treuue
Il peut croire asseurément
Que ie l'aime vniquement:
Mais d'en venir à l'espreuue:
  Pauure fille, &c.
En fin ie sçay bien qu'il m'aime,
Et ie l'aime bien si fort,
Que pour ne souffrir sa mort,
Mais pour ne mourir moy-mesme
  Plustost pauure que ie suis
  Ie le feray si ie puis.

        Air

Chansons amoureuses.
Air de Cour.

DEssus l'herbe fleurie
A l'ombre d'vn bouquet
Robinet & Marie
Faisoyent vn beau bouquet,
 Et autre chose & tout
 Que ie n'ose,dire,dire,dire,
 Et autre chose & tout,
 Ie ne vous diray meshuy tout.
 Marie tout à son ayse
Acolloit son Berger,
O Berger ce(dit elle)
Donne moy vn baiser:
 Et autre chose, &c.
 Il l'embrasse & la baise
La iette sur le tin
Et puis tout à son ayse
Luy manie le tetin,
 Et autre chose,&c.
Il rebrasse sa robe
Mettant la main dessous
Luy maniant le chose,
Et aussi ses genoux,
 Et autre chose,&c.

Puis en telle furie
Robinet se combat
Auec sa Marie
En prenant son esbat:
  Et autre chose, &c.
 O berger ce dit elle
Venons icy souuent,
Et que telle furie
Vous tienne incessamment,
  Et autre chose & tout
  Que ie n'ose, dire, dire, dire,
  Et autre chose & tout,
  Ie ne vous diray meshuy tout.

Air de Cour.

COmbien meilleur m'eust-il esté,
Quand premier ie vy ta beauté,
Que la parque ennemie,
D'estournant de toy mes amours,
De mes ans eust tranché le cours,
Et terminé ma vie.
 I'eusse mis fin pour vne fois,
A la douleur dont i'apperçois
Ma chetifu' ame attainte:

Ores

Ores ie m'employe tous les iours
A bastir mille vains discours,
Et à dresser ma plainte.
 Le foudre qui vient de tes yeux,
Yeux : mes astres luisans des cieux,
N'auroit plus de puissance
Sur ce corps, qu'vn fascheux remord,
Pour n'estre sous la lame mord,
Et martyr à outrance.
 D'ailleurs tes doux succrez regards,
Qui sont pour moy autant de dards,
N'outrageroyent mon ame,
Qui libre au champ Elisien
Mesprisoit d'amour le lien,
Et l'amoureuse flame.
 Mais ie voy bien que mon malheur,
Pour plus me luiter de douleur,
Me laisse encor en vie,
Ne suis-ie pas bien malheureux :
Ie ne puis mourir quand ie veux,
Ny quand i'en ay enuie.
 Sus donc que s'esmeuue par cris,
Et par mes funestes escrits :

L

Par mon dueil par ma peine
La mort tost vienne mettre fin
A ma langueur à mon destin,
Et au mal qui me geine.

Air de Cour.

CEluy là qui pourra nombrer
Les menuz sablons de la mer.
Et les esclairans astres,
Pourra nombrer facilement
Combien i'endure en trop aymant
De maux & de desastres,

Qui pourra le nombre trouuer
Des glaçons du facheux hyuer,
Et des fruicts de l'Automne,
Dira par combien d'apretez,
De rigueurs, & de cruautez,
Tu m'es helas! felonne.

Le temps au changement subiet,
Reçoit souuent nouueau pourtrait
Inconstant variable.
Tantost d'obscur clair il deuient:
Apres le froid le chaud suruient
Gracieux & affable.

Ainsi

Ainsi Dame inconstant ainsi
Par vn trop seuere soucy
Ainsi ton cœur varie,
Ainsi apres quelque faueur
Tu vas exerçant ta rigueur,
O Dieu, quelle manie!

Pour vn iour de bon temps, ou deux,
Que cy deuant en amour i'eux,
Las tu prens grosse vsu e,
Tu m'enioincts de ne t'aymer plus:
De ta seuerete le plus
Pour chasse ma mort dure.

Fais crue le que nostre amour,
N'aissant puisse durer vn iour,
Auant qu'il se termine,
Ne permets qu'il meure, en n'aissant,
Car de la clarté iouyssant
Grands biens il te butinue.

Il m'a desia acquis à toy,
Ie suis ton vassal, toy, mon Roy,
Mon Seigneur, & mon maistrer.
Mais cruelle tu ne deffens
De prolonger ses tendres ans

Auant qu'il vienne à n'aistre.
　　Va, sois seure qu'il durera,
Autant que moy, & ne mourra
Tant que i'auray la vie,
Encor si apres le trespas
L'esprit, comme on tient, ne meurt pas,
Ie t'auray pour amie.

Air de Cour.

L'Amour pour me tyranniser
　D'vn dard m'entama la poictrine,
Dés lors i'estimay courtiser
Vne fille qui fust benigne:
　　Mais ie m'en retiray tout court
　　Cerche qui te face l'amour.
Ie pensois courtiser de vray
Chose qui fut de haut estime:
Mais Dieu me gard d'en faire essay
Car ie ny voy raison ny rithme.
　　Mais ores pour le faire cour,
　　Cherche qui, &c.
Va, ie ne t'aymeray iamais:
Car ie crains que quelque belistre,
Ou quelque infecté portefais

Chansons amoureuses.

N'aye fueilleté ton regiſtre.
  Qui fait que te dy tout court
  Cherche qui, &c.
Car de toy pour bien en parler,
Es ainſi qu'vne vieille ruyne
Ou touſiours l'on va trauailler,
Laquelle auec le temps on minne.
  Qui fait que ie te dy tout court
  Cerche qui, &c.
Le mois de May dernier n'a pas
Tant produit de fleurs, ne richeſſe
Que tu as eſtraint de tes bras
Puis deux ou trois mois, de ieuneſſe
  Qui fait que ie te dy tout court
  Cerche qui, &c.
Le ſoulier d'vn goutteux, dit-on,
Pour tont pied ſain, ſe trouue large,
Ainſi de toy ô Marion
Ton moulle ſert à toute vſage,
  Qui fait que ie te dy tout court
  Cerche qui, &c.
Tu as chargé ſur toy bien plus
De fez, qu'vn hoſpital bien riche,

En reuenu n'a des escus
Qui faict veoir que n'en es pas chiche
  Ie te dy, ie te dy tout court
   Cherche qui, &c.
 Adieu ie m'en vay, car ie meur,
De parler à toy ie m'attriste,
De te voir ie prens mal au cœur:
Dieu me doint ailleurs trouuer giste,
  Ie te dy me retirant cour
   Que ie ne te fais plus l'amour.

IE suis forty hors de moy mesme,
Et i'ay perdu ma liberté:
Esclaue de vostre beauté:
Ie porte en face couleur blesme,
  Pour monstrer que vostre rigueur,
  Me contraint de viure en langueur.
 L'amour dedans vos yeux celestes
S'est campé, pour m'ensorceler,
Que seruiroit de le celer,
 Car la chose est trop manifeste,
  Et l'on voit que vostre rigueur,
   Me contraint, &c.
Amis qui n'auez point encore

Esprou-

Chansons amoureuses.

Esprouué d'amour le carquoy,
Helas ! prenez exemple à moy,
Et fuyez celle que i'adore,
    Car vous voyez que sa rigueur
    Me contraint &c.
Pour admirer sa belle face,
Celuy qui la Cour va suiuant.
Le gendarme pareillement:
Quittent les Roys & la cuirace,
    Aussi voit-on que sa beauté
    M'a priué de ma liberté.
Depuis le iour qu'à la malheure
Ie la vis, i'ay perdu helas:
Tout plaisir, respos & soulas,
Et croy qu'il faudra que ie meure,
    Car il se voit que sa rigueur
    Ne me fait viure qu'en langueur.
C'estoit en la saison nouuelle
Que ie fus prins par ses attraits,
Ce fut en vn bal, ie m'en tais,
La iournée m'est bien cruelle,
    Car il se voit que sa rigueur
    Ne me fait, &c.

L 4

Ie depitoy, l'amour la force,
Le pouuoir, la sagette aussi,
Ores ie suis à sa mercy.
Me voila pris sous son amorce,
  Car il se voit que sa rigueur
  Ne me fait, &c.
 Helas! belle si ie souspire,
Las! vous n'en faites point de cas,
Si pour vous ie faits plusieurs pas,
Vous ne vous en faites que rire,
  Tellement que vostre rigueur
  Ne me fait, &c.
 Mais pour tromper mon esperance
Voyant accroistre mon tourment,
Vous mettez beaux mots en auant,
Voila toute ma recompense.
  Tellement que vostre rigueur
  Ne me fait, &c.
 Ie meurs estendu sur ma couche,
La mort vient mon mal appaiser,
Mais du moins que i'aye vn baiser
De vostre cristaline bouche,
  Et puis apres plus gayement
  Ie soustiendray mon grief tourment:

Air de Cour.

MA guerriere il faut à ce coup,
Ou mourir ou que tu te rende
Cruel vous menacez beaucoup
C'est de peur que ne me deffende.
 Helas! rends toy c'est trop tenu
Voicy le canon tu es morte,
Voz pieces portent trop menu
Et ma barricade est bien forte.
 Pauurette ton haleine faut
La bresche y est bien raisonnable.
J'ay dequoy soustenir l'assaut
Mon retranchement est tenable.
 Mais ie te tiens desia vainqueur
Tout à l'enuers molle & domptée,
Abusé i'ay trop plus de cœur
Ie suis de la race d'Antée.
 Ia voy la l'ennemy dedans
qui par tout cherche & par tout fouille,
Il a beau fourrager ceans
Si auray ie en fin sa despouille.
 Mourons donc de ce cruel coup
Puis que tu as tant de vaillance.

O que ce beau mourir m'est doux
Voyant en tes yeux ma vengeance.

Air de Cour.

AMour tout l'as de voller
L'autre iour du haut de l'air,
Se lança d'vne furie,
Dedans le sain de Marie.

Trouuant l'endroit à propos,
Pour y prendre son repos,
Il aiança ses deux aisles,
Et s'endort sur ses mamelles.

Aussi tost qu'elle le vit
Toute ioyeuse elle rit,
Lors accorte elle s'aduise
D'vne gentille entreprise.

D'vn petit las rondelet
D'vn petit ferme filet,
Elle l'arreste cruelle,
Et par ses bras l'encordelle.

Amour s'esueille estonné
Se voyant emprisonné,
Il souspire, il pleure, & crie,
Hé ! lasche moy ie te prie.

La fleur ou l'eslite des. 155

Prenez dit-il mon carquois
Et mon arc vne autre fois,
I'ay me mieux parmy la plaine,
Coucher qu'estre en cette peine.
 Elle le prit & soudain
D'vne diligente main,
Elle deserre & deslié,
Amour qui les autres lie.
 Depuis ses traits redoutez
Ne sont plus par luy portez,
C'est Marie qui les garde,
C'est Marie qui les darde.

Air de Cour.

CE fut alors que l'Aurore,
Commençoit à se leuer
Auec celle que i'adore,
M'en allois au bois iouër.
 La rousee du ioly mois de May,
 A mouillee m'amie & moy,
Dessus l'herbette perlee
Au lieu le plus gracieux,
Sans crainte de la rousee
Nous nous assismes tous deux.

la

La rousee, &c.
En cueillant de fleurs fleurantes
Au chant de cent mille oyseaux,
Au doux bruit des eaux courantes
Ie luy racontois mes maux.
  La rousee, &c.
Ie luy contois le martire
Que i'ay souffert en aimant,
Elle m'escoute & souspire,
Puis me conte son tourment.
  La rousee, &c.
Ainsi qu'elle ie souspire
Puis fondant tous deux en pleurs
Muets nous ne pouuions dire,
Si non baise moy ie meurs.
  La rousee, &c.
Vn milion luy en donne
Pour son deuil rescompenset,
Elle autant m'en abandonne
Pour son tourment effacer.
  La rousee, &c.
Mille baisers ie luy pille
Elle m'en desrobe autant,

Ie

Chansons amoureuses.

Ie luy en preste cent mille
Ell' me les rend tout contant.
   La rousee, &c.

Ha mon mignon ce dit elle
C'est assez vous auez tort:
Se pendant à mon oreille
Ell' la baise & puis la mort.
   La rousee, &c.

Lors ie luy dis quelque chose
Mais quoy ie n'en diray rien
Car de le dire ie n'ose,
Aussi vous m'entendez bien.
   La rousee, &c.

O trop heureuse iournee
Ie ne voudrois estre vn Roy,
Et que si douce rousee:
N'eust mouillee m'amie & moy.
   La rousee, &c.

Ie ne voudrois vn Empire
Pour changer à mes amours,
I'ayme trop mieux pouuoir dire
Maintenant & à tousiours.
   La rousee du ioly mois de May
          A mouil

La fleur ou l'eslite des
A mouillee m'amie & moy.
Air de Cour.

ALlons vielle imparfaite
Vielle il vous faut sortir,
Vous estes si infaitte
Qu'on ne vous peut sentir.
Sortez à la pareille, vuidez ceste maisō
zon zon.
Braslez le fessō la vielle, braslez le fessō.
 Allons vielle barbuë,
Qui n'auez que deux dents,
Et si estes vestuë
En fille de quinze ans.
 Sortez à la, &c.
 Allons vielle vilaine
Vilaine iusqu'au bout,
Vostre puante haleine
Se sent desia par tout.
 Sortez à la, &c.
 Allons vielle innutille
Innutille à tout bien:
Et vostre œil qui distille
Le vieller n'en vaut rien.

Sortez

Chansons amoureuses.

  Sortez à la, &c.
 Allons vielle ridee
Suant puant teton,
Ce n'est pas vne Idee:
Que ce que nous voyons.
  Sortez à la, &c.
Allons vielle effroyable
Vray remede d'amour,
Allez à tous les diables
C'est là vostre sejour:
  Sortez à la, &c.
 Allez vielle bossuë
Eschine à dos de luth:
Quand vn endroit vous suë
Tout le reste vous put.
  Sortez à la, &c.
 Allons iambe tortuë
Oeil coulant nez puant,
Orde sale bossuë,
Corps infect & truant.
Allez face vermeille,
Rouge comme vn tison zon zon
  Branslez le sisson la vielle,

Bran

Branslez le feſſon.
Air de Cour.

Vous dittes que ie ſuis muable
Que ie ne ſers pas conſtamment
Comment pourrois-ie ſur le ſable,
Faire vn aſſeuré fondement.

Vous babillez de ma froidure
Et ie ſuis de feu toutesfois,
Le feu eſt de telle nature
Qu'il ne peut bruſler ſans le bois.

Comment voulez vous que ie face
Mon ardeur en vous trouuer lieu,
Le feu n'embraſe point la glace:
Mais la glace amourtit le feu.

Tel eſt le bois tell' eſt la flame
Telle beauté & telle ardeur,
Le corps eſt pareil à ſon ame:
A la Dame le ſeruiteur.

Lon ſe mocque de ma miſere
Quand i'ayme affectueuſement,
Et d'on me tourne à vitupere.
Quand ie mets fin à mon tourment.

Voulez vous donc ſçauoir cruelle
Qui

Qui à noyé tant de chaleurs,
Et tant de viues estincelles
Se sont les ruisseaux de mes pleurs.

Voudriez vous que je vous aimasse
Pour vous seruir de passe-temps,
Vrayement vous auriez bonne grace
Friande vous auez bon temps.

Air de Cour.

VN amant respandit vn iour
Tãt de pleurs en faisant sa plainte
Dessus le flambeau de l'amour,
Qu'il en rendit la mesche estainte,
Heureux s'il eust tant l'armoyé
Que l'amour mesme il eust noyé.

Luy tournoyant cerche par tout
Pour r'allumer la flamme morte,
Mais il n'en peut venir à bout
Car chacun luy ferme la porte:
Sçachant bien qu'il brusle tous ceux
Qui l'osent receuoir chez eux.

Comme il est en peine & soucy
Il void les beaux yeux de Madame,
Il void le miens & void aussi:

M

Mõ cœur tout prest à mettre en flame,
Çà dit-il ie viens de trouuer
Dequoy mon flambeau t'allumer,
Lors à ce beau miroir fatal
Où ma vie & ma mort repose,
Comme deux boullets de cristal,
Mes yeux droittement il oppose
Affin qu'vnissant leur rigueur,
Ses rayons bruslassent mon cœur.
Lors Amour r'allume son feu
Et puis d'vne malice extresme,
Me dit-il tournant tout en feu,
Sers toy de lumiere à toy-mesme,
Desormais pour l'obscurité:
Tu ne seras plus sans clarté.

Air de Cour.

Elle l'auoit bien dit que ses mains t'arronnesses
Tiendroit encor vn coup mon cœur emprisonné,
Helas! plus que iamais ie m'y vois r'enchesné,
Dieux qu'elle est veritable aux mauuaises promesses,
Puis que l'essay du mal ne m'à point rendu sage
I'acuse à tort les yeux qui me font consommer,
Il se plaint sans raison des rigueurs de la mer,
Qui contre vn mesme roc, fait vn second naufrage.
Si

Chansons amoureuses. 163

Si m'estoy-ie vanté que d'vn courage extresme
I'irois iusqu'à la mort; à l'amour resistant,
Qui m'a changé de cueur ne doy ie astre constant,
Puis que i'ay resolu de me perdre moy mesme.
Deuoy-ie pour vn mot qui promettoit merueilles
Oublier la rigueur des maux qu'elle m'a faits,
Deuoy-ie preferer la parolle aux effets,
Et desmentir mes yeux pour croire à mes oreilles.

Air de Cour.

Dedans ce lit ou ie vous veoy
Sous ce rideau de sons silence,
Madame recompensez moy,
Non feray car cela m'offence.
   Et puis pour vous le faire court
   Vous estes vn amant de court
   Que vous seruét donc vos beaux ans,
Et vostre beauté desiree,
Non, non, il faut passer le temps
Tel plaisir n'est pas de durée,
   Vous estes comme le chasseur
   Qui ne demande que l'honneur,
   Ie blasme vostre fiere humeur

Il faut touſiours aymer la gloire,
Tel plaiſir domine l'honneur,
Ma foy ie ne vous veux pas croire.
  Car ſi mon mary le ſçauoit
   Pauurette qui me ſauueroit.
Du mary qui eſt importun
Il faut tromper la ialouſie,
Aymons nous tous deux c'eſt tout vn
Cheualier va t'en ie te prie,
  Deſia ton parler deceueur
   Ma deſrobé l'ame & le cœur.
Si vous m'aymez qui le ſçaura
Du Mary n'entrez point en doute,
S'il vous traicte mal il mourra,
Ce n'eſt pas ce que ie redoute,
  Car mon mary n'eſt pas ſi fin
   Mais i'aprehende le voiſin.
Si voſtre voiſin l'auoit dit
Ie vous iure ma grand'amie,
Qu'il perdroit plus que ſon credit,
Ie luy ferois perdre la vie
  Helas ! amy ce m'eſt tout vn
   Ie ſerois au bruit du commun.
        Vous

Chansons amoureuses.

Vous auez tant d'entendement
Que vous vaincrez la deffiance,
Auec vn seul embrassement,
Bon Dieu, ie n'ay pas l'asseurance,
    Toutesfois pour tromper vn sot
    Il ne faut dire qu'vn bon mot.
Or baisez moy belle m'amour
Ce baiser seruira de gaige,
Pour vous asseurer mon amour:
Ne tardez point donc d'auantage
    Voicy l'heure que mon ialoux
    Me trouuerroit auecques vous.
Vous deuez iuger mon humeur
Comme discret en toute chose,
Remettez sur moy vostre honneur
Sur vostre foy ie le repose:
    Venez ce soir vestu de noir
    Affin qu'on ne vous puisse voir.
Ie veoy bien que ne m'aimez pas
Belle ce n'est que par faintise.
Voulez causer mon trespas
Non, mais remettons l'entreprise:
    Iusques à ce soir que nous serons

Ensemble & nous en parlerons.
Ne differons plus le plaisir
Qu'amour nous prepare à c'est heure
Ne trompez plus donc mon desir:
Mais quoy voulez vous que ie meure:
Il me semble que ie le veoys
Mon cœur venez vne autre fois.
Celuy quy fit ceste chanson
Vn bon drolle de Normandie,
Estant pour lors hors sa maison,
Aymant vne Dame iolie:
Qui iouyrent de leurs amours
Malgré son bon mary ialoux.

Air de Cour.

Ma folline follinette
Bergere folle follette,
Folle folletons à ce beau iour,
Ou nous conuye l'amour.
Voy tu pas les collombelles
Qui du bec & de leurs æsles,
Follement si doucement,
D'vn mignard tremoussement.
Immittons leurs contenances.

Et

Chanſons amoureuſes.

Et leurs follaſtres cadances,
Sus donc veux-tu t'approcher,
Ie ſuis gros de follaſtrer.
  Vous faites la mal contente
Et eſtes ſi folletante
Que feriez perdre l'arçon,
Au plus follaſtre garçon.
  Rien n'eſgaye tant la vie
Que ceſte folle follie.
Et rien ne contente tant,
Que ce fol ieu folletant.
  Adieu bergere ſiluie
Finiſons ceſte folie,
De folleter ie ſuis ſaoul,
C'eſt aſſez faire le foul.

Air de Cour.

TOutes les nuicts ma mignarde
Dit mon amy dormez vous?
Puis d'vne main fretillarde,
Me chatouille les genoux.
  La la la ne riez pas tant
  Vous en feriez bien autant.
  Vne autre fois la fillette

Feignant reſuer parloit haut,
Esbranſla tant la couchette:
Qu'ell' m'eſueilla en ſurſaut.

 Dieu ſçait alors comm'elle oſe
Hardiment me carreſſer,
Et m'anie tant mon choſe,
Qu'elle contraint de dreſſer.

 Quoy voyant ell' eſt ſi prompte
De me baiſer à propos,
Qu'il faut ſoudain que ie monte,
Si ie veux auoir repos.

 Vous verriez lors la follaſtre
Se manier çà & là,
Puis ſe paſme de s'eſ-baſtre,
Soudain qu'elle ſent celà.

 Helas! mon Dieu ſe dit elle
Que ie regrette le temps,
Que i'ay tant eſté pucelle:
Sans iouyr de ce printemps.

 Celle eſt folle qui perſiſte
Et garde ſon chaſte veu,
Puis que tout bon heur conſiſte,
En ce doux & plaiſant ieu.

Le

Chanfons amoureufes 169
  La la la ne riez pas tant
 Vous en feriez bien autant.
   Air de Cour.

PVis que le ciel à mon bon heur
 Vous retient fi conftante,
  Ie ne veux plus changer d'humeur,
N'y d'amour n'y d'amanté,
  Lon n'a gueres jamais d'honneur
  D'auoir l'ame changeante.
Non, non, ie n'ay plus le pouuoir
De changer à toute heure,
Car mon defir c'eft ton vouloir
Es mon cœur ta demeuré,
  Qui au changer met fon efpoir,
  De rien il ne s'affeure.
Belle fi tu meuffe quitté
Te ferois offencée,
Puis que de ta fidelité,
Ie t'ay recompencée,
  Dieu voyez que ma fermeté,
  Maiftrife ma penfee.
Ne voy tu pas bien que la loy
D'amour n'eft plus cruelle,
    M 5

Puis que ie t'engage ma foy,
Pour la rendre eternelle.
 Crois donc qu'autre n'aura que toy
 Mon amitié fidelle.
Il ne te faut plus desirer
Que i'entre en cognoissance
De ton mal pour me voir pleurer
Ta peine & mon offence,
Car ie suis tout prest d'endurer,
La mort pour penitence.

Air de Cour.

Puis que le Ciel par mon malheur
 M'a rendu si constante
Puis que celuy qui tient mon cœur,
A l'ame si changeante,
 Que ne puis-ie changer d'amant
 Comme il change d'amante.
Faut il que i'aille encor' ayman
Beaucoup plus que ma vie,
Celuy qui cause mon tourment
Qui rit quand ie m'escrie :
 Que ne puis-ie changer d'amant
 Comme il change d'amie.

Sera

Chansons amoureuses.

Sera il dit qu'il ait pouuoir
De changer à toute heure,
Et moy qui pour luy bien vouloir
Ie souspire & ie pleure,
  O cruel pourras tu bien voir,
  Que pour toy seul ie meure.
Ie penserois l'ayant quitté
Auoir fait vne offence,
Bien que son infidelité
De changer me dispense,
  Dieu voyez de ma fermetté
  L'ingratte recompense.
Dieu permettez pour me venger
Vn iour la cognoissance,
De mon mal se puisse attirer
A quelque repentance,
  Pour le voir vn iour souspirer,
  Ma peine & son offence.
Ie sens en mon ame vne loy
Inhumaine & cruelle,
De l'amour qui veut malgré moy,
Que pour c'est infidelle,
  Ie garde constamt ma foy,

Pour

Pour la rendre immortelle.
Ma beauté mes ardans desirs
Pour luy n'ont plus de charmes,
Mais pour venger mes desplaisirs,
Ie n'ay point d'autres armes,
Que mes plaintes, & mes souspirs
Mes regrets & mes larmes.

Air de Cour.

VOus me iurés bergere
Trompeuse & mensongere
Auoir vn cœur du tout à moy,
Mais vostre amour legere,
Auoit desia perdu sa foy.
Bergere ie confesse
Mais l'amour qui me presse
A suiure ce doux changement
En à fait la promesse,
Aussi bien que le faux serment.
Vostre perseuerance
Et vostre patience
A vos maux ont peu donner paix
Et quelque recompense,
Ou bien vous ne laurez iamais.

O ber

Chansons amoureuses. 173

O bergere inhumaine
L'honneur qui vous proumaine,
Vous fera bien cognoistre vn iour
Que voſtre amour ſoudaine
Eſt caprice & non pas amour.
 C'eſt vn erreur extreſme
De penſer qu'on vous ayme,
Icy bas vne eternité,
Voyez que les Dieux meſmes:
Approuuent la legereté.
 Ie croy que le dictame
Croiſt au fond de voſtre ame
Ayant fait cheoir vn trait ſi beau
Pour eſtaindre ta flame,
Il n'a fallu courir à l'eau.
 Iadis pouuiez vous dire
Auoir ſur mon Empire,
Le pouuoir luy commander
Ayant ce qu'on deſire,
Et que peut on plus demander.
 Las! quel ſort me pourchaſſe
La perte d'vne place,
Ou mon cœur ſe trouue aſſailly,

Faut

Faut il que l'on me chasse
Au parauant qu'auoir failly.
  Fuyons ceste constance
Qui n'a plus d'esperance
Auant qu'ariuer au mespris,
Amour n'a iouyssance,
En trois mois à les cheueux gris.
   Air de Cour.

HE bien que voulez vous dire
Ces fillettes sont là bas,
Qui ne font iamais que rire.
De filler n'en parlons pas,
Chasqu'vne à sa quenouillette,
Et son fuzeau en la main,
  Mais de besongner fillettes
  Il faut attendre à demain.
 Ces filles n'ont point de honte
Personne n'en peut ioüir,
Vous les trouuez tousiours promptes
Si vous les voulez ouïr,
A vous conter des sornettes
Ou quelque propos en vain.
  Mais de, &c.

       Vne

Vne vielle les regarde
Assise aupres d'vn tison,
Qui en fillant y prend garde,
Et à toute la maison,
Elle à touſſours ſes lunettes,
Pour voir d'vn œil plus certain.
  Mais de, &c.
C'eſt vn caquet ordinaire
L'on à beau les enſeigner
S'on ne les peut faire taire,
Encores moins beſongner,
L'on voit bien leur quenouillettes,
Parreſſeuſe ſur leur ſein.
  Mais de, &c.
L'on à beau leur dire poüille
Les menacer & tancer,
A bas à bas ma quenoüille,
Quand on parle de dancer,
Faut-il traicter d'amourettes,
Elle n'ont ny ſoif ny faim.
  Mais de, &c.
En fin il faut qu'on vous mette
En lieu plus eſtroitement,

Ou la reigle vous permette
De besonger plus souuent,
Car estant ainsi seulettes
Vous y apprendrez tout plein,
 Mais de besongner fillettes
 L'on n'attent point à demain.

Air de Cour.

Quand le flambeau du monde
Quitte l'autre sejour,
Et sort du sein de l'onde,
Pour allumer le iour,
Pressé de la douleur qui trouble mon repos,
Deuers luy m'adresse & luy tins ce propos
 Bel astre fauorable
Qui luis esgalemement,
A chacun secourable,
Fors à moy seullement,
Astre qui fait tout voir & qui void tout aussi

Vis

Chansons amoureuses.

Vis tu iamais mortel si troublé de soucy
  Depuis que ta lumiere
Vient redonner des Cieux,
Sa clarté couſtumiere,
Si delectable aux yeux,
Iuſqu'au ſoir qu'elle va dans les cieux
  ſe perdant,
Mon ſoleil luit touſjours au point de
  l'occident.
  Et puis quand la nuict ſombre
Vient au lieu du Soleil,
Et cache ſous ſon ombre,
L'orreur & le ſommeil
Ioignant les mains enſemble eſleuant
  les deux yeux
I'adreſſe ma parolle aux eſtoilles des
  Aſtre plein d'influence   (Cieux.
O mortel gratieux,
Qui guide le ſilence,
Et le ſomme pccteux,
Et rameine la nuict dont la brune cou-
  leur
                                (leur.
Me ſéble conſpirer auecques ma dou-
                              N

DEdans quatre chambrettes
Quatre filletes y sont,
Qui font ieu d'amourettes
Auec quatre garçons:
Chacun pour soy
Dit la sienne plus belle,
Les voyla en querelle
Mais il faut voir dequoy.
  L'vne est blanche & douillette
Le tetin assez dur,
L'autre est vn peu brunette:
Plus ferme i'en suis sœur,
Ie les congnois
Toutes deux si habilles
Si belles & si gentilles,
Qu'il n'y a point de choir.
  Les deux autres fillettes
Me mettent en soucy,
L'vne est vn peu maigrette,
L'autre est trop grasse aussi,
Mais leur beauté,
Plus que null'autre extresme,

Fait

Fait qu'vn chacun les ayme
En toute extresmité.

 Si la blanche, & brunette,
Merite quelque bien
La grasse, & la maigrette,
Ne leur en doyuent rien,
De ces deux debats,
I'ordonne que la gloire,
L'honneur & la victoire,
Se vuide par combats.

 A la façon commune
Ils entrent en ce conflit,
Chacun prend sa chacune,
La ietté sur vn lit,
Nul ne se rend,
Les voyla quatre à quatre,
Tousiours prest à combattre,
Dessus ce different.

Air de Cour.

IE pensois que vostre ame
Plus constante en amour
D'eust conseruer la flame,
Plus viue & plus d'vn iour,

O la pure folie d'aymer si constam-
ment,
Malheureuse la vie suiette au chan-
gement.
Rien qu'vne humeur changeante
N'agittoit vostre esprit,
Vne amour bien ardante,
Iamais ne vous éprit.
  O la pure folie, &c.
Pour me rendre coupable
Et pour vous excuser,
D'vn change miserable,
Vous voulez m'accuser,
  O la pure folie, &c.
Vostre ame estant le temple
De l'infidelité,
N'a pas besoin d'exemple.
Pour la legereté.
  O la pure folie, &c.
Pour estre heureux & sage
Aymez fidellement
Iamais vn cœur volage
N'eust de contentement.

O la pure folie,&c.
Mes desirs trop fidelles
Vous doyuent obliger.
Et arrester les aisles
De vostre esprit leger:
Quittant ceste folie d'aymer incon-
stamment,
Malheureuse est la vie suiette au chan-
gement.

Air de Cœur.

Faut il vous dire adieu delices de mon ame
Il faut donc que ie meure & qu'auecques ma flame
Ie perde ma clarté,
De mes iours plus luy sus seulement pour me plaindre,
Est monstrer qu'en viuant on ne me peut contraindre
A voir d'autre beauté.

Priué de ses beaux yeux d'vn desir volontaire,
Ie vay dedans l'effroy d'vn desert solitaire,
Pour iamais m'enfermer,
Le reste de mes ans perdant toute esperance,
Et sentent mon bonheur suiette à l'inconstance,
Affin de rien n'aymer.

Ie sçay que mon amour est outre ma puissance,
Pour auoir trop osé mon outrecuidance
I'ay la punition,
Bien heureux si les dieux m'eussent fait impassible,

N 3

Ou qu'ils eussent pour eux resserué l'impossible,
Bornant ma passion.

Lors que d'vn si beau feu i'eus mon ame eschauffee
Quand d'vn si grand vainqueur ie me vy le trophee
D'vn cœur ambitieux,
I'eslançay ma fortune afin que ie ne fisse,
A de si grands autels si petit sacrifice,
Rien que d'encens des Dieux.

Mais ie ne sçeus dompter ce desir temeraire,
Il falloit que bruslé d'vne flame si claire,
Que la prosperité,
Les Dieux voulant monstrer que les ames hardies
Fussent à l'aduenir par mon feu refroidies,
Hors la diuinité.

Beauté qui de cent feux ma poitrine à percee,
Et de mille douleurs mon ame trauersee,
Ie ne me plaindray pas,
Tu n'orras mes souspirs ny ne verras mes larmes,
Ie veux estant frappé par de si belles armes,
Poursuiure mon trespas.

Air de Cour.

Puis que ma belle rebelle
N'a soucy de son fidelle,
Ie ne veux d'oresnauant:
Plus me rendre pour suyuant
Puis qu'à seruir Magdaleine,

L'on

Chansons amoureuses.

L'on perd son temps & sa peine.
I'ay trop long temps fait la chasse
Mais maintenant ie m'en lasse,
C'est trop d'amour à la fois:
Que d'aymer vingt & sept mois.
  Puis qu'à seruir, &c.
Cent qui vous ont poursuiuye
Ne vous ont si bien seruie,
N'y si constamment que moy
Mais i'en descharge ma foy,
  Puis qu'à seruir, &c.
Ie ne suis plus en enfance
Pour aymer sans iouyssance,
Il n'est pas fin en amour,
Qui sans iouir ayme vn iour.
  Puis qu'à seruir, &c.
I'ay trop long temps en mon ame
Couué l'amour dont la flame,
Ne se peut plus appaiser,
Par la douceur d'vn baiser,
  Puis qu'à seruir Magdaleine,
L'on perd son temps & sa peine.

Air de Cour.

Puis qu'il faut desormais que s'estaigne ma flame
Seul & cruel remede avec l'eau de mes pleurs
Et que pour m'arracher des espines de l'ame,
Ie moste aussi du cœur les roses & les fleurs.

Sortez de mon esprit pensers plains de delices,
Cher & doux entretien dont l'estat c'est changé,
Qu'vn iniuste mespris convertist en supplices,
Ie vous ouure la porte & vous donne congé.

Adieu bel œil brislant armé de flames claire,
Superbe roy des cœurs de rayons couronné,
Dont le lustre m'offencé à force de me plaire,
Et par trop de bon heur me rend infortuné.

Tu ne me verras plus baigner le mien de larmes
Pour auoir esprouué le feu de tes regards
Le temps contre tes traicts me donnera des armes,
Et l'absence & l'oubly reboucheront tes dards.

Adieu scruile esprit source de mes complaintes
Adieu charmes coulants dont i'estois enchanté.
Contre le doux venin & ces carresses feintes,
Le souuerain remede est l'incredulité.

Air de Cour.

CE sont de grandes sottises
D'estre constant en Amour.
Il n'est que venir aux prises.
Et changer de iour en iour.

C'est

C'est le fait d'vn amoureux,
Qui desire viure heureux.
La nature est variable
L'amour la tousiours esté,
Aussi l'homme n'est louable,
Que pour sa legereté.
    C'est le fait, &c.
Si toute chose se change
Et la beauté mesmement,
Qui pourra trouuer estrange
Que l'homme ait du changement.
    C'est le fait, &c.
Non, non, il ne faut pas suiure
Ceste loy hors de raison,
Qui donne à vn homme libre
Vne femme pour prison:
    C'est le fait, &c.
Suyuons la Loy de noy Peres,
Suyuons la Loy du vieux temps,
Plus nous aurons de commeres,
Et plus nous serons contents:
    C'est le fait, &c.
Si le change est aggreable,

Si le changer est si doux,
Si le changer est loüable
Pourquoy ne changerons nous?
  C'est le fait, &c.
 Il faut donc estre volage,
Et changer à qui mieux, mieux,
Celuy aime d'auantage
Qui peut aymer en tous lieux:
  C'est le fait d'vn amoureux
  Qui desire estre heureux.

Air de Cour.

MOn pere & ma mere
Leur foy ont iuré
Que dans six sepmaines
Ie me marieray:
 Au ioulis bois ie men vay,
  Au ioli bois i'iray.
 Que dans six sepmaines
Ie me marieray
A vn vieux bon homme
Que ie tromperay:
 Au ioli bois, &c.

A vn

A vn vieux bon homme
Que ie tromperay,
Droit en Cornuaille
Ie l'enuoyeray :
    Au ioli bois, &c.
  Droit en Cornuaille
Ie l'enuoyeray :
Et de ses richesses
Largesse en feray,
    Au ioli bois, &c.
  Et de ses richesses
Largesse en feray,
A vn beau ieune homme
Ie les donneray :
    Au ioli bois, &c.
  A vn beau ieune homme
Ie les donneray,
S'il dit quelque chose
Ie le gratteray :
    Au ioli bois, &c.
  S'il dit quelque chose
Ie le gratteray,
Puis nous en irons

Droit au bois ioüer,
  Au ioli bois, &c.

Air de Cour.

I'Aymeray touſiours ma Philis,
Et les roſes, & les lis,
De ſa iouë,
Où ſe iouë
Ce petit enfant d'amour
Qui cueilloit des fleurs à l'entour.

Philis.

l'aymeray touſiour mon berger, bis
Car ſon cœur n'eſt point leger,
N'y ſon ame,
Ne ſa flame,
De mille feux à la fois,
Comme les bergers de ce bois.

Coridon.

Philis à les cheueux blonds, bis
Qui luy couurent les talons,
Et les fees,
Deſcoiffees,
Portent enuie aux beaux nœuds,
Dont elle en a net mille amoureux.

Phil

Chansons amoureuses.

Philis.

Coridon à si douce vois,
Que les Nimphes de ces bois,
Sont ateintes,
De ses pleintes,
Iour & nuict vont l'amentant,
Le mal qui les va tourmentant.

Coridon.

Philis me donna l'autre iour,   bis
Pour gaige de son amour,
Vne rose,
Que ie nose,
Dire mesme n'y penser,
Tant i'ay peur de l'offenser.

Philis.

Coridon pour monstrer sa foy   bis
Dit qu'il n'ayme rien que moy,
Et sa lire,
Ne respite,
Rien que l'vn & l'autre nom,
De Philis & de Coridon.

Air de Cour.

Pour

POur trop aymer ie perds tout mon repos
I'ay iour & nuict la fieure dãs mes os,
Qui me cõsomme & haste mon trespas,
Mourant pour vous il ne vous en chaut pas.
Vous n'auez soing ni esgard qu'à vous mesme,
Pour trop aymer iamais vous n'estes blesme
Fieure ne mal pour aymer ne vous poingt,
Et pour aymer vous ne souspirez point.
Franche d'esprit en vain estes priée
Loin des filets de l'amour desliee,
Libre fuyez comme il vous plaist ainsi
Moquant vostre aage amour & mon soucy.
Depuis vn téps vous paissez de mes larmes
M'ensorcellant de ie ne sçay qu'els charmes,
Dont l'amiable & courtoise douceur,
Hume

Chansons amoureuses.

Hume mon sang & altere mon cœur.
   Quoy pésez vous que l'amour soit la bouche
Toucher le sein taster la cuisse douce,
Ce n'est que vent & tel plaisir ne vaut,
Quand de l'amour le meilleur point deffaut.
   Mais se reioindre en vn & se remettre
Et à l'amy toute chose permettre,
Non par les yeux ce ne sont instrumets,
Propres assez pour nos rassemblemets.
   Et quoy cruelle & quoy voudrois tu bien
Toy qui du ciel as receu tant de bien,
Voudrois-tu bien d'vn cœur malicieux
Trahir nature, & m'esprifer les cieux.
   Ie croy que non: mais l'honneur vous abuse,
Honneur, friuolle, & de trop vaine excuse,
Qui n'est que fraude, & qui se fait par art,
Honneur icy, & vice en autre part:
                                    Et

Et bien Madame encore que la foy
De ce pays donnast vne autre loy,
Seuere loy qui me tient en prison,
N'auez-vous pas le cœur gentil & bon?
 Certes ouy toute fille amoureuse
Est de nature assez ingenieuse,
Ne mettez donc le temps à nonchaloir,
Tant seulement ne gist que le vouloir.
 Vous le voulez & si ne l'osez dire,
Ne le disant vn trop cruel martyre,
Brusle vostre ame en feu continuel,
Qui trop resiste au plaisir mutuel.
 Dócques ma chere & plus que chere vie,
Si vous auez dedans le cœur enuie
Que ie vous serue, il faut sans long seiour,
Estroitement iouyr de nostre amour.

Air de Cour.

VN long desdain, ou vn courroux Madame
 Ou le temps seul pourroit m'oster de l'ame,

La

Chansons amoureuses.

La sotte ardeur qui vient de vostre feu,
Puis qu'autremét mes amis ne l'ôt peu.
  M'admonestant d'vn côseil salutaire,
Que ie congnois, & que ie ne puis faire
Tát ie me sens par mes sens empesché,
Qu'en m'escusát i'approuue mó peché.
  Voulant menteur aux autres faire croire,
Que módiffame est cause de ma gloire,
Bien que l'esprit resiste à mon vouloir,
Tout bon conseil ie mets à nonchaloir.
  Par le pêser m'acharnant vne vlcere,
Au fond du cœur que plus ie delibere,
Garir ou rendre autrement adoucy,
Plus ton aigreur se paist de mon soucy.
  Quand de despit à part moy ie souspire,
Cent fois le iour la raison me vient dire
Que d'vn despart de bref accompagné,
Remedieray au coup qui ma blessé.
  Autres Citez, autres villes, autres fleuues

O

Autres desseings, autres volontez neufues,
Autre contrée, autre air, & autres lieux,
D'vn seul regard t'esblouyront les yeux.
Et te feront sortir de la pensée
Plustost que vent celle qui t'a blessée:
Car comme vn clou par l'autre est repoussé
L'amour par l'autre est ainsi effacé.
Ainsi voila la raison me conseille,
Que d'autre amour que la tienne i'essaye:
Mais ie ne puis tant mes sens sont épris
De ton amour qui rauit mes esprits.

Air de Cour.

L'Autre iour cheminois par Paris la grãd ville
En mon chemin trouuay vne tant belle fille,
Vne tant belle fille & parfaicte à mon gré,
Elle m'a iuré son ame ie luy ay promis ma foy.
Ne vous souuient il pas la ieune damoyselle,

Chansons amoureuses.

Her soir apres soupper souflattes la chandelle,
Souflattes la chandelle nous estant nud à nud,
Pour vous servir la belle i'ay bien mon temps perdu.

Roussignollet du bois qui chante aut vert boccage,
Ni venez plus chanter dessus mon hermitage,
L'oyseau qui est en cage il apprend à parler,
Et n'entend point l'vsage comme il faut aymer.

Quãd ie n'ay point d'argent las!ie n'ay point d'amie
Mais quand i'en ay contant i'en ay vne choisie,
I'en ay vne choisie & parfaicte à mon gré,
Qui entend bien l'vsage comme il faut aymer.

Air de Cour.

O Beaux yeux inhumains pourquoy m'embrasez
    vous
Allumant d'vn regard tant d'ardeurs en mon
    ame
Helas! ie brusle assez sans accroistre ma flame,
Pour Dieu faictes moy grace & me soyez plus
    doux,
   Charmez d'vn traict soudain sulfurez de courroux
Ceux qui vont adorant vne dame inhumaine,
Mais moy or si ie veux adorer vne humaine,
Beaux yeux helas pourquoy ne m'estes vous plus
    doux.
   Auez vous emprunté la cruauté des loups,
Auez vous la fureur d'vne fiere Tigresse,
O est ce la façon d'vne telle maistresse,
De meurdrir de sels dards ses amis coups à coups.

O 2

Beaux yeux ie veux mourir pour vous rēdre cõtēs
Et pour rendre assouuye vne telle Deesse,
En finissant mes iours finira ma tristesse,
Aussi iamais la mort ne prend que les constans.

Bruslez vos ennemis donnez leur mille coups
Et les gardez de voir les beautez de Madame,
Mais moy qui vous adore & qui seul vous reclame
Beaux yeux d'vn si grand heur ne me soyez ialoux.

Air de Cour.

IE me plains de Coridon
Ie me plains à haute voix,
Est-ce la donc le guerdon,
Trop inconstant vilagois
Que i'ay attendu de toy,
Coridon reuiens vers moy,
Corridon que i'aymieux
Que mon cœur, ny que mes yeux,
  Coridon mon doux esmoy,
  Coridon reuiens vers moy.
Ton amour, ô Coridon
Change trop legerement,
De mon amoureux brandon
Esteins le feu vehement,

Chansons amoureuses.

Au moins t'eslongnant de moy.
Coridon reuiens vers moy,
Coridon mon doux soucy
Ne me laisse pas ainsi:
  Coridon mon doux, &c.
 I'ay cueilly à ce matin
Pour te faire vn beau bouquet,
La Margeollaine, & le Tin,
Vne Rose, & vn Oeillet:
Mais d'vn œil plain de desdain
Tu m'as repoussé la main,
Las? Coridon toutesfois,
Tu l'as baisee autrefois.
  Coridon mon doux, &c.
 O Coridon que ton cœur
Se plaist à me martyrer,
C'est trop souffert de rigueur,
Ie n'en puis plus endurer,
Ie me donneray la mort,
Et mettant fin à mon sort
Tu demeureras cruel,
Et mon amour immortel:
  Mais pluftost penses à toy.

Coridon reuiens vers moy.

Air de Cour.

ENfin ceste beauté m'a la place rendue,
Qu'elle auoit contre moy si long temps deffendue
Mes vainqueurs sont vaincus ceux qui m'ont fait la
La reçoyuent de moy. (loy,

I'honore tant la palme acquise en ceste guerre,
Que si victorieux des deux bouts de la terre,
I'auois mille lauriers de ma gloire tesmoins,
Ie les priserois moins.

Au repos où ie suis tout ce qui me trauaille,
C'est le doute que i'ay qu'vn malheur ne m'assaille
Qui me separe d'elle & me face lascher,
Vn bien que i'ay si cher.

Il n'est rien icy bas d'eternelle duree,
Vne chose qui plaist n'est iamais asseuree,
L'espine suit la rose & ceux qui sont contens,
Ne le sont pas long temps.

Desia de toutes pars tout le monde m'esclaire,
Et bien tost les ialoux ennemis de ce taire,
Si les vœux que ie fais n'en d'estournoyent l'assaut
Vont me dire tout haut.

Peuple qui me veux mal, & m'imputes à vice,
D'auoir esté payé d'vn fidelle seruice,
Où trouue tu qu'il faille auoir semé son bien,
Et ne recueillir rien.

Qu'auroy ie fait aux dieux pour auoir en la peine
D'attacher mon espoir à la poursuitte vaine,

D'vue

D'vne maistresse ingratte à qui mon amitié,
Ne sçeut faire pitié.

Ces vieux comptes d'honneur inuisibles chimeres
Qui naissent aux cerueaux des maris & des meres
Estoyent ce impressions qui peussent aueugler,
Vn iugement si clair.

Non, non, elle à bien fait & la femme aduisée
Qui n'à de songe vains sa raison abusée,
Preferant sagement au langage l'effet,
Fera ce qu'elle à fait.

C'est peu d'experience à conduire sa vie,
De mesurer son aise au compas de l'enuie,
Et perdre ce que l'aage à de fleur & de fruit,
Pour euiter vn bruit.

De moy que tout le monde à me nuire s'appreste
Le ciel à tous ces traits face vn but de ma teste
Ie me suis resolu d'attendre le trespas,
Et ne le quitter pas.

Plus i'y voy de hazard plus i'y trouue d'amorce
Ou le danger est grand c'est la que ie m'efforce,
En vn subiet aysé moins de peine apportant.
Ie ne brusle pas tant.

Tousiours d'vn beau dessain la gloire adnãtureuse
Veut hauoir pour hostesse vne ame genereuse,
Et iamais vn guerrier aux combats estonné,
N'eut le front couronné.

Soit la fin de mes iours contrainte ou naturelle,
Si plaist à mes destins que ie meure pour elle,
Amour en soit loué ie ne veux vn tombeau,
Plus heureux ny plus beau.

La fleur ou leſlite des
Air de Cour.

DIeu vous gard,bergerette
Et vos moutons aussi,
Ainſi toute ſoulette
Que faites vous icy,
Auriez-vous aggreable
Vn amant miſerable.

   Mon cœur & mon ſeruice
Ie conſacre pour vous,
Il vous eſt tout propice
Pour vous garder des loups
Quand vous ſerez laſſee,
Du ſommeil oppreſſee.

   De ma fronde meurtriere
Ie les vay pourſuiuant,
S'ils viennent par derriere
Ie le prens par deuant,
Ainſi par mon adreſſe
D'vn coup ie les renuerſe.

   Si vous aimez la dance
Auſſi ie l'aymeray,
Prenant voſtre cadance
Soudain ie branſleray,

C'eſt

Chansons amoureuses.

C'est vne douce vie
Où l'amour nous conuie.
   Apres dessus l'erbette
Foullant le serpouler,
Vous aures la musette
Et moy le flageollet,
Et là si bon vous semble
Nous coucherons ensemble.
   Et pour reprendre haleine
Des sauts que nous ferons
Au bord de la fonteine
Nous nous reposerons,
Moderant à nostre aise
Nostre amoureuse braise.

Air de Cour.

BElle qui fustes iadis
Le temple de tous mes vœux.
Vers vn autre Paradis
Mon ame adresser ie veux
Et veux changer iusques à tant
Que ie trouue vn cœur constant.
   Vous publiez que ie suis
Ingrat, perfide, & leger,

Il est vray, mais ie ne puis
Me voir changer sans changer,
Il faut changer iusqu'à tant
Que ie trouue vn cœur constant.
 Si tost que de l'œil d'amour
Ie vis vos desloyautez
Ie iuray le mesme iour
D'adorer autres beautez,
Et de changer iusques à tant
Que ie trouue vn cœur constant.
 C'est vn erreur d'estimer
Qu'vn amant puisse touhours
Vniquement vous aymer
Et vous aurez mille amours,
Ie changeray iusques à tant
Que ie trouue vn cœur constant.
 Resoluez don desormais,
Que vostre amour soit conioinct
A mon amour pour iamais,
Ou ne vous estonnez point,
Si ie change iusques à tant,
Que ie trouue vn cœur constant.
 Si vostre œil eust le pouuoir,

De

De me prendre & m'asseruir,
Maint autre œil que ie puis voir
Me peut encores rauir,
Et me changer iusques à tant,
Que ie trouue vn cœur constant.

Air de Cour.

IL estoit vne fillette
Dormant dans vn verd buisson,
Disant vne chansonnette,
Las! que ne m'y marie-on.
 Il y à non à si à il y à qui m'y fretille,
 Il y à si à non à il y à qui m'y fait mal.
Disant vne chansonnette,
Las! que ne m'y marie-on,
La petite motellette,
My fretille à l'enuiron.
 Il y à, &c.
La petite motelette,
M'y fretille à l'enuiron,
Ie ne suis pas trop ieunette,
I'ay bien quinze ans ce dit-on.
 Il y à, &c.
Ie ne suis point trop ieunette,

I'ay

J'ay bien quinze ans ce dit-on,
Ie suis assez fortelette,
Pour endurer le canon.
>Il y à,&c.
Ie suis assez fortelette,
Pour endurer le canon,
Courez fort à l'esguilletes,
Ie suis prompte à l'esperon,
>Il y à,&c.
Courez courez l'esguillette
Iesus prompte à l'esperon,
Il estoit vne fillette,
Dormant dans vn verd buisson.
>Il y à si à non à il y a qui m'y fretille
>Il y à si à non à il y a qui m'y fait mal.

Air de Cour.

SI l'amour est vn Dieu, c'est vn Dieu d'iniustice
Recognoissant le moins ceux qui luy font seruice
Vn aueugle à nos maux vn enfant inconstant,
Au plaisirs des hazards ses faueurs departant.

C'est enfant incognu Dieu de sang & de flame,
Vn iour pour mon malheur me fit voir vne Dame,
Qui de ses chauds regards tout le Ciel allumoit,
Et les petits amours comme roses semoit.

Or

Chansons amoureuses. 205

Or pour premier malheur de ma triste aduenture
Vn viellard deffiant de ialouse nature,
Comme vn dragon veillant de la voir m'empeschoit
Et son riche tresor auarement cachoit.
Si tost qu'vn papillon volle autour de la belle,
Il crie & veut sçauoir s'il est masle ou femelle,
De ce maudit ialoux mon mal est procedé,
Car depuis le trouuant souuent i'ay retardé.
Trop discret pour mon bien de luy faire ma plainte,
Car tousiours mon desir croissois par la contrainte,
Ainsi que le brasier sous la cendre caché,
Ou comme vn gros ruisseau quand il est empesché.
  Mais plus que mō malheur ie plainois le seruage,
De sa ieune beauté royne de mon courage,
Qui sous vn iouc si dur pauurement languissoit,
Et sans aucun plaisir sa ieunesse passoit.
  Souuent de ce regret ayant l'ame blessée
A part contre le Ciel i'ay ma plainte dressée,
De ce qu'il assembloit sans ordre & sans raison,
Auec vn froid hyuer ceste belle saison.
  Et bien souuent aussi plein d'amoureuse rage,
Comme s'il fut present i'vsois de ce langage,
A viellard trop cruel pour si douce beauté,
Que penses tu gaigner gesnant sa liberté.
  Ton extresme rigueur son vouloir ne retarde
Si tu garde le corps l'ame est hors de ta garde,
Tu rends par tant de soin l'amant plus enflamé,
Vn plaisir trop permis n'est iamais bien aymé.
  Celle, peche le moins qui à plus de licence,
Ce qu'on ne fait d'estat est cher par la deffence,

Mais

Mais si ton cœur felon ne peut estre adoucy,
Au moins de la garder laisse m'en le soucy.

De mille autre propos i'acusois sa rudesse,
M'efforçant quelquefois de luy faire carresse,
Mais pour mieux desguiser le mal qui me tenoit,
Ie destournois les yeux quand ma belle venoit.

Et bien souuent de peur de la voir mal traictée,
Ma chaleur d'vn souspir n'osoit estre auancée,
Sage discretion tu m'as bien cher cousté,
Sans tant de vos respects i'eusse plus profité

Ainsi durant le temps i'ay languy miserable,
Esperant que l'amour quelque iour fauorable,
En suyuant de mes maux prendroit de moy pitié
Et qu'il failloit sans plus couurir mon amitié.

Vous qui de ces rigueurs n'auez la cognoissance
Ne vous esclauez point faites luy resistance,
Les plus loyaux amans sont moins recompensez,
Mon mal point en ces vers le font cognoistre assez.

Air de Cour.

I'Ayme Margot ma bergere
Vous ne sçauez pas pourquoy,
Elle n'est point mensongere
Et si ma promis sa foy,
Ell' est vn peu desdaigneuse:
Mais cela est tost passé

De seruir telle amoureuse,
Iamais on n'en est lassé.
 Si tost que le doux Zephire
Fait mouuoir les arbrisseaux
Tout soudain ie prens ma lire,
Pour esgayer mes agneaux,
Aussi tost vient ma bergere
Amenant tous ces trouppeaux,
Car elle est prompte & legere
A courir par mons & vaux.
 De loin ie l'auise rire,
Qui s'en vient tousiours chantant
Oyant le son de ma lire
Elle y prend son passe-temps
Approchez vous ie vous prie
Personne ne vous verra,
Soubs ceste espine fleurie
Ferons ce qu'amour voudra.
 Ie luy prins dedans sa bourse
Des cordons proprements faits
Puis luy dis prenant ma course,
Vous ne les aurez iamais,
Mon amy ie te les donne

       Ie

Ie te prie garde les bien,
Sans reseruer ma personne,
Tout ce que i'ay sera tien.
 Helas! vous m'auez laissée,
Apres que vous auez faict,
Ie suis fille desollée
Si vous ne m'estes secret
Tout amour qui est secrette,
En sa chaleur se maintient:
Mais si elle est descouuerte
I'ay perdu tout l'honneur mien.
 Touchez la margot mamye,
Ie reuiendray tous les iours,
Puis que vous n'estes marrie
Du plaisir de nos amours:
Helas! mon Dieu ce dist elle
Si le iour duroit dix ans
Iamais à chose plus belle,
Ne pourrions passer le temps.

Air de Cour.

AMans qui d'amour pipez
Vne magdelonne,
Ma fois si vous le trompez,

Ie le vous pardonne.
   Chacun se dit seruiteur
De ceste brunette:
Mais pas vn n'aura son cœur
Tant elle est finette.
   Pensez vous pour vn baiser,
Faire vne entreprise,
Ne me l'osant refuser
Magdelon fut prise.
   Vn doux baiser assoupit
Toute fascherie
Venus à Adon remit,
D'vn baiser la vie.
   Ainsi baisez moy bien fort,
Ma douce ennemie,
Vostre baiser estant mort,
Me rendroit la vie.
   I'ay perdu ma liberté,
M'amour la rauie,
Ie suis esclaue arresté
Pour toute ma vie.
   Amour qui depuis trois ans
N'a esté mon maistre,

P

Ores à force mes sens,
A le recognoistre.

C'este beauté que ie sers
Est bien si aymable,
Que mes flames & mes fers,
Me sont agreables.

Alors que de ses beaux yeux
Mon iour elle esclaire
Chose qui soit soubz les cieux,
Ne me sçauroit plaire.

Venus les yeux verts auoit,
La bouche vermeille
Chacun qui magdelon voit,
La iuge pareille.

Magdelon à des beaux yeux
Braue de courage,
Elle tient cela des cieux,
C'est pour son partage.

C'est vn astre clair & beau
Duquel l'estincelle,
Me conduit iusques au tombeau,
Et puis me r'apelle.
En fin ie m'egalle aux Dieux,

Ayant vn tel ayse,
Et pense estre dans les cieux
Lors que ie la baise.

Bref, ie ne veux rien aymer,
Que l'œil de Madame,
Car luy seul peut appaiser
L'ardeur de ma flame.

Air de Cour.

OR vous plains de pitié plaignez pleurez ma
 perte
Qui ne sera iamais par le temps recouuerte
En ces terrestres lieux,
Et faictes entre vous des complainctes funebres
De moy qui n'ay recours viuant par les tenebres,
Qu'aux l'armes de mes yeux.

Ie ne suis plus au ranc des ames bien heureuses
Ie cerche ça & là les cauernes hideuses,
Pour y faire seiour,
Les plus obscures nuicts me seruent de lumiere
Ie n'attends seulement que mon heure derniere,
Pour ennuiter mon iour.

Quand i'entends murmurer les fontaines si claires,
Ie redouble mes cris de cent plaintes amieres,
En me resouuenant
De la belle clarté que la mort m'a rauie,
Pour changer mes plaisirs en la future vie,
Ou ie suis maintenant.

P 2

Las! que n'ay ie le cœur faict d'vne pierre dure,
Pour supporter l'ennuy que sans cesse i'endure,
Et ronge mon cerueau
Hé pourquoy suis ie né si comblé de misere,
N'eust il pas mieux vallu qu'au ventre de ma mere
l'eusse faict mon tombeau.

Ie ne me plaindrois pas si ma peine irritee,
Auoit en sa fureur vne heure l'imite,
Et que l'on peust guerir:
Mais ie me plains à toy ô fortune cruelle
Qui me fais esprouuer vne mort eternelle,
Et si ne puis mourir.

Hé que ne faictes vous : ô purques infernalles,
Que ie sois compagnon de ses ombres si palles,
Qu'on veoid dans le cercueil,
Vous chassiriez par la mes trop cruelles peines
Aussi bien n'ay ie plus nul sang dedans mes veines.
Qui ne soit plain de deuil.

Air de Cour.

FAut il endurer tant de maux,
De peines d'ennuis de trauaux
Pour vne si fiere maistresse,
Qui se rit du mal qui m'opresse.
Faut-il souffrir tant de douleurs,
Estre tout comblé de malheurs.

Tour

Tourmenté en si dure geine,
Pour la rigueur d'vne inhumaine.

Or puis que l'enuieux destin,
Permet que i'arriue à ma fin,
Et puis que ma fiere & cruelle
Ne veut plus que ie sois à elle.

Ie te prie iuste Nimesis,
Qui toutes offences punis,
De vouloir estre vengeresse
Du mal que me fait ma maistresse.

Non, non, Deesse n'en fais rien
Il ne m'en reuiendra nul bien,
Car si elle esprouuoit ton ire
I'en receurois double martire.

Air de Cour.

Helas! que me sert il d'aymer si l'on n'ayme,
Et d'aguiser le fert dont ie suis entamé,
Ie ressemble au flambeau sur la table allumé,
Qui pour seruir autruy se consomme soy-mesme.

O beaux yeux abuseurs à mon dan trop aymables
Que de vous bien seruir on est mal guerdonné,
Beaux yeux vous resemblés au succre empoisonné,
Car par vostre douceur vous estes redoutables.

Si m'auez vous promis œillade enchanteresse
Que mes trauaux seront recompensez vn iour,

Puis que vostre promesse engendra mon amour,
Ie doibs manquer d'amour comme vous de promesse.
　Hé Dieux i'ay trop de fois tant de peines souffertes,
D'orages de malheurs & d'hyuers froidureux,
Qui ne seruent que rendre à mon mirthe amoureux,
La racine plus forte & la feuille plus verte.
　Ie pensois que mon feu comme l'autre ordinaire,
Par l'eau se peust estaindre & chasser la chaleur:
Mais il vit de mes pleurs & vous gelle le cœur,
Il vit de son contraire & produit son contraire.
　Quoy tant & tant de pleurs sans en estre assouuie
Ma douleur le repaist & rien que l'alumer,
Si bien qu'il semble à voir que pour me consommer
Mon cœur soit de chaux vine ou mes pleurs d'eau de
Mais nõ c'est que l'effect se ressêt de la cause. (vie.
Mon amour vient de vous il ne sçauroit perir,
Au moins il ne pourroit qu'auecques moy mourir.
Car viure & vous aymer en moy c'est mesme chose.
　Le feu dans la chimere estoit iadis à craindre,
S'estaignoit par le feu & s'alumoit par l'eau
Le mien en est ainsi la terre du tombeau,
Seulle estaindre le peut si rien le peut estaindre.

Air de Cour.

S'Il est vray que d'vn traict esgal,
Amour blesse nostre poictrine
Pour quoy cherissant vostre mal,

Vous

Vous enfuyez la medecine.
 Pourquoy me faictes vous mourir
De soif aupres de la fonteine,
Qui peut & ne veut pas guerir,
Merite accroissment de peine.
 Vous estes cruelle vraeyement,
Plus grand preuue on n'en sçauroit rendre,
Quand pour me donner du tourment
Vous mesme vous plaisés d'en prendre.
 Ces beaux yeux ces bruslás souspirs,
Ces sermens par vous faicts Madame,
Ne font qu'acroistre mes desirs,
Et r'alumer mes chaudes flames.
Non n'abusez plus mon amour
Du leurre de vos mignardises,
Mon amour n'est pas vn Vautour,
Qui se paist à toutes remises.
 Il faut bien à ce què ie veoy
Que sans nul espoir ie vous ayme,
Comme auriez pitié de moy,
Que ne l'auez pas de vous mesme.

La fleur ou l'eslite des
Air de Cour.

C'Est trop de tourmēt sās se plaindre,
C'est trop languir,
O mort ie ne te veux plus craindre
Fais moy mourir.

Chasse tout d'vn coup ie te prie,
Tant de trauaux,
Donne par la fin de ma vie
Trefue à mes maux.

Quel malheur est-ce qui me pousse,
Si viuement,
La mort me seroit bien plus douce
Que mon tourment.

Si dans mon lit ie me propose
Quelque plaisir
Le mal qui craint que ie repose,
Me vient saisir.

Mes yeux voyez voſtre derniere
Felicité,
Renuoyez au lieu de lumiere
L'obscurité.

Et vous mon cœur qui souliez estre
Plein de bon heur,

Helas

Helas! vous n'auez plus de maistre,
N'y de faueur.

Air de Cour.

VOulez ouir chanter
　Les beautez d'vne Dame,
De qui ie veux parler
Encor quell' aye esté,
En prison dans mon ame
Chanteray sa beauté.

　Ie chanteray comment,
Sa belle tresse blonde
De l'amour ma espris
N'eust esté vn serment
Que i'ay faict en ce monde
De n'aymer plus le gris.

　Ie chante les effets,
Des sourcils qu'elle poste
Ornement de ces yeux:
Mais elle les à faicts
Tout en la mesme sorte
Que les Ours furieux.

　Ie chanteray les fins,
De ces yeux qu'on admire,

Se sont les yeux diuins,
Se sont les yeux tant beaux
D'où distille la cire,
Propre à faire flambeaux.
  Ie chante maintenant,
Sa bouche tant riante
Ou l'amour prend vigueur,
Croyez qu'en la baisant
Qu'elle est si odorante,
Qu'elle my faict mal au cœur.
  Non, ie n'oublieray pas
Ses belles dens d'yuoire,
Blanches comme vn pruneau:
Mais pour vne qu'elle à,
Ie vous prie de croire
Que le noir & plus beau.
  Ie vous veux reciter
De sa gorge marbime,
Blanche comme le ten,
Que si loyez chanter
Vous en feriez estime,
De cris de chathuen.
  Ie n'oublieray apres,

Ses

Ses tetins qu'elle cache,
Comme vn riche butin,
Encor quell'les aye faicts
Tout ainsi qu'vne vache
Qu'on à traict du matin.

Ie cesse à ceste fois,
De chanter ses loüanges,
Craignant de m'enfanger
Si plus bas descendois
I'entrerois dans les fanges,
Ou abismes d'enfer.

Air de Cour.

Vne belle geoliere emprisonne mon cœur,
 En des fers si plaisans ou sa grace me lie
Que ie ne crains la mort que pour la seulle peur,
De sortir de prison craignant perdre la vie.
 Comme l'on void l'Airaigne se prendre en ses filets
Et volontairement prisonniere s'y rendre,
Ainsi viuant captif dans mes lacs ie me plais,
Heureux si ainsi pris ie pouuois aussi prendre.
 Ladis pour des prisons de Minos se tirer,
L'ingenieux Dedalle empluma ses aisselles:
Mais moy pour à iamais prisonnier demeurer
I'enferre mon amour & luy couppe les aisles.
 Appollon & Diane en leur natiuité,

Arresterent vne Isle errante sur les ondes,
Ses beautez ont ainsi pour iamais arresté,
De mes errans desirs les erreurs vagabondes.

  Echo deuint vn son qui se plaint dans les bois,
Des rigueurs de Narcisse à sa flame inhumaine
Ie voudrois estre ainsi deuenu toute voix
Pour chanter nuict & iour ses beautez & ma peine.

  Comme l'humide l'vne en ses froids mouuements,
Des flottans Elemens de la mer est suiuie,
Ainsi mon cœur despend de ses commandements,
Car son simple vouloir est la loy de ma vie.

  Bien voise qu'en l'aymant ie m'auance au trespas
Et que la saison mesme arriere me rapelle:
Mais la crainte pour tant ne retire mes pas
Honorable est la mort dont la cause est si belle.

  Autresfois le regret de quelque iour perdu,
Sans tirer vne ligne ploroit ce grand Appelle,
Ie pleure aussi le temps comme mal despendu,
Qu'ay passé sans la voir ou sans penser en elle

  Que dy-ie sans la veoir ou bien sans y penser
Ma pensee & mon cœur ne cessent de la suiure,
Hé comment ie vous prie m'en sçauroys ie passer,
Le seul penser en elle est ce qui me faict viure.

  Enchante mes ennuis d'vn charme de mercy,
O ma belle Medee, ô source de ma flame,
Et fais vn peu dormir ce dragon de soucy,
Qui cruel sans repos veille dessus mon ame.

  Non, non, ne m'oste pas mon aymable tourment,
Tu m'osterois ma gloire ô ma belle inhumaine,
Si le repos du Ciel gist à son mouuement.

Ie

Je suis comme le Ciel mon bien gist en ma peine.
Amour & malheur, me conduiront à heur.

Air de Cour.

MA foy c'est trop parlé d'amour,
A bon escient il les faut faire
Vous vous repentirez vn iour,
D'auoir faict la braue & la fiere.

Car l'on cognoist bien à vous veoir,
Que meritez bonne fortune,
Et croit on qu'aymez mieux auoir
Vn gros bigarreau qu'vne prune.

Tesmoin vostre folastre main,
Qui va cherchant à la trauerse
Tousiours la chose qui soudain,
Vous fera cheoir à la renuerse.

Alors il semble ie vous veoy
En contrefaisant l'amoureuse,
Que me dictes en bonne foy
Vous me rendrez toute honteuse.

Cependant vous n'auez plaisir,
Et demourerez repentie,
De ne m'auoir donné loisir

De

De faire ce qu'auiez enuie.
Air de Cour.

Baisoton nous mon cher soucy,
Personne ne nous voit icy
Presse moy de ta leure molle,
Et fais qu'vn doux baiser moiteux,
Nous face sentir à tous deux
Vn doux plaisir qui nous affolle.

Succotant fretillardement,
Destobon nous tout doucement,
Par vn baiser l'ame & la vie:
Mais las mon tout: mais las mon cœur,
C'est viure en trop grande rigueur,
De tromper ainsi vn'enuie.

Dis moy mon cœur ne sens tu point
Le doux trespas du dernier point,
Lors que nos langues serpentines
S'entrerepoussant quelques fois,
Et rendant leurs derniers abois
Se reprochent d'estre mutines.

A ie voy bien que tu ne peux
Me demander ce que tu veux,
Car ta languette à trop d'affaire,

Chanfons amoureufes.

Et la mienne qui veut caufer,
Ne fçauroit pourtant appaifer
La douleur que ie deuerois faire.
  O doux plaifir d'vn plus doux fruit,
Helas! helas, i'entends du bruit,
C'eſt vne feparable augure
Qui à tant baifer pert le temps,
Sans prendre ailleurs fon paffetemps
Merite vne mefme aduenture.

Air de Cour.

Baifez ô Deeffes & Dieux
Rebaifez la bouche & les yeux,
Des beautez qu'amour vous adreffe
Vous ne baiferez rien fi beau,
  Que l'œil & le corail iumeau
  De la bouche de ma maiftreffe.
Redeuiens encore fureurs,
Iupiter & quitte les cieux
Soubs mainte forme tromperefle,
Tu ne baiferas rien de fi beau,
  Que l'œil & le corail, &c.
Apolon redeuiens Berger,
Et toy celefte meffager
       Porte

Porte ta verge enchanteresse,
Dans le Ciel sur terre & sur l'eau,
 Vous ne baiserez,&c.
Venus cours au mont frigien,
Recours au mont idalien,
Et par tout ou ton fils trauerse
Tu ne baiseras rien de si beau,
 Que l'œil & le corail,&c.
Mouchez allez baiser les fleurs
Rauissant leurs douces odeurs,
D'vne languette l'arronnesse
Vous ne baiserez rien de si beau.
 Que l'œil & le corail,&c.
Bref,ô Dieux ie ne suis ialoux
Des beautez qui sont auec vous,
Pourueu que la mienne on me laisse,
Car vous ne baisez rien si beau
 Que l'œil & le corail iumeau,
 De la bouche de ma maistresse.
  Air de Cour.

HElas!que de tourmens que d'ennuis, que de
  peines,
Ont pinceté mon cœur & agité mes veines,
Depuis que suis absent,
       De

Chansons amoureuses.

De vous mon cher soucy, & ma seule esperance,
Quand ie perds vos beaux yeux ie ne vis qu'en souf-
Et meurs en languissant. (france,

O quel bien d'estre prez de ce que l'on desire
C'est vn vray Paradis mais c'est vn grand martire
Que de s'en eslongner,
Certes i'ay trop congneu loin de vous ma mignonne,
Qu'elle felicité vostre bel œil me donne,
Ie le puis tesmoigner.

Tant de pas que i'ay faits durãt ma lõgue abscence,
Et tant de tristes pleurs regrettant la presence
De mes yeux degouttans,
Tesmoignent la douleur dans mon ame imprimee,
Parquoy vous ay offert comme à ma bien aymée,
Mon cœur ferme & constant.

Autant de gouttes d'eau qu'il y a dedans Loire,
Tout autant de regrets y à dans ma memoire,
Me menaçant de mort,
Autant qu'on void de fleurs delaisser leriuage,
Autant de vos beaux yeux m'incitent le courage,
De vous reuoir encor.

Car comme le iour n'est qu'vne seulle lumiere
De vous seulle sans plus mon ame est prisonniere,
Qui estes mon seul soleil,
Soyez moy donc aussi gratieuse & fidelle,
Ainsi que vous voyez la chaste tourterelle,
Se ioindre à son pareil.

Si long temps qu'on verra le iour faire lumiere
Autant vostre beauté sera dans ma memoire,
Cerchant vostre mercy,

Q

Plustost non feu bruslant seroit reduit en glace.
Que mon cœur esprouué s'adonne en autre place,
Qu'en vous mon cher soucy.

Si vous me demandez la source & l'origine
Vostre exquise beauté qui est toute diuine,
Maintient ma loyauté,
Et les rares vertus dont vous estes accomplie
Que i'yme & prise plus que tout l'or d'Arabie,
Tant soit il exalté.

Si au droit de mon cœur auoit vne fenestre,
Alors mon amitié vous pourriez bien cognoistre:
Plus ferme qu'vn rocher,
Ni la crainte de mort ni fer, ni feu, ni flame,
Ne me separeroit, de vous ma chere Dame,
Ie n'ay rien de plus cher.

Fy de ces inconstans qui comme girouettes,
bangent deça & là, comme testes follettes,
Ils sont bien malheureux,
Car il n'y à thresor au monde qui s'esgalle
A deux cœurs bien vnis par amitié loyalle,
Pour estre tres-heureux.

Tousiours ne dure pas le vent ni la tourmente
I'espere quelque iour voir mon ame contente,
Me mirant dans vos yeux,
Au retour du Soleil la nuict prompte se passe,
En vostre seul obiet ma tristesse s'efface,
D'vn regard gratieux.

Si i'estois Empereur du grand pays de Grece,
Le tout domineriez comme estant ma maistresse,
Ie le sçay pour le seur,

Car les rares vertus dont vous estes accomplie,
Que i'ayme & prise plus que l'Europe & l'Asie,
Tant soyent ils de valleur.

Il faut donc de partir ô destin aduersaire
O cruauté du ciel, puis qu'il est necessaire,
De partir de ce lieu,
Vous luisseray-ie donc? ô Dieu qu'elle destresse,
Helas! pour vous laisser moy-mesme ie me laisse,
En vous disant adieu.

Au moins ayez pitié de mon regret extreme,
Quand ie seray absent & dittes en vous mesmes,
Ce miserable Amant,
Quoy? pour l'amour de moy à l'ame transportee,
En quelque lieu qu'il soit son cœur & sa pensee,
Languit en grand tourment.

C'est pour vn peu de tẽps qu'il faut que ie m'absẽte,
Car tout ainsi que l'eau dedans la forge ardante,
Renforce sa chaleur,
De mesme estãt absent par nos pleurs & nos larmes
S'embrasera nos cœurs bruslans de viues flames,
Attendant ce retour.

Helas! cruel destin ô Dieu quel triste plainte,
Mais de quel d'esespoir auray-ie l'ame attainte,
Au partir de ce lieu,
Quãd la rigueur qui iusqu'au cœur me touche
Ma langue conmiendra pousser hors de ma bouche,
C'est ennuieux adieu,

I'ay regret de laisser vne si braue ville
Ie laisses à regret vn pays si fertille,
Fauorisé des Cieux,

Q 2

Mais le plus grand regret, dont mon ame est saisie,
C'est de me voir privé de vostre compagnie,
 Qui est digne des Dieux.
 Mon cœur qui est en vous & qui à prins naissâce,
Né pour vous honorer croyez quand il y pense,
Engravé de douleurs
Et mes yeux ressemblans vn tenebreux nuage,
Se couurant peu à peu pour verser vne orage,
D'amertumes & de pleurs,
 Mais ie n'estime point chose qui soit mobille,
Puisse loger au cœur d'vne Dame gentille,
Cela ne conuiendroit,
Veu qu'en toutes vertus vous estes accomplie,
Ie crois qu'en loyauté vous estes anoblye,
Pour me garder mon droit.
 Il me reste vn seul point auquel ie me confie,
C'est qu'on arrachera de moy plustost la vie,
Que vous hors de mon cœur,
Car tout ainsi qu'vn corps viure ne peut sans l'ame,
Viure ie ne pourrois sans vous ma chere dame,
Qui estes ma vigueur.

Air de Cour.

Belle ne passons nos iours
En ces langueurs ie t'en prie,
Mais bien heurant nostre vie,
Iouïssons de nos amours,

Et

Et faisons ce que l'on fait,
 Pour rendre l'amour parfait.

 Icy bas à quelque point
Le parfait de tout se forme,
Et toute chose est diforme,
Quand parfaicte elle n'est point,
 Faisons donc, &c.

 Parfaict' est vostre beauté,
Qui mon amour à faict n'aistre,
Vn effet pareil doit estre,
A s'il qui la enfanté.
 Faisons donc, &c.

Puis que vous avez tous mes desirs
Ma flame & sa violence,
Il reste la iouyssance,
Pour parfaire nos plaisirs.
 Faisons donc, &c.

 L'amour vray pour ne finir
Veut sa liaison parfaicte
Où nos ames sont ja faicte,
Dont il faut nos corps vnir.
 Et faire ce que l'on fait, &c.

Nos ames sans passion

Parfaictement amoureuses
Viuront ainsi bien heureuses,
Aymant en perfection.
 Et faisant ce que l'on fait, &c.
  Viens donc & nous embrassons
Eschauffez de mesme flame,
Et liez de corps & d'ame,
Heuresement commençons.
 A faire ce que l'on fait, &c.

Air de Cour.

Puis qu'estant tout de feu vous me pensez de glace
 Puis que vous ne voulez croire mon amour
Et puis que sans pitié,
Vous me voulez cacher les rais de vostre face,
 Ie veux perdre m'amour,
 Le bien de voir ce iour.
 Aussi bien ie n'auois plus de viure l'enuie
Quand n'agueres vos yeux ie peus voir adoucis,
Voulant fuir les soucis,
Et les rongeurs ennuis de ceste humaine vie :
 Mais l'amoureux espoir,
 Me changea ce vouloir.
 Sera ce pas mourir voire encor' vn mal pire
Que languir sans mon cœur que ie laisse chez vous,
Me mourir de courroux,
De tristesse d'ennuis de peine & de martyre,
       Et

Et de celler contraint,
La douleur qui m'estraint.
Ouy ie la veux celler & ne veux pas qu'on voye,
Sinon le paste taint que mort ie porteray
Car ie ne souffriray,
Que nul mette le doigt au suiet de ma playe,
Ny qu'il s'ose enquerir,
Ce qui me fait mourir.

Air de Cour.

QV'elle folie est cecy.
De pleurer vn pucelage,
Ie l'ay perdu Dieu mercy
Et si diray d'auantage,
Que le ieu si fort me plaist
Que ie meure si cela n'est.
Toutesfois à mon visage
Qui fait preuue de ma foy,
L'on croit que mon pucelage
Estr' encor' auec moy.
Mes parens mieux entendus
En la malice du monde,
De croire son resolus,
Que ie n'ay point de seconde

Pour gader ma chasteté,
Aussi ma fidelité.

 I'honore mon parentage,
 Ils s'asseurent sur ma foy,
 Et croyent mon pucelage,
 Estr' encor' auecque moy.

Auecques la chasteté
Il faut souuent que ie meure
Et i'ay cent fois regretté,
D'auoir esté chaste vn'heure
Ce veu n'est pas trop cruel,
Le doux plaisir mutuel.

 D'amour regit mon courage,
 Chacun pourtant ne le voy,
 Mais croit que mon pucelage
 Est encor' auecques moy.

Ce fut ton amour archer,
Qui me rendit amoureuse,
Du plaisir que i'ay si cher,
Et ou ie suis tant heureuse,
Que sous mes discretions,
Ie cache mes passions.

 Et d'vn resolut langage,

       Aux

Chansons amoureuses.

   Aux autres ie faits la loy,
    Qui pensent mon pucelage,
    Estre encor'auecque moy,
    On admire mes effets
Ma grace & façon constante,
Le blasme de mes forfaits,
Tombent sur quelque innocente,
Maintenant on parle bien
De celles qui ne font rien.
    Et moy i'ay c'est aduantage,
    En me ioüant sans esmoy
    Qu'on croit que mon pucelage
    Est encor'auecques moy.

Air de Cour.

IE mes plains de Ianeton
Qui par sur tous vilageois,
  Ma choisi pour son mignon:
Mais quelque gorrier bourgeois
A tiré son cœur de moy.
   Ianneton que tant i'aymoy,
   Ianneton reuiens ver moy,
   Ianneton que tant i'ay moy,
   Ie fus à la ville hier

Pour y vendre des cheureaux,
Et des œufs plein vn pannier
Auec trois liasses d'aux,
Mais tu t'en fuis de moy.
  Ianneton que tant,&c.
 Si te portoy-ie pourtant
Vn demy ceint achepté,
Quinze bons deniers contant,
Mais en vain ie l'apportay,
Car tu ne le prins de moy.
  Ianneton que tant,&c.
 Or puis que n'ay nul espoir
D'auoir ce que ie pretens,
Ie ne te veux donc plus voir,
En perdant ainsi mon temps,
  Adieu adieu Ianneton,
  Adieu mon petit teton
  Adieu adieu Ianneton.
   Air de Cour.

NE vous offencez Madame,
Si ie meurs en vous aymant,
Car pour alleger ma flame
Ie vous conte mon tourment.

Chanfons amoureufes.

Si mon amour eſtoit feinte
Ie n'aurois dedans le cœur,
Tant de reſpect & de crainte,
En vous diſant ma douleur.

Ce n'eſt pas que mon martire
Finiſſe en le vous diſant,
Mais c'eſt vn bien de le dire,
A vous qui l'allez cauſant.

Si ie cachois la victoire
Que vos beaux yeux ont ſur moy
I'empeſcherois voſtre gloire,
Et ne verriez point ma foy.

Permettez que ie vous die
Au moins auant que mourir,
L'eſtat d'vne maladie,
Que vous pouuez bien guarir.

Afin qu'ayant cognoiſſance
De ma fidelle amitié,
Ie puiſſe auoir eſperance,
Que vous en aurez pitié.

Air de Cour.

Qvittons ce faſcheux point d'honneur

Margot

Margot ie meurs pour trop attendre,
Ie ne veux plus en c'eſt erreur
Tant de pas ni d'argent deſpendre,
Puis qu'en la cour,
Et en amour,
Sans demander on le peut prendre.

Il n'eſt à vendre n'y donner
Mon honneur n'eſt pas marchandiſe,
Allez ſans plus m'importuner,
Ma mere m'a touſiours apriſe,
Qu'en ceſte cour,
Et en amour,
Il faut chaſſer auant la priſe.

Ma belle donc preſtez le moy
Et ie iure de vous le rendre,
Ou ie le prendray par ma foy,
Vous aurez beau me le deffendre
Puis qu'en la cour, &c.

Monſieur Monſieur laiſſez cela
Vous me deſchirez ma chemiſe
La belle gloire que voila,
D'auoir vne fille ſurpriſe,

Tel

Chansons amoureuses.

Tel dit en cour,
Et en amour,
Auoir le ieü qui n'a pas quinze.
 Margot vous faites si grand bruit
Que chacun vous peut bien entendre
Ie veux sortir auant la nuict,
I'entens quelqu'vn il faut descendre,
Craignant qu'en cour,
Faisant l'amour,
Sans demander on me veut prendre.
 Voſtre colere ne tient pas
Ce n'eſt que feu de paille prise,
Du premier coup vous eſtes las!
Et fuyez peur de la remise,
Galland de cour,
Qui en amour,
N'eſtes ni de poix ni de mise.

Air de Cour.

NOus sommes bluteurs en amour
Et ſçauons fort bien noſtre office
S'il vous plaiſt nous preſter vos fours
Nous sommes à voſtre seruice.
 Il eſt deffendu par nos loix

De

De trauailler dans vn four large
Car il y faut trop de gros bois,
Qui n'apporte rien que dommage.
 Les fours que nous aymons le mieux,
Sont ceux qui ont estroitte entree
Nos fourgons s'en porteront mieux,
Et en faisons mieux la fournee.
 Dites nous donc ce qu'il vous faut
Prenez nous à vostre seruice,
Car vos fours sont bien souuét chauds
Que la paste n'est pas propice.

Air de Cour.

Dieu vous gard belle bergere
 Vous & vos moutons aussi,
Vostre beauté singuliere,
Ma faict venir iusqu'icy
Pour vous faire humble priere.
  L'on la la belle bergere,
  L'on la la fariton rira,
  La belle bergere là.
 Monsieur si vostre priere
N'offence point mon honneur,
Ce que peut vne bergere,

Ie le feray de bon cœur,
Sans que vous m'en priez guere.
  L'on la la, &c.
 Sçauoir est belle bergere
Si vous me voulez aymer,
I'ay dedans ma gibeciere,
Cent escus pour vous donner
Faictes moy donc bonne chere.
  L'on la la, &c.
 Monsieur tirez vous arriere
Allez ailleurs vous pouruevoir,
Vous ni vostre gibeciere
Ne me sçauroit deceuoir,
Ie ne suis pas si legere.
  L'on la la belle bergere,
  L'on la la fariron rira,
 La belle bergere la.

Air de Cour.

SI le Ciel à mis en moy
De beauté quelque estincelle
Ie veux constante en ma foy,
Plus paroistre qu'estre belle,
Les fantastiques discours,

Ne

Ne me semblent point amours.

    Mon humeur est loyauté
I'ay la constance au visage,
Iusques à l'extremité,
Car ie hay l'ame vollage,
Mon œil mon front mon deuoir,
Sont tesmoins de mon vouloir.

    C'est ce tromper de penser
Me paistre de fantasie,
On ne me sçauroit forcer
A vn amoureux enuie,
Ie puis lors que ie voudray,
Vaincre ceux que i'aymeray.

    Si i'ay faict election
D'vn pour qui mes yeux souspire
Contraint en sa passion,
Il m'honore & me desire,
Si quelque autre c'est deçeu,
C'est pour n'auoir pas bien veu.

    Tant que l'on verra les Cieux
Des astres les saintes flames,
I'en verray qui à mes yeux,
Viendront allumer leurs ames,

Mere

Mere de l'amour ie veux,
Leur donner de nouueaux feux.

Air de Cour.

Fillette ne faites point
Comme cela les honteuses,
Alors qu'on parle du point
Que rend les filles heureuses.
 Ce semblant ne sert de rien
 Vous l'aymez on le sçait bien.

Ne vous offencez point tant
Quand l'on dit quelque sornettes
Ou bien quand l'on va chantant,
Ces gaillardes chansonnettes
 Ce semblant, &c.

A vous qui sçauez que c'est
Ces mines nous sont indices,
Que ce plaisir plus vous plaist,
Qu'aux filles sans artifices.
 Ce semblant, &c.

Souuent l'amour de vos cœurs
Par ces feintes rien ne gaigne
Car vn sot craint vos froideurs,
Vn habille les desdaigne.

R.

    Ce semblant.
Pour cela l'on ne dit pas
Que vous ne soyez secrettes:
Mais ce n'est vn mesme cas,
D'estre feintes & discrettes.
    Ce semblant, &c.
Ce bien qui vous est offert
C'est vn plaisir necessaire
La nature le requiert,
Et puis l'amour le tollere.
    Ce semblant, &c.
Que par vous donc estimé
Soit ce ieu qui vous fait naistre
Vos meres l'ont bien aymé
Sans cela vous n'eussiez estre.
    Ce semblant, &c.
Donnez nous donc vostre amour
Nous vous donnerons le nostre
Lors nous ioüerons chacun iour
A ce ieu l'vn auec l'autre.
    Et nous goutterons ce bien,
    Sans faire semblant de rien.
    Air de Cour.

Mon

Chansons amoureuses. 243

MOn pere n'a pas voulu
Pensant bié me rendre heureuse
Me donner celuy sans plus,
Dont ie suis tant amoureuse.
   Ie ne m'y marieray iamais
   Ie seray religieuse.
Alors qu'il le vouloit bien
Ie n'en estois soucieuse,
Maintenant il n'en faict rien,
Et i'en suis tant desireuse.
   Ie ne m'y, &c.
Dieu que i'estois sotte alors
De faire tant la fascheuse,
Car ie ne sache thresors
Qui m'eust rendu tant heureuse.
   Ie ne m'y, &c.
Las! si ie le puis reuoir,
Ie ne feray la desdaigneuse,
Mais bien luy feray sçauoir
Dequoy ie suis enuieuse.
   Ie ne my, &c.
Afin que puisse gouster,
Ceste chose sauoureuse,

R 2

Qui seulle peut alleger,
Ma peine tant ennuieuse.
  Ie ne m'y marieray iamais
  Ie seray religieuse.

   Air de Cour.

OR que la nuict & le silence
 Donne plac' à la violence,
Des tristes accens de ma voix,
Sortez mes plaintes desolees,
Estonnez parmy ces vallees,
Les eaux les rochers, & les bois.

 Ie viens sous la frescheur de l'ombre
Pour augmenter l'amoureux nombre
De ceux que i'y vois transformez,
Blasmant le suiet de ma peine,
Qui pour changer ma forme humaine,
Les Dieux jaloux reclamez.

 Courant à mon mal volontaire,
Ie suis chãgé en solitaire,
Changé par trop de cruauté,
L'ingratte dont i'ay l'ame atteinte
Le veut afin que par ma plainte,
I'aille eternisant sa beauté,

N'ar

Chansons amoureuses.

N'arcis quand ton amour extresme
Te changea mourant par toy mesme,
Ton feu s'esteignit promptement,
Mais las ma flame continue,
Pour auoir ma forme perdue,
Ie n'ay pas peu du mon tourment.

Air de Cour.

MOn pere ma mariée
Toute noire que ie suis,
A vn villain ma donnée.
    Hon voire ian c'est mon,
    Mon pere dit que ie suis noire
    Ce suis mon.
Qui de rien ne ma donee
Toute noire que ie suis,
Que d'vne brebis pelee.
    Hon voire, &c.
Que d'vne brebis pelee
Toute noire que ie suis,
Et le loup si la mangee.
    Hon voire, &c.
Et le loup si la mangee
Toute noire que ie suis,

La queüe m'ent est demeuree.
 Hon voire, &c.
La queüe m'en est demeuree,
Toute noire que ie suis,
I'en fis vne fricaslee.
 Hon voire, &c.
I'en fis vne fricaslee
Toute noire que ie suis,
Le Monnier si la mengee.
 Hon voire, &c.
Le Monnier si la mengee
Toute noire que ie suis,
Et la sienne il ma donnee.
 Hon voire, &c.
Et la sienne il ma donnee
Toute noire que ie suis,
Dont ie m'en suis bien trouuee.
 Hon voire, &c.
Dont ie m'en suis bien trouuee
Toute noire que ie suis,
Ma sœur me la demandee,
 Hon voire, &c.
Ma sœur me la demandee

Tou

Chanfons amoureufes. 247

Toute noire que ie fuis,
Et ie la luy ay preftee.
 Hon voire, &c.
 Et ie la luy ay preftee
Toute noire que ie fuis,
Elle me la du tout vfee.
 Hon voire, &c.
 Elle me la du tout vfee,
Toute noire que ie fuis,
Dont i'en ay efté faschee.
 Hon voire, &c.
Dont i'en ay efté faschee,
Toute noire que ie fuis,
Ie m'en feuffe encor' iouee.
 Hon voire ian c'eft mon,
 Mon pere dit que ie fuis noire
 Ce fuis mon.
  Air de Cour.

Mais ie vous prie contentez vous
Faut-il tant de fois vous le dire,
Netouchez point a mes genoux,
En bonne foy vous voulez rire.
 Laiffez cela & bien & bien,

R 4

Aussi bien ne gaignez vous rien.
Vrayement vous estes vn villain
Allez vous deuriez auoir honte,
Mais ostez de la vostre main,
Tant vous auez ceste la prompte.
  Laissez cella, &c.

Qu'est-ce que vous voulez taster,
En ce lieu vous n'auez que faire,
Voullez vous point vous arrester,
Ma foy l'appelleray ma mere:
  Laissez cela, &c.

Ie vous picqueray bien & beau,
Si vous ne vous tenez en serre,
Helas! mon Dieu allez tout beau,
Vous ietteres ce lin én terre.
  Laissez cella, &c.

Ma foy vous estes importun
Vous m'aues toute descoiffee,
S'il venoit maintenant quelqu'vn,
Me voyla fort bien atiffee.
  Laissez cela, &c.

Hà par mon Dieu vous me blessez
Pensez vous que ie sois si forte,

A l'ay

Chanſons amoureuſes. 249

A l'ayde au meurtre c'eſt aſſez,
Helas! ma mere ie ſuis morte,
Laiſſez cela & bien & bien,
Auſſi bien ne gaignez vous rien.

Air de Cour.

DEs maux ſi deplorables
M'accablent deſſous eux,
Que les plus miſerables
Se comparans à moy,
Se trouueront heureux.

Ie ne fais à toute heure
Que ſouhaitter la mort,
Dont la longue demeure
Prolonge deſſus moy
L'inſolence, & le tort.

Mon lit eſt de mes larmes,
Trempé toutes les nuicts,
Et ne peuuent ſes charmes
Lors meſmes que ie dors
Endormir mes ennuits.

Si ie fais quelque ſonge
I'en ſuis eſpouuenté,
Et ſur ce, ſon menſonge,

R 5

Espreuue de mes maux,
La triste verité.

Helas! ce piteux reste
S'estant à moy rendu,
Si triste & si funeste,
I'aurois beaucoup gaigné,
Si i'auois plus perdu.

Felicité passee
Qui ne peut reuenir,
Tourment de ma pensee,
Que n'ay-ie eu le perdant,
Perdu ton souuenir,

Ainsi disoit Philandre
Dont les pleurs incensez,
Qu'il ne cessoit de plaindre,
Plaignoit ses maux pressez
Et ses plaisirs passez.

Bref ie suis vn exemple
Des effects du malheur,
Et me puis dire vn temple,
Où mon cœur tout constant,
S'immole à la douleur.

Air de Cour.

Doux sommeil doux repos
Qui ma fait voir ma belle,
Douz deuis doux propos,
Que i'ay eu auec elle,
  Tousiours sans m'esueiller,
  Puissay-ie sommeiller.
Bien que cher m'as vendu
Amour ce doux mensonge,
Ce n'est pas tout perdu
Que d'estre heureux en songe.
  Tousiours, sans, &c.
Ie ne vis qu'en tourment
Tandis que le iour dure,
Mais la nuict va charmant,
La peine que i'endure.
  Tousiours sans, &c.
Soleil tiens toy reclus
Desormais dessous l'onde,
Et ne t'auance plus,
De luyre à nostre monde,
  Mais sans me resueiller
  Laissez moy sommeiller.

MOn Dieu que voulez vous dire
Il n'est pas saison de rire,
Voicy les iours penitens,
L'amour & la repentance,
N'eurent iamais accointance,
Aussi y perdez vous temps.

Si ie deuenois enceinte
En ceste sepmaine saincte
Hé mon Dieu que diroit on?
Vne petite pointure,
Allongeroit ma ceinture,
Et grosiroit mon teton.

Vrayement vous estes estrange
S'il est vray qu'amour soit Ange
Ainsi que vous m'auez dit,
Peut-il permettre de faire,
Chose qui est si contraire,
A ce qu'on nous interdit.

Il faut aller aux tenebres
De milles pensers funebres,
Mediter la passion,
Peut estre qu'apres la feste,

Si

Chansons amoureuses.

Si i'ay vostre amour en teste
I'en auray compassion.

Air de Cour.

O Cœur de marbre inexorable
Qui m'accusez d'estre inconstant
Mon amour seroit plus durable
Si vos rigueurs ne duroyent tant.

Non pas que iamais i'aye enuie
Qu'autre feu me vienne enflamer,
Car helas ie perdray la vie,
En perdant l heur de vous aymer.

Cognoissant la reigle commune
Du temps inconstant & leger,
Ie veux asseurer ma fortune,
Et mourir auant que changer.

Si vous dites que ce sont feintes
Ie vous prie de n'en croire rien,
Vos rigueurs donc naissent de plaintes
Et mon malheur le monstre bien.

Air de Cour.

CA qu'on me donne ma belle
Cent baisers plein de douceur
Pour eschauffer ma moüelle.

Et

Et me remetre en chaleur,
   Il ny à point de remede,
   Bon droit à bon besoin d'ayde.
J'ay encor' vn peu d'adresse,
Ie mouue encor' vn petit:
Mais ie veux qu'on me carresse,
Pour me mettre en appetit.
   Il ny à point, &c.
Ie veux mille chatoulleures
Mille follastres esbats,
Mille ris mille morsures,
Premier qu'entrer aux combats.
   Il ny à point, &c.
La la c'est ainsi mignonne
Hà le gentil mouuement,
Mon Dieu que cela me donne
D'ayse & de contentement.
   Il ny à point, &c.
Sans tes carresses ma vie
Ie fusse demeuré court,
Mais la viande vous prie,
Ma foy c'est le temps qui court.
   Il ny à point de remede
              Bon

Chansons amoureuses.

Bon droit à bon besoin d'aide.
Air de Cour.

AMarante vous dormez
Et moy veillant à ma peine,
Par ces lieux accoustumez,
En pleurant ie me proumeine.

Ie ne voy rien que la nuict
Et ses ombres solitaires,
Et la Lune qui reluit,
Parmy les estoilles claires.

La Lune qui l'entement,
Tourne son char & s'abaisse,
Dans les bras de son amant
A pitié de ma tristesse.

Elle va sans nul soucy
Voir celuy qui la conforte,
Et moy ie demeure icy,
Au deuant de ceste porte.

Las! arreste vn peu ton cours
O lumiere vagabonde,
Et voy la fin de mes iours:
Puis qu'il faut sortir du monde.

Ie suis venu pres du lieu
Où

Où la belle se repose,
Pour luy dire vn long adieu,
Ne pouuant plus autre chose.

 Beaux yeux qui m'estiez si doux
Du lent Soleil qui vous lie
Ie vous prie reueillez vous,
Pour voir la fin de ma vie.

Air de Cour.

O Bois d'ombres couuers
O Lauriers tousiours vers,
Et vous pleinés fleuries,
Oyes la triste voix,
D'vn amant qui vous prie,
Pour la derniere fois.

 Vous mes souspirs bruslans
Soyez plus violents,
Rendez mon cœur en cendre:
Et vous plaisirs lassez
Gardez de rien pretendre,
Car mes biens sont passez

 C'est de l'eau de mes pleurs

Chansons amoureuses. 257

Que i'escry mes douleurs
Et Madame inhumaine,
Qui à mon mal consent,
Signe tousiours ma peine
De mon sang innocent.

 Adieu pour quelques iours
Mes amoureux discours:
Dites à ma maistresse,
Si ie ne la reuoy,
Que mon cœur ie luy-laisse
Pour gage de ma foy.

 Amour si tu es Dieu,
Viens de grace en ce lieu:
Me tirer de misere,
De toy vient mon tourment
C'est raison que i'espere:
De toy soulagement.

 Mon mal est aspirer & fort
Douce en sera sa mort,
Pour Madame soufferte,
Aussi bien voy-ie en fin,
Conspirer à ma perte,
Mon malheureux destin.

S

Air de Cour.

Quels demons de la bas aux faces lamentables
D'une dolente voix respondront à mes cris,
Helas! il n'en est point car ô cruels espris,
Vous n'estes comme moy des feux d'amour capables.

Vos tourments vos douleurs, est une manne sainte
Au prix de mes travaux & de ma passion?
O plus heureux que moy l'amoureux yxion:
Il à son jugement i'attens de mien en crainte.

Helas! ce n'est point mal que de perdre la vie
Rien que le mal d'amour douleur ce peut nommer,
Rien que ta cruauté inhumaine estimer,
O belle qui repais de mon sang ton envie.

O belle des douleurs la memoire est mortelle,
Et le tourment s'enfuit comm' un esclair pipeur,
Mais las! ta cruauté prend naistre en ma douleur
Qui ne sçauroit perir puis qu'elle est immortelle.

Non, non ie veux tousiours qu'une eternelle peine
Rende aux esprits d'embas importune ma voix
Bien heureux animaux voux repousez par foy,
Mais tousiours de travaux ma pauvre ame est atteinte
O douloureux souspirs ô larmes pitoyables
Quand verrez vous venir vostre amoureuse fin,
Helas! pourquoy finir vostre honneur plus divin,
Est comme ma foy d'estre à iamais perdurable.

Air de Cout.

HE bien n'en parlons plus c'est amour est passée
Le temps à la parfin en à esté vainqueur,
Celle la qui estoit si vive en ma pensée

Chansons amoureuses.

Est morte maintenant au milieu de mon cœur.
   Son infidelité m'a serui de remede,
Contre les passions qui me rendoyent ialoux,
Ie ne m'en soucie plus qu'vn autre la possede,
Car ie hay fort vn bien qui est commun à tous.
   I'ay trop peu desir & trop de cognoissance
Pour r'entrer aux liens où ie fus arresté,
Si elle m'a aymé ce fut par inconstance,
Et n'en suis obligé qu'à sa legereté.
   Adieu ni pensons plus i'ay trop souffert de peine
Il est temps que l'esprit se desrobe aux ennuis,
Et de prendre congé de la belle inhumaine
Qui fut astre à mes iours & lumiere à mes nuicts.
   Adieu ieunes beautez de mon cœur effacees
Adieu le souuenir de mes plus doux secrets
Et tant de belles nuicts si doucement passees,
Qui furent mes plaisirs & qui sont mes regretz.

Air de Cour.

Non, nõ, ie ne croy point qu'on meure de tristesse
I'auroy desia passé lacheront ide bort,
Ou bien las ie suis mort mais l'ennuy qui me presse
Me poursuit à la tumbe & suruit à ma mort.
Helas! on voit mes pleurs & la dolente course
De ces fleuues larmeux plaindre assez mon tourmẽt
Mais nõ plus que du miel l'õ n'en voit point la source
Et quel est le motif de son desbordement.
   O douleureux trauaux que nul espoir ne flatte
O miserable cœur mal traicté sans raison?
Las! ie me puis bien dire vn second Mitridatte,

S 2

Ie ne pés de douleurs, comme luy de poison.
Ie ne sens nul plaisir qu'à me donner en proye
Au cruel desespoir qui me va deuorant.
Mon œil enflé de pleurs, incessamment larmoye,
Et ne puis respirer sinon qu'en souspirant.
　La fureur de mon mal tellement me possede
Que qui veut par raison consoler mes douleurs,
Console vne ame sourde & sans aucun remede
Perde en vain ses propos côme ie fay mes pleurs
Las! aussi n'y à il que les douleurs legeres
Qui puissent escouter la voix de la raison?
La maladie est foible & ne tourmente gueres,
A qui le seul parler peut donner guerison.

Air de Cour.

J'Ay de ton amour enuie
Dont ie suis tout langoureux,
Et ton cœur est desireux,
De me voir perdre la vie :
Si de ma mort tu as si grand desir
Fais moy truelle fais moy mouri de
　　plaisir
　En vain tu mes rigoureuse
Ta rigueur ne me tuera,
Plustost m'amour en fera,
Plus ardente & rigoureuse,
　　　　　　　　　　Mais

Mais si tu as de me tuer desir
Fais moy cruelle.
D'amour les braues gendarmes
Se nourrissent les rigueurs
De cruautez de langueurs,
D'ennuis de souspirs de larmes
Si de ma mort, &c.
La tristesse n'à puissance,
D'oster l'ame à vn amant,
C'est le seul contentement
Et la seulle iouyssance.
Puis que tu as de tuer desir
Fay moy cruelle.
Donc si la fin de ma vie
Est le comble de tes vœux,
Permets moy ce que ie veux
Et contente mon enuie,
Si de ma mourt, &c.
Sus qu'atens tu ne differe,
De me vouloir secourir,
Ie te promets de mourir,
Si ne me veux laisser faire
Puis que tu as de me tuer desir

S 3

Fais moy cruelle.

Air de Cour.

O Pensers dont amour nourrist ma passion
Il faut que desormais ie vous ferme la porte,
Et que ie prenne enfin la resolution
Qu'aux plus irresollus le desespoir s'apporte,
Aussi bien s'en est fait mes maux sont en tel point
Que ie n'espere plus qu'aucun bien leur succede,
Car de trouuer remede aux maux qui n'en ont point
C'est de penser en soy qui n'on point de remede.

Hé Dieu pourray ie aymer pensant à la rigueur
Dont elle à sans raison outragé ma constance,
Non, ie ne sçaurois plus loger dedans mon cœur
De l'amour tout ensemble & de la souuenance.

De tant d'ingrats effects le doulent souuenir
Fait que sur mon amour a haine & la victoire,
Et comme l'accident qui sçait l'amour finir
C'est aux autres l'oubly & à moy la memoire.

Las? i'e vis bien ainsi quand au tort qu'vn me fait
Le poignant souuenir reblesse mon courage:
Mais ie n'ay pas le cœur d'en venir à l'effect.
Pource qu'encor l'amour est plus fort que l'outrage.

Dieu faites si iamais vous ouystes mes vœux,
Que la hayne ou l'amour en mon cœur ayent place
Si ie la doy aymer que ie sois tout de feux
Si ie la doy hayr que ie sois tout de glace.

Air

Chansons amoureuses 263
Air de Cour.

EN reuenant de Lorraine,
Des soulez de bo,
Rencontray trois Capitaines
Des soulez de bo,
  Bo bo bo bo,
  Des soulez de bo.
  Rencontray trois Capitaines
Des soulez de bo,
Ils m'ont appellé villaine
  Des soules, &c.
Ils m'ont appellé villaine
Des soulez de bo,
Ie suis leur fieure cartaine,
Des soulez de bo,
Ie m'appelle Magdaleine.
  Des soules, &c.
Ie m'appelle Magdeleine,
Des soulez de bo,
  Des soulez, &c.
Ie suis leur fieure cartaine
Mon pere estoit Capitaine
  Des soulez, &c.

Mon pere estoit Capitaine
Des soulez de bo,
Il vous fera de la peine.
 Des soulez, &c.

  Air de Cour.

HA ie te tiens cruelle
Ie te treuue tout appoint.
Fais si tu veux la rebelle,
Tu ne m'eschapperas point.
 Nenny nenny,
 Nenny helas nenny.
Cueillons donc sous c'est ombrage
L'aissant l'enuieux soucy,
La fleur de nostre ieune aage,
Ne l'entends tu pas ainsi.
 Nenny, &c.
Mais voudrois tu bien mauuaise
Que ie perdisse le temps,
Qui peut changer ce malaise,
A vn gratieux printemps.
 Nenny, &c.
Hà c'est trop auoir de ruse,
C'est trop mon heur retarder,

Ayant

Chansons amoureuses 265

Ayant ce qu'on me refuse,
Le deurois-ie demander.
 Nenny, &c.
Hé mon Dieu que d'alegresse
Que d'ayse & que de bon heur,
Mais dy moy chere maistresse,
Te fais-ie point de douleur;
 Nenny, &c.
Si tu eusses heu coghoissance,
Des delices de Cipris,
Eusses tu fait resistance,
Aprendre vn bien de tel pris.
 Nenny nenny,
  Nenny helas nenny.

Air de Cour.

OR oyez entre vous gens qui dor-
Reueillez vous reueillez, (mez
Escoutez d'vne silence
Aymant l'amoureux deduit
Qui auec vne clochette,
Va criant durant la nuict.
 Or oyez, &c.
La fille gaye & subtille

S 5

D'vn laquest quel' vit dormant
Print haut de chausse & maintille
Pour crier plus finement.
  Or oyez, &c.
 Desguillee en la maniere
Par la ruë sans nul soucy
Puis s'estant donnee carriere
Tousiours elle crie ainsi.
  Or oyez, &c.
 Sans repos son trauail dure
Le iour prend l'esbatrement
Dans le moulle de nature
La nuit ell' crie hautement.
  Or oyez, &c.
 Ma foy s'ell' estoit plus belle
Ie prendrois bien quelque fois
La patience auec elle,
De crier à haute voix.
  Or oyez entre vous gens qui dorme.
  Reueillez vous, reueillez.

Air de Cour.

Vne petite feste
I'allois cueillir des choux
    C'estoit

C'estoit pour aller vendre
Au marché à Marlous.
   Pierre pierre tenez moy prez de vous,
C'estoit pour aller vendre
Au marché à Marlous,
Quand ie fus à la plaine,
I'ay veu venir des Loups.
      Pierre pierre, &c.
   Quand ie fus à la plaine,
I'ay veu venir des Loups,
Hé mon Dieu que feray-ie
Mourray-ie sans secours.
    Pierre pierre, &c.
   Hé mon Dieu que feray-ie
Mourray-ie sans secours
I'auisay venir pierre
Le valet de chez nous,
     Pierre pierre, &c.
I'auisay venir pierre
Le valet de chez nous.
Où allez vous maistresse
Quel chemin tenez vous.
     Pierre pierre, &c.

Où allez vous maiſtreſſe,
Quel chemin tenez vous,
Ie fuis deuant la beſte,
Qui accourt droit à nous,
  Pierre pierre,&c.
Ie fuis deuant la beſte
Qui accourt droit à nous
Leuez voſtre iaquette,
Et me mettez deſſous.
  Pierre pierre,&c.
Leuez voſtre iaquette
Et mettez deſſous,
Bendez voſtre arbaleſte,
Et viſez à ce Loup,
  Pierre pierre,&c.
Bendez voſtre arbaleſte
Et viſez à ce Loup,
Bendit ſon arbaleſte
Et tira quatre coups,
  Pierre pierre,&c.
Bendez ſon arbaleſte,
Et tira quatre coups,
Or leuez vous maiſtreſſe,
      La

Chansons amoureuses.

La victoire est à vous,
  Pierre pierre, &c.
 Or leuez vous maistresse
La victoire est à vous,
Ne craignez point la beste,
Allez vendre vos choux.
 Pierre pierre tenez moy pres de vous.

Air de Cour.

BElle main dont amour exerçant son adresse
Blessa parmy cent cœurs le mien tant seulement
Hé comment tirez vous auec tant de iustesse,
Si l'amour est aueugle & vous sans iugement.
 Belle main qui passez la blancheur de l'Aurore,
Et les lis du Printemps amoureusement doux,
Vous seriez pitoyable & me plaindriez encore
Si vous voyez mon mal comme ie sens vos coupt.
 Belle & guerriere main dont ie fais mon idole
Qui maintenez amour si puissant & si fort,
Ne prenez point la fin de celle de Seuolle,
Helas! ie vous pardonne & ma peine & ma mort.
 O delicate main qui me sent rauir l'ame
Dont la perfection m'esleue le penser,
Doux suiet de mon mal que deuot ie reclame,
Me puissiez vous guerir aussi bien que blesser.
 Diuin marbre poly qui mon esprit agite
Que ie laue de pleurs durant mon desconfort,
          Vous

Vous differez beaucoup au dur marbre d'Egypte,
Car ce qui l'amollit vous endurcit plus fort.
 Belle main que l'amour choisit entre les belles
Pour porter son trophee & pour nous enflamer,
Ie ne dispute plus de vos rigueurs cruelles,
Car c'est trop se hayr que ne vous point aymer.

Air de Cour.

Fay moy ce plaisir
Ianneton m'amie,
Si tu as le desir,
De sauuer ma vie.
 Belle Ianneton permets que ie baise,
 Ton ioly teton pour viure à mō aise.
Qui te rend ainsi
Fascheuse & retiue,
As-tu peur qu'icy,
Quelque estrange arriue.
  Belle Ianneton, &c.
Ianneton mon cœur
De moy tant aimee,
N'ayez point de peur,
La chambre est fermee.
  Belle Ianneton, &c.

Pour

Chansons amoureuses.

Pour vn seul baiser
A ce coup ie quitte,
Veux tu refuser,
Chose si petite.
  Belle Ianneton, &c.
Sus despeche toy
Ie suis las d'attendre
Ie iure ma foy
Que ie le vois prendre.
  Belle Ianneton, &c.
Sus donc Ianneton,
Ca que ie rebaise
Ton mignard teton
pour viure à mon aise.
 Belle Ianneton permets que ie baise,
Ton ioly teton pour viure à mon aise.

MA Robine volez vous bien
Que ie vous baise & vous embrasse,
Personne si n'en sçaura rien,
Aprochez que ie vous le face.
 Vous estes le plus grand mocqueur
Ostez vous m'y gastez ma fraise,

Vous

Vous estes le plus grand ryeur,
Laissez moy dormir à mon aise.

Tandis que nous sommes tous deux
A la frescheur de c'est ombrage,
Accorde moy ce que ie veux,
Auant d'entrer au vilage.

Ma Robine le temps se perd
Or sus ne faictes plus la fine,
Troussez vostre cotilon verd,
Et vostre robe determine.

Approchez vous donc mon soucy
Hé Dieu qu'elle amoureuse flame,
Ie voudrois qu'en faisans cecy,
Tous deux nous pussions rendre l'ame.

Vous dictes tousiours ie m'en voix,
Helas! ie ne vous serois suyure,
Mourons encor' vne autrefois
Car telle mort me fait reuiure.

Ma Robine ne dittes rien
Gardez mon honneur ie vous prie,
Quand à moy ie garderay bien,
Celuy de Robine m'amie.

Adieu donc ma Robine adieu
Retour

Chansons amoureuses.

Retournez à vostre village,
Quand vous reuiendrez en ce lieu,
On le vous fera d'auantage.

Mignonne, puis que mon ame
Pour toy perd tout son repos,
Vueillez estaindre la flame
Qui me brusle iusques aux os.
 Puis que tu le peux,
 Mon cœur si tu veux
 Alleger ma peine,

Puis qu'amour vers toy m'engage,
Pourquoy n'auras tu pitié,
De moy qui te donne gage,
 Preuue de mon amitié.
  Puis que tu le peux, &c.
 Pense ie te prie à l'estre
Où ie suis presentement
Plein d'ennuis pouuant y mettre,
Par ta douceur changement.
  Puis que tu le peux, &c.
 Si sous ceste voute ronde
Ce Dieu peut & icy bas,
Ne desdaigne pas du monde,

Les doux plaisirs & esbats.
  Puis que tu le peux, &c.
Ce n'est rien de la ieunesse,
Si l'on n'a quelque plaisir,
Permettez moy donc maistresse,
Qu'accomplisse mon desir,
  Puis que tu le peux, &c.
La rose qui n'est cueillie
Se flestrist incontinent,
Souffre donc ma grand'amie,
Que la prenne librement.
  Puis que tu peux, &c.
Faictes moy donc ceste grace
Qu'auec toy nud enlaçé,
Tu me quittes ceste place,
Tant que mon feu soit passé,
  Puis que tu le peux, &c.
Esteignant ainsi la flame
Ce mal forcé n'aura lieu,
Alors nous viurons Madame,
Libre de ce petit Dieu,
  Puis que tu le peux,
  Mon cœur si tu veux,
      Alleger

Alleger ma peine.

Air de Cour.

NE vo⁹ courroucez point si vous aymât Madame
Ie cherche le moyen d'auoir vostre amitié,
Que puis-ie faire moins bruslant de vostre flame,
Que de vous supplier d'auoir de moy pitié.
 Ie sçay bien que ie cours vne estrange aduanture
En vous faisans sçauoir ce que ie dois celer,
Mais las ! ie ne sçaurois desguiser ma nature
Iamais vn bon amour ne doit dissimuler.
Ne me reprenez point de trop de hardiesse
Amour fait son debuoir, & moy ie fais le mien,
Ie suis vostre seruant vous estes ma Maistresse,
Et à l'esgal de vous le monde ne m'est rien.
 Peut estre que ces vers tesmoings de ma pensee,
Vous donneroyent suiet de vous mocquer de moy:
Mais mon affection hautement eslancee,
Ne peut estre blasmee en tesmoignant ma foy.
 Ie vous veux adonner & bien que ie ne puisse
Meriter dignement le gain de vostre amour,
I'ay tant de volonté de vous faire seruice
Que vous m'en iugerez capable quelque iour.
 Ie ne veux desormais auoir plus de memoire
Que pour me souuenir de vous tant seulement,
Ie veux desdaigner tout & ne veux faire gloire
Que de viure & mourir tousiours en vous aymant.
 Car puis que vous auez sur moy ceste puissance,
D'eschauffer le glaçon qui me geloit le cœur,

l'ayme d'estre vaincu ayant la cognoissance,
Que ie ne puis auoir vn plus digne vainqueur.

Air de Cour.

PEndant nostre ieune aage,
Nous allions au verd bois la la,
iouer dessus l'herbage,
Durant ce ioly mois la la,
 Mourons mó cœur mourós m'amour
 Puis que c'est icy le dernier iour.
Nous cueillions la rousee,
Du ioly mois de May la la,
Et de la giroflee,
Auec vn cœur tant gay la la.
 Mourons, &c.
 Nous ne pensions à l'heure,
A c'est aduenement la la,
De la mort rigoureuse,
Et du departement la la,
 Mourons, &c.
 M'amie l'heure s'approche
Faisons vn testament la la,
Baise mes leures closes,
Car ie m'en vay mourant la la,

Mou

Chansons amoureuses.

  Mourons, &c.
Puis qu'il faut à c'est heure
Departir nos amours la la,
Et conuient que ie meure
Ainsi finant mes iours la la.
  Mourons, &c.
Faisons nostre complainte
Nous deux ensemblement la la
Que nostre amitié saincte
Soit veuë de tous amans la la.
 Mourons mõ cœur mourõs m'amour
puisque c'est icy le dernier iour.

Air de Cour.

I'Esperay mais ie m'en repens,
D'auoir esperé l'esperance,
Car ie n'ay pour ma recompense
Que cris que l'armes & tourments,
 I'ay failly ie ne dois pas
 Perdre si vainement mes pas.
Mon ame trop plaine d'amour
Suiuoit l'ombre de la fortune,
Soubs la lumiere d'vne Lune
Qui luisoit la nuict & le iour:

T 3

Mais i'ay sally ne iugeant pas,
Qu'elle estoit haute & moy trop bas.
Et toutesfois i'ay bien osé,
Sonder vne telle entreprise,
C'est que voulant venir aux prise,
Sçauoir si serois refusé,
Mais i'ay failly & ne faut pas,
Chercher l'esperance si bas.
Prenant au poil l'occasion,
Ainsi i'en pensois de Madame
Elle trop depite en son ame,
Ne fit cas de ma passion,
I'ay sally ie ne deuois pas,
Esperer l'esperance si bas.
Mais lors qu'amour me fera veoir
L'effect du bon heur que i'espere,
I'auray le subiect de me taire,
Et iouyssant de c'est espoir,
Ie pourray lors dire tout bas,
L'esperance gist icy bas.
Que si mon esprit amoureux,
Begayant sur sa belle bouche,
Se pasme en si douce escarmouche.

Ie

Ie diray encor bien heureux
  Voicy ma vie & mon trespas,
  Et mon seul plaisir icy bas.

Air de Cour.

NOn non, rien de vous ie ne veux,
Que toucher l'or de vos cheueux:
Quoy vous en faictes la marrie
Vrayement vous en serez punie.

 Ie vay donner mille baisers,
A ce beau front a ces yeux verts,
A ceste bouche à ceste ioüe,
Ou le folastre amour se ioüe.

 Encore estes vous en courroux,
Ie viens pour me venger de vous,
Puis que vous m'estes ennemie,
Que ce dur tetin ie manie.

 Ah vous m'auez sur vostre sein,
Mauuaise esgratigné la main,
Cà que ie prenne la vengeance
D'vne si despiteuse offence.

 Ie veux pour finir nos debats
Que ie vous serre entre mes bras,
Et que soubs moy sur ceste couche,

A la renuerse ie vous couche.
　Et quoy vous serrez les genoux,
Enda si l'endurez vous,
Ie veux ie veux que cecy entre,
Pour vous punir dedans vostre entre,
　Vous auez beau crier mercy,
Et faire de la morte aussi,
Ie veux que mon ardente enuye
Dessus vous passe sa furie.
　Or soyez s'il vous plaist tousiours
Fiere rebource à mes amours,
I'aymeray bien vostre malice,
Pourueu qu'ainsi ie la punisse.

Air de Cour.

SI ie reçois en aymant,
Soucy tristesse & dommage,
Ie ne veux perdre courage:
Ains poursuiure constamment.
C'e qui m'a rendu constant,
En la douleur qui m'offence,
C'est ceste seulle esperance,
Ou mon seruice pretend.
　Le Soldat pour le butin

Se

Chansons amoureuses.

Se hazarde à l'aduanture,
Et patiemment endure,
Le froid le chaud & la faim.
 Moy qui d'vn cœur genereux,
A plus haut loyer aspire,
Doy-ie pour quelque martire,
Quitter l'empire amoureux,
Le Marchand auaritieux,
Malgré, les vents & l'orage,
Va de l'indique riuage
Piller l'honneur pretieux.
 Moy qui souhaittes plus fort,
L'vnique perle du monde,
Si le flot contre moy gronde
Dois-ie retourner au port.
 Le chasseur par les halliers,
Par les mons & par la plaine
Sans se soucier de la peine
Suit la beste aux pieds legers.
 Et moy qui suis au pourchas,
D'vne proye plus exquise,
Si elle n'est encor prise,
Dois-ie si tost estre las.

T 5

Amour en telle longueur,
Tous ces subiects acoustume,
Qui n'a gousté l'maertume
Ne merite la douceur.

Air de Cour.

IL est en vostre puissance
De me donner allegeance,
Faictes moy doncques ce bien,
De trouuer quelque moyen
Pour cueillir la iouyssance.

Ne vous arrestez ma belle,
A la deffence cruelle
Que l'on vous faict tous les iours,
Iouissons de nos amours,
Et ne soyez plus rebelle.

Ayez esgard à la flame,
Qui brusle & ronge mon ame,
Des il y à si long temps,
Rendons nos esprits contents
Malgré celle qui nous blasme.

Inuentons quelque maniere
D'adoucir la rigueur fiere,
De c'est ardeur qui nous point,

Maistresse ne perdons point
Nostre saison printaniere.
Ne craignez ie vous supplie,
Qu'vn seul iour de nostre vie,
Vous oyez parler de rien,
Ie vous seruiray fort bien
Car c'est toute mon enuie.

Air de Cour.

C'Est obstiné refus qui m'augmente l'ennuie,
De pour chasser mon bien de tay plus ardâment
N'est pas ce qui m'atriste & me donne contment,
Car d'vn si beau desir ie contente ma vie.

Ie N'ay peur qu'vn riual de plus rare merite
Vienne faire moisson du grain que i'ay semé,
Car qui de vostre amour ne se rend enflame,
Ie dis qu'il à le cœur d'vn barbare & d'vn Scite.

Tant s'en faut que l'amour d'vn Corriual m'offence
Que mesme ie hay ceux qui ne vous ayment point,
Et m'esbahi comment vn chacun n'est espoint
De viure comme moy dessoubs vostre puissance.

Mais las vos fiers propos vos parolles ameres,
Et tant d'aigres courroux qui me faut endurer
Madame croyez moy me fond d'esperer
Et me comblent l'esprit d'ennuis & de miseres.
Vos courroux si frequens commencent l'inconstance
Que peut estre en l'esprit de moy vous designez,

Et

Et bien que de m'aymer le change vous feignez
Vous me pourrez hair par vne accoustumance.

Pour Dieu maistresse donc moderez ie vous prie
La collere dont est vostre cœur allumé,
Le maistre est volõtiers beaucoup plus craint qu'aymé
Qui sans nulle raison tousiours à ses gens crie.

Air de Cour.

NE vous offencés point belle ame de mon ame,
De ce qu'en vo^{9} aymãt i'ose plus qu'il ne faut
C'est biẽ trop haut voller : mais estãt tout de flame,
Ce n'est rien de nouueau si ie m'esleue en haut.

Cõme l'on veoid qu'au Ciel le feu tent & s'eslance,
Au Ciel de voz beautez ie tens pareillement :
Mais l'vn c'est par nature & moy par cognoissance
Luy par necessité moy volontairement.

L'hõme est biẽ malheureux dõt l'amour indiscrette
Ailleurs que dans vos mains va son ame enfermer,
C'est ou n'auoir point d'yeux pour vous veoir si par-
Ou n'auoir point de cœur pour vo^{9} oser aymer (faite

Dieu ne vous à faict naistre ô bel œil qui m'anime,
Que pour auoir des cœurs l'empire & royauté,
Qui ne suit point vos loix est coupable de crime
De lexe Maiesté d'amour & l'oyauté.

Quand à moy ie ne puis ma flame est trop diuine,
Rien aymer n'y seruir si n'est esgal aux Dieux
Ie veux qu'un bel oser honore ma ruine,
Et puis qu'il faut tomber ie veux tomber des Cieux.

L'on n'estime celuy dont le desir n'aspire

Qu'à

Chansons amoureuses.

Qu'à ce qu'il peut auoir sage & bien aduisé,
Moy ie ne veux pouuoir qu'à ce que ie desire,
N'y desirer sinon ce qu'on tient mal aysé.

 I'ayme qu'à mes desseins la fortune s'oppose,
Vn bien aquis sans peine est de peu de plaisir
Pouuoir facillement obtenir quelque chose.
N'est assez de subiect d'en oster mon desir.

Air de Cour.

AMour ne pouuant viure auecques la faintise
Semee és grandes courts par ce peuple eshonté,
S'est faict hosté des bois pour reuiure en franchise,
Auecques la constance & la fidelité.

 La nous l'allōs cherchāt parmy les pastourelles
Dont les cœurs sont appris à aymer naifuement,
Et qui ne vendent point comme les Damoiselles,
Vn petit de plaisir pour beaucoup de tourment.

 Nous auons esprouué l'amour des grandes Dames
Et congnu de quel bois leurs sont allumez,
Nous sçauons qu'il n'y à que du vent en leurs ames,
Et que les moins aymans en sont les plus aymez.

 Voyla pourquoy noz cœurs retirez du seruige,
Ne veulent plus aymer ces esprits imparfaicts,
Les vns pour ne pouuoir congnoistre leur courage,
Les autres pour l'auoir congnu par leurs effects.

Air de Cour.

BEaux yeux lumiere de mon ame,
Beaux yeux Idolles de mō cœur,

Oyez

Oyez ces regrets plains de flames
D'ennuy d'amour & de rigueur.

 Oyez mes soufpirs & mes plaintes,
Mes cris & mes gemissements,
Puis que vos loix & vos contrainctes
Sont le subiect de mes tourments.

 Ie faux ô mes belles lumieres,
Ce n'est pas vous qui me gehennes
Hé Dieu seriez vous bien meutrieres,
Des cœurs que vous emprisonnez.

 Ouy car ie sens ià dans mes veines,
La mort peu à peu se saisir,
Ie suis vif seulement aux peines,
Et desia mort à tout plaisir.

 Le iour odieux à ma vuë
Me semble vn long siecle d'ennuis,
La nuict mes langueurs continuë,
Et finir mon mal ie ne puis.

 Mon esprit se paist de mes larmes,
Mon cœur se nourrist de douleurs,
Ce sont des effects de vos armes
Dont la gloire est en mes malheurs.

 Superbe en est vostre victoire,

Vous triumphez de mon ennuy:
Mais las peu loüable est la gloire,
Qui s'aquiert aux despens d'autry.

Comme tyrans estes iniques,
Gesnans ceux que vous surmontez,
Vous estes en beautez vniques:
Mais non pareils en cruautez.

Plus i'ay d'amour & de constance,
Et plus vous auez de fierté,
Mes vœux & mon obeyssance,
Font que ie suis plus tourmenté.

Ma foy si souent esprouuée,
Aux feux aux traicts que vous lancez
Vous sert maintenant de trophée,
Et de fer dont vous m'offencez.

Ainsi lumiere de mon ame,
Vous vous riez de mes langueurs,
Et moy tousiours remply de flame
Ie me plaindray de vos rigueurs.

Blasmant de mon cœur les idolles,
Trop insensibles à mes cris
Dont les regars & les parolles,
Sont des desdains & des mespris,

Air

MAis d'où vient que tu me baise
De ton propre mouuement,
Hé Dieu, ie me pasme d'ayse,
Par ce doux embrassement.
  Mon cœur ma vie mon soucy
  Caresse moy tousiours ainsi.
Ie perds quasi la parolle
En ces doux ieux amoureux
Mon ame presque s'enuolle
Par ce baiser sauoureux.
  Mon cœur, &c.
Ce n'est assez mamourette
Donner licence à ma main,
Et permettre qu'elle furette
Cà & là dedans ton sein.
  Mon cœur, &c.
Ie voy tandis que ie succe
Sur ta bouche ce plasir,
C'est archerot qui se musse,
Au suiet de mon desir.
  Mon cœur, &c.
Mais si tu veux ma petonne
Que

Que nous acheuions le iour:
Ie trouueray bien mignonne,
Le terrier de c'est amour.

 Mon cœur, &c.

Si comme moy tu desire
Que nous prenions ce garçon,
Ie sçay où il se retire,
Et entends la façon.

 Mon cœur, &c.

Que seulement tu m'embrasse
Coyment sans faire nul bruit,
I'auray le mal de la chasse,
Et tu en auras le fruict.

 Mon cœur, &c.

Chassons donc nous deux m'amie,
Chassons à ce Dieu vainqueur,
Nous appaiserons l'enuie
Qui nous consomme le cœur.

 Mon cœur, &c.

Air de Cour.

SI mó cóseil voulez croire maistresse,
Tát que durer par le móde pourrót
Graces, vertus & gentillesses,

V

Nos amours gaillardes viuront.

Mais le malheur de Cythere surprise
Au dur fillet de son cocu boiteux,
Corrompt vne braue entreprise
Dans voſtre cœur vn peu douteux.

Ne craignez rié Venus ce dit le cópte,
Par ce malheur trop plus fine deuint,
Et voulut qu'vne telle honte
Plus oncq' à ſes amis n'auint.

Ell' à donné des ruſes mille & mille
Des tours ſubtils à ſes ſubiects vaillās,
Pour tromper la garde inutille
Que font ces ialoux trop veillans.

Elle enſeigne deuant les maris dire
Tout ce qu'ó veut auec ſignes diſcrets,
Monſtre à chiffrer obſcur eſcripre,
Et deuiſer iargons ſecrets.

De fauſſes clefs, de legeres eſchelles,
Du pain au chiens les Amans aduiſa,
De feutre neuf faire ſemelles
Et tous huys herneux appaiſa.

Bref iuſqu'au lict elle meſme no⁹ meine
Dans la ruelle & de ſa propre main

Tient

Tient les souspirs de nostre haleine,
Tant que s'endorme le villain.
Ne craignez rié si les chiés par fortune,
Ont appayé au bruit d'vn huis malin,
C'est le Moyne-bourry Nocturne,
Ou quelqu'autre vieil Gobelin.
Pour nous feront ces vielles mente-
 resses,
Qui trois cornus les ont veu tracasser,
Ils en feront dire des Messes
Pour bien loin les aller chasser,
 Mais cepédat si me croyez maistresse,
Tant que durer par le móde pourront,
Graces, vertus, & gentillesses
Nos amours gaillardes viuront.

Air de Cour.

Bien que portons habits à la sauoisienne
 Et l'outil gaigne pain de ses gen's enfumez
Nous ne sommes pourtant de suye perfumez
Mais ramonneurs appris dessous la Cyprienne,
 A ramonner la cheminee,
 Haut & bas,
 Qui veut employer la iournee,

A faire ramonner son cas.
Nos habits sont fort bruns, nos couleurs bazanees
Mais pourueus d'vn outil aussi blanc que l'yuoir
Nous faisons le monstrant vn appetit auoir,
A celles qui besoin ont d'estre ramonnées.
    A ramonner, &c.
Si bien nous ramonnons & de telle allegresse
Que les Dames à qui sont vouez nos outils
Ne permettent qu'vn iour nous soyons inutils
Tant en les ramonnans ils trouuent de liesse.
    A ramonner, &c.
Aussi chacun de nous ose dire & se vante
Qu'il ne se trauue icy ramonneur qui si doux,
Ny qui si extrement les ramonne que nous,
Et qui plus à leur gré donnent les contente.
    A ramonner, &c.
Pour nous rendre parfaits, telle peine auons prise
Qu'aux tuyaux plus estroits nous entrons d'extremët
De genoux & de reins trauaillons tellement,
Qu'en fin nous paruenons au but de l'entreprise,
    A ramoner la cheminuee,
    Haut & bas,
    Qui veut employer la iournee,
    A faire ramonner son cas.
        Air de Cour.

NOn, non il n'est pas tousiours
Feste au doux ieu d'amourette,
Non, non il n'est pas tousiours
                Feste

Feste au ioly ieu d'amours.

 Adieu ma belle cousine,
Ie quitte l'esbattement:
Car vous dites trop souuent
Faut aller chez la voisine.
 Non, non, &c.
 Quand elle voit que ie repose
Elle me pince à tous coups,
Me disant reueillez vous,
Ne faites vous autre chose?
 Non, non, &c.
 En la baisant ie l'enqueste,
Ce que l'on à tant à sonner,
Il ne s'en faut estonner,
(Dit-elle) il est demain feste.
 Non, non, &c.
 Ie vous prie ployez bagage
Vous estes vn galand de cour,
Qui ne brauez en amour,
Seulement que de langage.
 Non, non, &c.
 Ainsi fait de la rusee
Quand ie veux l'abandonner,

Il n'eſt cor de à tant ſonne r,
Qu'à la fin ne ſoit vſee.
    Non, non, &c.
  S'il faut eſtre en ceſte ſorte
A ne dormir nuict ni iour,
Du ſeruice de l'amour
Par ma foy ie me reuolte.
    Non, non &c.
  La ſeue ni les fleurettes
Ne pouſſent pas tous les iours,
Comme la Lune au decours,
Toutes choſes ſont ſubiettes,
    Non, non, &c.
  Ie quitte l'hoſtellerie,
I'en ay perdu l'appetit,
Mon village eſt trop petit.
Pour tant de Cauallerie.
Non, non, &c.

Air de Cour.

Bien heureux qui ſe peut dire
  Tout exempt de paſſion,
Et qui chez ſoy ſe retire,
Sans aucune ambition.
         Voyla

Chansons amoureuses.

Voyla voyla la la la.
  Comme l'on vit au village
  Voyla voyla la la la,
  Pour viure heureux en cela.
 Bien heureux qui au village
Dans sa petite maison,
Mange d'vn Canar'd sauuage,
A la farce d'vn Oyson.
  Voyla, &c.
  Comme l'on vit au village
  Voyla, &c.
  Comme l'on vit de cela.
 Bien heureux qui dans ses bornes
Ioüit du contentement.
De voir ces bestes à cornes,
Paistre auec la Iument.
  Voyla, &c.
  Le cabinet du village,
  Voyla, &c.
  Tout encorné de cela.
 Bien heureux qui aux gelees
Du plus profond des Hyuers,
Se pourmeine en ces allees.

Sans se prendre aux arbres vers.
 Voyla, &c.
 Tous le pieges du village,
 Voyla, &c.
 Où l'on aprend à cela.
Heureux qui à sa bergere
Va tantomiant le teton,
Puis au bout de la carriere
Donne le tour de Breton.
 Voyla voyla la la la,
 Comme l'on fait au village,
 Voyla voyla la la la.
 Comme l'on y fait cela.

Air de Cour.

Mon esprit n'a point cesse
Ie sens vne grand' tristesse,
Qui n'aissant en mille endroits,
Recognoissant en mon ame,
Que l'amitié d'vne femme
Ne se garde pas six mois.
Car si l'enfant de Cyprine
Vn coup dedans sa poitrine,
D'esbande son arc turquois,

Pour vn seul iour la constance
Y fera bien residence,
Mais c'est beaucoup de six mois.
　La femme est assez volage
Sans luy donner d'auantage,
De liberté & de chois,
En fin si la plus constante,
En vn moment est changeante,
Que fera l'autre en six mois.
　D'vn autre costé ie pense
Que bien souuent vne absence,
Force nature & les Loix:
De faire quelque amourette,
Car de demeurer seulette,
Helas! c'est trop de mois.
　Ma fortune ie deteste
Et n'ose grater ma teste,
De peur de trouuer ce bois,
Qu'Acteon pour arme porte
Le soucy me desconforte,
Car c'est par trop de six mois.
　Toutesfois quand ie me fonde
Sur l'histoire de Ioconde,

V 5

Ie rend soudain les abois,
L'espoir s'enfuit de mon ame,
Ne croyant plus qu'vne femme,
Se puisse garder six mois.

　Vne ardante ialousie
Agitte ma fantasie,
Mon cœur & aussi ma voix
Encor se pourroit-il faire,
Qu'en fin ie ne desespere:
Mais c'est beaucoup que six mois.

Air de Cour.

AVpres des beaux yeux de Philis
Mouroit l'amoureux Calianthe
Heureux en sa fin violente,
De ces iours si tost accomplis.

　Sur les aisles de desespoir
S'enuolloit son ame enflammee,
Et la mort cent fois reclamee,
Couuroyent ces yeux d'vn crespe noir.

　Son cœur enflé de ces desirs
Monstroit ces blesseures mortelles,
Et l'amour du vent de ces aisles
Aydoit au veut de ces souspirs.

Mille

Mille petits autres amours
Appofoyent à la mort leurs flesches,
Et du doux feu de leurs flammesches
R'allumoit le feu de ses iours.

Philis souftenoit en ces mains
Sa teste en son giron panchee,
Et feignant d'estre vn peu touchee
Defarmoit ses yeux de desdains.

Ses yeux de desdains desarmez
Sembloyent deux Soleils sans nuage,
Qui du Ciel de son beau visage
Lançoyent leurs rayons enflamez.

Vne vaine ombre d'amitié
Rendoit sa face moins cruelle,
Mais il falloit estre moins belle
Où plus sensible à la pitié.

Aloïs Caillanthe à la fois
Perdit & la veuë, & la vie,
De deux morts son ame rauie
Poussa ceste derniere voix.

Belle Philis puisque ma foy
N'a peu vaincre m'a destinee,
Ie rends mon ame infortunee:

Belle

La fleur ou l'eslite des
A la mort plus douce que moy.

Air de Cour.

Puis qu'il vous plaist Philis, il faut que ie l'endure
Et que ie sois chassé d'vn riual plus heureux,
Mais las! c'est vne loy, qui me semble bien dure,
Qu'on ayme plus celuy qui moins est amoureux.

Tous ceux dõt vous oyez les souspirs & les plaintes
Ne sentent comme moy les traits & les beautez,
Combien que leurs amours pour passe têps soyent faintes
Ils ont les doux regards & moy les cruautez.

Ie porte dans le cœur ce qu'ils ont dans la bouche
I'err'ai'ct le feu, l'amour, la constance, & la foy,
Ce qui me blesse à mort seullement ne les touche,
Et les traicts de vos yeux ne tombent que sur moy.

Air de Cour.

Beaux yeux qui doublement charmez nos volotez,
Qui nourrissez nos cœurs d'vne vaine esperâce
Que le Ciel n'ait peint en vous vos cruautez,
Ou n'a rendu pareil l'effect à l'apparence.

Le Soleil qui est l'œil du monde & l'ornement
Peut attirer à soy les vapeurs opposées,
Mais vos yeux vrays soleils de nostre entendement
D'vn estat plus diuin rauissent nos pensées.

C'est heur que de brusler d'vn si rare flambeau,
Leurs traicts nous font honeur pourchassât nostre vie
C'est viure que finir par vn mourir si beau,
Et croy qu'à telle fin les Dieux portent enuie.

Qui

Qui craindroit vn danger entre si doux appas
Et succer vn venin d'vne si belle veine,
O cruels basilics qui causez mon trespas,
Permettez qu'en mourant ie sache qui me tue.

Air de Cour.

VOstre humeur ne m'a point fasché
Pour vous auoir de moy distraitte
Ma foy i'estois bien empesché
De faire vne honneste retraicte,
Mon seruice est ailleurs promis.
  Or quitte à quitte & bons amis.

Ie ne vous aimois seulement
Que pour vous cognoistre muable,
Ie suis suiect au changement,
Car chacun aime son semblable,
Ce n'est pas vn crime commis.
  Or quitte, &c.

Lors que i'estois tout vostre cœur,
Seule aussi vous estiez mon ame:
Or vous changez de seruiteur,
Et moy ie changeray de dame:
Le change aussi nous est permis,

Or

Or quitte, &c.
Fi, fi de ceste loyauté
Qui tirannise nostre vie,
Il n'est que belle liberté
D'aimer ou nous pousse l'enuie,
A quoy nous nous sommes remis.
    Or quitte, &c.
Adieu, nous nous verrons, vn iour
Pour conter de nostre fortune,
Tandis oublions nostre amour,
Deuant qu'elle soit importune.
Plus y pert qui plus y a mis.
    Or quitte à quitte & bons amis.

MEs yeux que le chemin à la course tourtue,
Estaint, & fait mourir, voicy les derniers
    lieux,
Que vous verrez iamais vostre derniere veuë,
Ceste nuict, ceste mort, ceste absence, ô mes yeux
Vous aueugle, & vous tuë.

Vous viniez de la voir, elle vous est rauie,
Tendez sur le rocher vostre dernier effort:
Et de viure, & de voir ayez encore enuie
Tant qu'elle paroistra, puis donnez à la mort
Et la veuë, & la vie.

Vous viniez par ma belle, & mouriez sás ma belle
Qui

Chansons amoureuses.

Qui peut souffrir l'absence, il peut la mort souffrir
Que la vie sans elle est fascheuse & cruelle,
C'est viure que la voir, n'est ce pas donc mourir
Que de viure sans elle?

 Rochers qui comme moy aimastes la constance
Insensibles coustaux aux amoureux courroux
Prenez mon naturel ie prendray vostre essence,
Prenez le sens de moy, & ie prendray de vous
Vostre perseuerance.

Air de Cour.

VN Bergerot gaillard & beau
Rencontra dans la bergerie,
Voulant establir son troupeau,
La Bergere triste & marrie:
Mais il ne laissa pour cela
De luy vouloir faire cela,
Elle luy dit te veux-tu taire
Berger, que veux-tu faire hola,
Au moins, au moins deuant mon pere
Ie te prie ne me fais cela.

 Si de mon honneur tu as soing,
Helas! ie te pri' considere
Que mon vieux pere n'est pas loing,

Il descouuriroit le mistere,
Ce n'est pas pour m'en excuser
Berger, n'y pour te refuser:
Puis luy a dit te veux-tu taire
Berger, que veux-tu faire? hola,
  Au moins, &c.

 Le Berger tousiours l'embrassoit,
Sous luy la tenant abbatuë,
Et si viuement la pressoit
Qu'en fin elle eust esté vaincuë:
Mais son pere qui suruint la
Empescha qu'on ne fist cela,
Lors elle a dit te veux-tu taire
Berger, que veux-tu faire, hola,
  Au moins, &c.

 Le pere pourtant fut deçeu,
Et ne congneut point l'entreprise:
Car soudain qu'ils l'ont apperçeu
Les deux amants ont l'asché prise,
Remettant à faire leur cas,
Quand le pere ny seroit pas,
Et pour mieux desguiser l'affaire
Elle a dit au Berger hola,
      Au

Au moins, au moins deuant mon pere
Ie te pri' ne fais cela.

Air de Cour.

Lieux de moy tāt aimez si doux à ma naissance,
Rocher qui des saisons desdaignez l'inconstance
Francs de leur changement,
Effroyables deserts, & vous bois solitaires,
Pour la derniere fois soyez les secrettaires
De mon dueil vehement.

Helas! ie le suis bien: car ce pourroit-il faire
Si i'auois d'vn mortel la nature ordinaire,
Que ie peusse porter
Si long temps les efforts des ennuis, & des peines,
Non ie suis vn rocher d'où l'on voit cent fontaines
Nuict & iour degoutter.

I'ay l'esprit si comblé d'amertume, & d'oppresse,
Que par contagion ie rends plains de tristesse
Ceux qui parlent à moy,
Et qui pensent adoucir le regret qui m'enflame,
Sentent me consolant glicer dedans mon ame
La tristesse & l'esmoy,

De tout plaisant discours mon oreille s'offence,
Vn mal tel que le mien estant sans esperance,
Et aussi sans confort,
Ce qui sonne plus doux à mes tristes oreilles,
Ce sont cris de hiboux, importunes corneilles,
Et d'oyseaux de la mort.

X

EScoutez ie vous prie
D'vn compagnon gallois
Qui veut faire s'amie
La femme d'vn bourgeois,
Qui peuse iouyr d'elle
Pour luy faire la cour:
Mais ell'luy bailla belle   bis
Luy ioüant vn fin tour.

   Le gallant sans faintise
Luy dit par mots exprez
Ie te supplie auise
A c'est heureux succez,
Deux ans sont sans friuolle,
Que ie vous fais la cour,
Et si iamais parolle,   bis
N'ay sçeu auoir de vous.

   La Dam'assez dressee
Luy à dit amy doux,
Venez à la vespree:
Faites du loup-garoux,
Ie n'y faudray à estre,

Ce

Ce soir par deuers vous
Et si viendray paroistre   bis
Comme vn vray loup-garoux.
   Elle bien aduisee
Le dist à son mary,
Seroit belle risee
Si le pouuions tenir
Laissez le venir Dame,
Iusques aupres de vous,
Faites lors vn vacarme   bis
Criez au loup-garoux.
   Le gallant ni faut mye
Le soir pour faire court,
Accoustré en la guise,
Faisant du loup-garoux,
Disant ma mieux aymee,
Suis-je à vostre goust
Elle fit de l'effrayee   bis
Criant au loup-garoux.
   Son mary si deualle
A son poin vn baston,
Les voisins il appelle,
Trestous à l'enuiron,

A grands coups de houssine.
Las! ils renuoyent trestous,
Faisant faire la mine,   bis
Au pauure loup-garoux.
    La ! mercy ie vous crie
Ayez de moy pitié,
Et si à tous i'auise.
Ceux qui voudront aimer,
N'y prendre pas enuie,
Voyant comm' suis secous
En fin c'est la folie,   bis
Du pauure loup garoux.

Air de Cour.

Qv'elle chose icy bas
Vit pl'que moy dolét & miserable
O mort ô nuict, ô parque desirable,
Aduance mon trespas.
    Helas ! ie suis le but
Où le destin la fortune & l'enuie,
Lancét les traits des malheurs de la vie:
Sans espoir de salut.
    Comme de tous costez
Dans l'Occean toutes riuieres coulent,
                                    Ainsi

Ainsi dãz moy de toutes pars se roullẽt
Mille calamitez.

Pourquoy Dieu tout puissant,
M'a vostre main tiré de la matrice,
Pour me liurer innocent au supplice:
Des douleurs que ie sens.

Depuis cinq ou six mois
Vne douleur prouable m'accable,
Nul autre mot qu'vn helas? lamétable,
N'est sorty de ma voix.

Mon œil est plus induit
A l'armoyer & voir ce qui s'oppose,
Oil ô pauure œil fuit ta prunelle close,
D'vne eternelle nuict.

Il n'y a m'arbre si sourd
Qui n'ayt ouy les pleurs de mõ angois-
Il n'y à rié qui mõ mal ne cõgnoisse:(se,
Et rien ne m'est secours.

Qui peut donner secours
A la douleur de ma peine cruelle,
La seulle mort qui le peut faire & celle
Qui me fuit tous les iours.

Mes amis peu certains

X 3

Voyans mon mal vont cerchant le re-
mede,
Remede vain ne sachant d'où procede:
Le mal dont je me plains.
Helas: si vous m'aymez
O mes amis, ne touchez à ma playe,
Plus vostre main de la guerir s'essaye,
Plus vous l'enuenimez.
Que maudit & damné
Soit le moment de ma naissance amere,
Mauuais le iour qu'on vint dire à mon
pere,
Que fils luy estoit né.
Que iamais le Soleil,
A ce iour là ces rayons ne desploye,
Rien que douleurs & que larmes on ne
voye
Et rien qu'habits de dueil.
L'enfer ne fait souffrir
Vn mal si grief que celuy qu'on me
donne,
Grief pour autant que ie n'ose à per-
sonne
La

La cause en descouurir.
　　Plorez donc mes douleurs,
Plorez mes yeux, plorez doncques sans cesse,
Vous ne sçauriez pour plus iuste tristesse
Fondre en ruisseau de pleurs.
　　Vous qui si tristement
M'oyez gemir, & n'auez l'ame atteinte,
Croyez qu'encor l'aigreur de ma complainte
N'esgalle à mon tourment.

Air de Cour.

PResté d'ennuis, affligé de douleurs,
　Tout accablé de mortelles atraintes,
Ie remplis tout de souspirs & de pleurs,
D'horribles cris, & de griefues complaintes.
　Les clairs ruisseaux qui souloyét s'arrester
Au seul recit des beautez de Madame,
Hastét leurs cours, lassez de m'escoute
Plaindre le feu qui embrase mon ame

Les plus hauts monts demeurent e-
   stonnez,
Ie fais trembler les pronfondes valees,
Les abrisseaux en sont importunez,
Et auec moy pleurent mes destinees.
   Dãs les deserts on ne voit que mes pas
Parmy ceux là des bestes plus cruelles
Dont ie voudrois estre vn iour le repas,
Pour ennuyer les ombres eternelles.
   Le feu s'accroist du vent de mes sou-
   spirs,
La mer grossit du fleuue de mes l'armes,
L'air est troublé des sanglots, & des cris
Que ie respans en mes dures alarmes.
   Ie suis hay des lieux inhabitez,
Et ennemy de la terre habitable,
De mes clameurs les Dieux sont irritez,
Et aux enfers ma voix est effroyable.
   Les fiers Lyons, & les Tigres cruels
Sont adoucis à la voix de mes plaintes,
Et d'hurlemens & cris continuels
Vont par les bois resonnant mes com-
   plaintes.

Les oyselets à force de m'oüir
Ont à la fin perdu tout leur ramage,
Si qu'on les oyt incessamment gemir,
Plaignant l'horreur de ma cruelle rage,
   Làs! tout me plaint en la terre & aux
     cieux
Tout à pitié d'vne peine si dure,
Tát seulement ce que i'ayme le mieux
Se va riant du tourment que i'endure.

Air de Cour.

MOn Dieu que pourra-ie faire,
Ie vay cherchant mon troupeau
Qui soubz la nuict solitaire,
S'est perdu prez de c'est eau.
   Belle bergere le berger
   Ne demande qu'à loger.
Si ie vous ouurois la porte,
Le mien s'enfuiroit aussi
Puis ie suis fille peu forte,
Pour estre à vostre mercy.
   Belle bergere, &c.
Voulez vous donc que ie meure
Ou que ie sois le repas,

De quelque loup qui demeure,
Icy pres pour mon trespas.
  Belle bergere,&c.

 Voulez voux que ie m'expose,
Au bruit qui courroit de moy,
L'on en diroit quelque chose
Et si ne sçay pas pourquoy.
  Belle bergere,&c.

 Ie vous donray ma houllette
Si vous me faictes ce bien,
Puis que vous estes seulette,
Personne n'en sçaura rien.
  Belle bergere,&c.

 Ie ne sçay i'oy souuent dire,
Ceste cy & ceste là,
Tant on se plaist à mesdire.
A fait cecy & celà.
  Belle bergere,&c.

 Puis que c'est la renommee,
Que vous craignez sur tout point,
Pour vous rendre diffamee,
Ie diray ce qui n'est point.
  Belle bergere,&c.

       Mon

Chansons amoureuses.

Mon Dieu ie suis en grand' peine
Si ie vous dois receuoir,
Entrez ie suis bien certaine
Que l'on ne vous sçauroit voir:
   Venez vous en beau Berger
   Allons ensemble loger.

Air de Cour.

Mon pere s'en va au bois & ma mere fagotte,
Mon pere porte vn pannier & ma mere vne
  hotte,
Tousiours ie fagotte gottegot & tousiours ie fagotte.
 Mon pere porte vn pannier & ma mere vne hotte
M'ont laissee en la maison petite pucelotte,
   Tousiours ie fagotte, &c.
 M'ont laissee en la maison petite pucelotte,
Ie fermay mon huis de deuant d'vne grosse buchotte
   Tousiours ie fagotte &c.
 Ie fermay mon huis de deuant d'vne grosse buchotte
Mon amy y est venu qui à rompu la porte,
   Tousiours ie fagotte, &c.
 Mon amy y est venu qui à rompu la porte
Il me print & m'embrassa me ietta sur vn coffre.
   Tousiours ie fagotte, &c.
 Il me print & m'embrassa me ietta sur vn coffre
Lors ie me prins à crier comme vne souris morte,
   Tousiours ie fagotte, &c.
 Lors ie me prins à crier comme vne souris morte,

Ma mere vint arriuer qui s'escrie en la sorte.
　　Tousiours ie fagotte, &c.
　Ma mere vint arriuer qui s'escrie en la sorte,
Que fais tu la meschant garçon voila ma fille morte
　　Tousiours ie fagotte, &c.
　Que fais tu la meschāt garçon voyla ma fille morte
Non suis ma mere non suis car ie remuë encore,
　　Tousiours ie fagotte, &c.
　Non suis ma mere non suis car ie remuë encore,
C'est vn braue cousturier qui m'y taille des chausses.
　　Tousiours ie fagotte, &c.
　C'est vn braue cousturier qui m'y taille des chausses
si me taille bien ceux là il m'en fera bien d'autres.
　　Tousiours ie fagotte, &c.

Air de Cour.

Vrayment c'est trop mais laissez
　　moy
Tes baisers me bruslent la bouche,
Et m'embrassent ie ne sçay quoy,
Ie ne veux plus que tu me touche.
　　Que tu es vn mauuais garçon
　　De me baiser de la façon.
　Pense tu ta soif appaiser
De me succer ainsi la leure,
Que te sert-il de tant baiser

　　　　　　　　　　Bien

Bien peu s'en faut que ie ne meure.
   Que tu es, &c.
 Ie te prie oste toy de la
Ie me meurs que penses-tu faire?
Ie ne souffriray point cela,
Car i'ay trop grand peur de ma mere.
   Que tu es, &c.
  Tu ris & te moques de moy
Apres m'auoir tant tourmentee
Ie ne viendray plus sur ma foy,
Ie m'en reuois bien desolee.
   Que tu es vn mauuais garçon
   De me baiser de la façon.
     Air de Cour.

AMis qui par vn mariage
   Me voudriez auoir arresté
Ne pensez pas que ie m'engage,
Car i'ayme trop ma liberté.
   Non vous auez beau me prier,
   Ie ne veux point me marier.
 La pauure me sert de remede,
Et la riche ne m'ayme point
La plus belle me semble laide,
                        Quand

Quand il faut venir à ce point.
    Non vous auez, &c.

  S'il elle est belle, & riche & sage
Ie deurois bien y consentir,
Mais tout se corrompt auec l'aage,
Et ie m'en pourrois repentir.
    Non vous auez, &c.

  Quand ce seroit vne Lucresse
Encor ne m'y fieroy-ie pas,
La femme a beaucoup de finesse,
Mes amis ce n'est pas mon cas.
    Non vous auez, &c.

  Il faut que celuy se marie
A qui ce sexe est incongneu,
Son humeur qui sans fin varie
M'a par trop long temps retenu.
    Non vous auez, &c.

  Ie hay le bruit & la tempeste
Ie veux viure d'autre façon
Trouuez vne famme sans teste,
Et i'apprendray vostre leçon.
    Non vous auez, &c.

Air

Air de Cour.

Ceux qui disent que l'absence
Fait soudain l'amour finir,
Ils parlent sans congnoissance
Elle sert d'vn souuenir.
  Helas, il n'est telle langueur,
  Que de se voir loin de son cœur.
 Maintenant que de ma veuë,
Ie sens eslongné mon iour,
Mon ame est plus fort esmeuë,
De la tourmente d'amour.
  Helas il n'est, &c.
 Toute la nuict ie souspire,
Mes yeux se fondent en pleurs.
Tout se transforme en martyre,
Pour me combler de douleurs.
  Helas il n'est, &c.
 Iamais seul ie ne me treuue,
Les soucis vont quand & moy,
Cent morts en mon dam i'espreuue
Pour estre ferme en ma foy.
  Helas il n'est, &c.
 Ce qui plus en ma fortune

Guide ma vie à la mort,
C'est qu'au mal qui m'importune,
Ie n'ay point de reconfort.
  Helas il n'est, &c.

  Hé, faut il donc que ie meure?
Faut il que ie viue ainsi?
Terre fends toy à c'est heure,
Enseuely mon soucy.
  Helas il n'est, &c.

  Que ie porte d'angoisse
Pour trop de discretion,
Ie ne veux plus qu'on congnoisse
Mon ardante affection.
  Helas il n'est, &c.

O bien-heureux le courage
Qui n'est point d'amour attaint,
Pour aymer vn beau corsage,
Le feu de mes iours s'estaint.
  Helas il n'est, &c.

  Air de Cour.

CEux qui disent que l'absence
N'apporte point de l'ennuy,
Ils parlent sans congnoissance

Chansons amoureuses.

Ie le sens bien auiourd'huy.
  Helas! il n'est si grand tourment,
  Que d'aymer secrettement.

Ie souffre vne peine extresme
Tout s'oppose à mon desir,
Ie suis contraire à moy-mesme,
Et ne veux plus de plaisir,
 Helas il n'est, &c.

 Ie suis triste & solitaire
La ioye fuit mes pensers,
Et ce qui me souloit plaire,
Me sert de gesne & de fers.
  Helas il n'est, &c.

 Ie carresse mon martire,
Ie me baigne de mes pleurs,
Et tant plus mon mal empire,
Plus ie m'ayme en mes douleurs.
  Helas il n'est, &c.

 Mon cœur s'oure à la tristesse
Mes yeux regardent la mort,
Car au tourment qui me presse,
Elle est seulle mon confort.
  Helas il n'est, &c.

       Y

Maudite & fafcheufe abfence
Change de non promptement,
Afin que ta iouyffance,
M'apporte vn allegement.
  Helas, il n'eft fi grand tourment,
  Que d'aymer fecrettement.
   Air de Cour.

I'Endure vn fafcheux ennuy
Qui mon taint decolore,
Pour l'abfence de celuy
Qu'en mon ame i'adore.
  Où eft il mon bel amy allé,
  Reuiendra il encore.
Dans ces bois contant mon deueil,
Affife au fein de flore,
Ie l'attens fans fermer l'œil
Du foir iufqu'à l'aurore.
  Où eft il mon, &c.
Pour luy mon cœur eft comblé,
D'vn foin qui le deuore,
Et de mon cerueau troublé,
Sa bouche eft l'ellebore.
  Où eft il mon, &c.

Zephir

Zephir qui volle soudain
Iusqu'au riuage more,
N'as tu pas veu le serain
Qui mon beau iour decore.
  Où est il mon, &c.
  Pluftoſt que manquer de foy
A celuy que i'honore,
Que le Ciel verſe ſur moy
Les malheurs de Pandore,
  Où est il mon bel amy allé,
  Reuiendra il encore.

Air de Cour.

I'Ay couru dans ces boſcages
Ces monts, ces prez, ces riuages
Et ſi n'ay trouuay pourtant
Celle que i'ay pourſuiuie.
  Helas! qui me l'a rauie,
  La Nimphe que i'aymois tant.
Paſtourelles ioliettes
Qui de vos voix delliettes,
Vos ardeurs allez chantant
Ainſi qu'amour vous conuie.
  Dites qui me l'a rauie,

La Nimphe que i'aymois tant.
Ha! s'en est fait c'est fait d'elle
Vn Dieu la voyant si belle,
Parmy ces bois escartant,
Espris d'amoureuse enuie.
Au Ciel me l'aura rauie,
La Nymphe que i'aymois tant.
Adieu monts, adieu vallees,
Adieu forests desolees,
Adieu ie vous vay quittant,
Puis-ie plus rester enuie.
Puis que l'on me l'a rauie,
La Nymphe que i'aymois tant.

Air de Cour.

LE Ciel pour monstrer sa beauté,
Tout bleu paroist à nostre veuë,
Moy pour monstrer ma loyauté,
Ie m'habille de couleur bleuë.
Beau bleu que i'ayme plus que moy
Ton blason m'est si aggreable,
Que ie viuray plustost sans foy,
Que de me voir iamais muable.
Errant dans les champs de mes maux.

Le bleu nourrist mon esperance,
Ma loyauté & mes trauaux,
Me doyuent amener allegeance:
 Madame n'ayme que le bleu
Car la loyauté n'est rien qu'elle,
Tousiours ceste couleur m'a pleu
Parce que ie suis bien fidelle.

 Beau bleu fauorist de mon cœur,
Fay recompenser ma constance,
Aye pitié de ma langueur,
Fay tost borner la violence.

 Fay ce cœur froid deuenir chaud
Appaise sa rigueur extresme,
Et lors ie chanteray plus haut
Que tu merite que l'on t'aime.

Air de Cour.

LA fille de la forge
 S'est leuee du matin,
Elle à pris trop grains d'Orge,
S'en va droit au moulin.
 Tu ne l'entens pas la la,
 Tu ne l'entens pas ce latin.
 Ell'à pris trois grains d'Orge,

Y

S'en va droit au moulin,
Hau mufnier ie te prie
Dis moy donc pour certain.
  Tu ne l'entens pas, &c.
 Hau meufnier ie te prie
Dis moy donc pour certain,
Si dedans ta tremie,
Tu veux metre mon grain.
  Tu ne l'entens pas, &c.
 Si dedans ta tremie,
Tu veux mettre mon grain,
Ouy dit-il m'amie
Attendés à demain.
  Tu ne l'entens pas, &c.
 Ouy dit-il m'amie
Attendés à demain,
Or i'ay perdu m'a peine
Car tu n'es qu'vn badin.
  Tu ne l'entens pas, &c.
 Or i'ay perdu m'a peine
Car tu n'es qu'vn badin,
Qui n'entend pas la chasse
Aprendre le conin.

       Tu

Tu ne l'enteñs pas, &c.
Qui n'entend par la chasse
Aprendre le conin,
Qui va manger les herbes
Iusques en ton iardain,
 Tu ne l'entens pas la, la, la,
 Tu ne l'entens pas ce latin.

Air de Cour.

QVe tu es belle à mon gré   bis
Petite bergeronnette,
Passe vn peu dans ce verd pré,
Et sur ces fresches herbettes,
Contentons nos amourettes.

 Ta bergere tu ne sens   bis
Mais plustost vne Nymphette,
Ne crains point donc les passans,
Et sur ces fresches herbettes,
Contentons nos amourettes.

 Nous dirons si l'on nous voit   bis
Que cueillons la violette,
Où si l'on nous apparçoit,
Que sur ses fresches herbettes
Contentions nos amourettes.

O beau sein que tu es blanc, bis
O ferme & dure cuissette,
Monstre vn peu à nud ton flanc,
Et sur ses fresches herbettes,
Contentons nous amourettes,
Entre ce rocher fendu, bis
Cà ioüons à la fossette,
Dedans vous auez perdu,
Et sur ces fresches herbettes
Contentons nos amourettes.

Air de Cour.

Qvi ayme & n'a point de plaisir
Ie le dis miserable,
Puis qu'on arreste son desir,
A chose variable.

Pour auoir vn contentement
On souffre mille peines,
Bien qu'il fuye aussi promptement,
Que le vent par les pleines.

Vn vaisseau n'est tant agité
Du flot de la marine,
Qu'vn pauure amant est tourmenté,
Quand amour le domine.

Or

Chansons amoureuses.

Or de la nuict, il fait le iour,
Le retour des alarmes,
Viuant seulement en amour,
De souspirs & de larmes.

Il se faut plaire au desespoir
Estre sourd & sans veuë,
Et faire semblant de n'auoir,
Le marteau qui nous tuë.

Poser son desir hautement
La cheutte en est mortelle,
Et si vous seruez bassement,
Couard on vous appelle.

Dites donc si les amoureux
N'ont point l'ame damnee,
De mourir cent ans malheureux
Pour viure vne iournee.

Estre aussi sujet au desdain
Qu'vne beauté rebelle,
Qui fait du iour au lendemain
Quelque amitié nouuelle.

Quel bien ont ces amants subiects
A telle frenesie,
Puis que l'amour ne fut iamais

Sans crainte & ialousie.

Il faut donc iouyr sans aymer
Du bien qui se presente,
Le doux qui n'est meslé d'amer
Doublement nous contente.

Air de Cour.

Qvand i'estois ieune fillette
Mon Pere m'aduertissoit
De ne demeurer seullette,
Quand la compagnie dansoit:
 Belle Bergere sans cesser
 Auec moy venez danser.

La Bergere estoit si belle
Que le Berger en mouroit
Et s'asseyant aupres d'elle
Doucement il souspiroit:
 Belle Bergere sans cesser
 Auec moy venez danser.

Venez ça gaye Bergere
Passer la chaleur du iour
Soyons nous soubs la fougere
Deuisants de nos amours,
 Belle Bergere, &c.

Il emboucha sa mulette,
Commençant vne chanson
Mettant en bas sa houlette
Faisant retentir le son.
　　Belle Bergere,&c.
　Vn iour que ses brebiettes
S'escartoyent pour mieux broutter
Il la pria d'amourettes
Pour son tourment contenter.
　　Belle Bergere, &c.
　Pendant que nostre ieunesse
Est encor' en sa vigueur
Estaignons d'vne allegresse,
Nostre amoureuse chaleur.
　　Belle berge sans cesser
　　Auec moy venez danser.
　　　Air de Cour.

EN trauersant les campaignes
　Comme chasseurs,
Ie veis deux belle compaignes
Toutes deux sœurs.
　　Bergeronnettes ioliettes,
　　Bergeronnettes toutes deux

Le sein tout plein de violettes,
Pour donner à leurs amoureux.
Vers elles ie m'achemine
Le petit pas,
Ou ie trouuay l'origine
De mon trespas.

Bergeronnettes ioliettes,
Bergeronnettes mon desir,
Donnez moy de vos violettes
Ou permettes moy d'en choisir.
De ces Nimphes la plus belle
Plus à mon gré,
Me faict asseoir aupres d'elle
Sur le vert pré.

Bergeronnettes ioliettes,
Bergeronnettes mon soucy
Donnez moy de vos violettes,
Puis que pour vous ie meurs icy.
Vostre merite m'appelle,
A son sesiour,
Mais ie ne sçay pour laquelle
Ie meurs d'amour.

Bergeronnetes ioliettes,

Ber

Bergeronnettes tout mon bien,
Donnez moy de vos violettes,
Ou dites que n'en ferez rien.
Puis que vostre œil tant aymable,
M'a arresté,
Ie ne veux plus miserable
De liberté.

Bergeronnettes ioliettes,
Bergeronnettes mon soucy,
Donnez moy de vos violettes,
Puis que pour vous ie meurs icy.
Vn lis que tenoit Delie,
I'eus pour faueur:
Mais soudain vn autre enuie,
Saisit mon cœur.

Bergeronnettes ioliettes,
Bergeronnettes dont le teint
Semble à vne neige bien nette,
Ou le chaut n'a iamais attaint.
Il faut doncques ma bergere
Nous escarter,
Pour cueillir ta fleur premiere,
Et s'apreſter.

A ce

A ce ioly ieu d'amourette,
Bergeronnette ioliette
Auecques voſtre amoureux,
Bergeronnettes toutes deux.

Air de Cour.

QVe ſert de tant diſſimuller,
Vne choſe que l'on deſire
Dequoy ſert il de reculler,
La gueriſon à ſon martire.
　Qui ne veut quand il le peut,
Ne peut apres quand il le veut.
　Que ſert il quand l'on à le temps,
De le perdre en vain eſperance
Quand l'on ſe peut rendre contents,
Par vne douce i'ouyſſance.
　Qui ne le veut, &c.
　Le temps ne dure pas touſiours,
Tout ſe change au monde auec l'aage,
Nous ſommes en nos plus beaux iours,
Prenons tandis noſtre aduantage,
　Qui ne le veut, &c.
　Iouyſſons de noſtre bon-heur,
Il y à temps à toute choſe,

Il est temps de cueillir la fleur
Soudain que la voyons esclose.
    Qui ne le veut, &c.
Car puis apres qui trop attend
Elle seiche s'on ne la cueille,
Ou il vient quelque mauuais vent
Qui la faict tomber feuille à feuille.
    Qui ne le veut, &c.
Il n'est rien de plus precieux,
Que le temps quand il se descouure,
Il ne faut donc perdre otieux
Ce qui jamais ne se recouure.
    Qui ne le veut, &c.
N'est-ce pas vn estrange cas,
Vostre cœur est comme de cire,
Vous voulez & ne voules pas,
Vous voulez mais ne l'osez dire.
    Qui ne le veut, &c.
Comme la cher gardee sent,
De mesme faict le pucelage,
S'il n'est sallé bien roidement
De quelque gros sel de mesnage.
    Qui ne le veut, &c.

Sus

Sus donc mon cœur ne trahissez
Ce doux plaisir pour vne honte,
Car quand vos ans seront passez,
De vous l'on ne tiendra plus compte,
    Qui ne le veut,&c.

CEssez de plus me baiser,
Ou bien faisons autre chose
En vain mon amour enclose
Vous ne faictes qu'embraser.
    Si ne faisons ce qu'on faict,
    Pour rendre l'amour parfaict.
Ces baisers sont sauoureux:
Mais ils ne sont faicts Madame,
Que pour disposer vne ame
Au doux combat amoureux.
    Il faut faire ce qu'on faict,
    Pour rendre l'amour parfaict.
Ie sçay bien qu'en ces esbats,
Vous rafraischissez ma bouche:
Mais la mon mal ne me touche,
Mon feu me tient bien plus bas.
    Il faut faire,&c.
Ma foy vous auez grand tort,

Chansons amoureuses.

De veoir consommer ma vie,
Appaisez donc mon enuie,
Ou vous conçeurez ma mort.
    Si ne faisons, &c.
Mais pensez vous quel plaisir,
Ie sens l'humeur escoulee,
Qui dans mon ame affolee,
Fait renaistre mon desir.
    Cependant nous n'auons faict,
    Ce qui rend l'amour parfaict.
Ostez de la ceste main,
De ce plaisir ie n'ay cure,
C'est abuser la nature
Et la trauailler en vain.
    Qui ne faict ce que l'on, &c.
Ie vous prie laissez moy la,
Que mon desir ie renaisse,
Ou bien faictes moy promesse
Que ie vous feray cela.
    I'entends faire, &c.
Ie seray prest en vn rien,
Si vous le voulez permettre,
Il ne faut point me remettre

Z

Que dire ie le venx bien.
 Et nous aurons tantost faict,
 Ce qui rend l'amour parfaict.
Vous n'en auez nul souci,
Ma foy plus ie ne vous ayme,
Allez mon amour extresme
Ne le rescompense ainsi.
 Ie n'ay point faict ce qu'on faict
 Pour rendre l'amour parfaict.

Air de Cour.

Pourquoy luy auez vous marie l'huis ouuert,
 He Dieu ie vous pensois plus sage, & auisee,
Voyla voyla que c'est le faict est descouuers,
Ie seray maintenant d'vn chacun desprisee.
 Las helas! le voyla,
 Las! que dira ma mere,
 Il veut faire cela
 Ie n'y sçaurois que faire.
Mamie taisez vous il est homme discret,
Vous ne serez de luy ie vous iure abusee,
Il tiendra ce faict cy ie vous promet secret
Vous n'en serez de luy nullement mesprisee.
 S'en est faict le voyla,
 Ie n'y sçaurois que faire,
 Il veut faire cela
 Pourquoy luy faut il plaire.

Chansons amoureuses.

Ie voy bien que voulez me faire deliurer
A c'et homme incognu pour vn si petit gage,
Pour vn si peu d'argent vous me faictes pleurer
Vne fille donner ainsi son pucelage.
   Las helas! le voyla, &c.

Mamie il ne faut point pour si peu souspirer,
Vous aurez du plaisir ainsi que du dommage:
Mais ce dommage la se pourra reparer
Quelque iour Dieu aydant par vn bon mariage.
   Or puis que le voyla en humeur de le faire,
   Allez le trouuer la il conuient luy complaire.

Air de Cour.

BElle dont les beaux yeux sont les claires flames-
Où l'amour prend son tour,   (ches,
Belles dont les artraits sont les poignantes flesches,
Et les dards de l'amour.

Laissez soubs vous languir les hommes miserables
Sans iamais les aymer,
Ne leur soyez iamais comme moy fauorables,
Laissez les consommier.

Apprenez à ma perte a deuenir plus chiches,
De vos libres faueurs,
Et à ma pauureté soyez faictes plus riches
Que ie ne suis, d'honneurs.

Vous voyez quel proffit i'ay aquis de ma flame,
Ne bruslez comme moy,
La faute que i'ay faicte est cause qu'on me blasme,
Sans esgard de ma foy.

Ne vous fiez iamais aux trop feintes carresses,
De quelques serviteurs.
Ne vous asseurez point à leurs fausses promesses
Ils sont trop deceueurs.

Mais adieu ie m'en vays au moins adieu perfide,
Regrette vn iour ma mort,
Et celle qui fuyant ton courage homicide,
Abandonne ce port.

Air de Cour.

Quoy mignarde veux tu sa. re esteindre ma flame
Au milieu du plaisir qui saisit mes esprits,
Non mignonne non, non, les brasiers de Cypris,
Ne quitteront iamais la prise de mon ame.

Tu as beau resister & faire la finette,
Si faut il à la fin tomber en mon lien,
Ne te fasche ce piege est dressé pour ton bien
Pourueu que sans plorer prendre tu te permette.

Ha mauuaise pourquoy dis-tu que ie ne t'ayme,
Quand ie requiers vn bien qui me tient en langueur,
N'a soy ie n'auray plus desormais de vigueur.
Si tu ne me crois estre à toy plus qu'à moy mesme.

Tu ne m'aymeras plus seroit-il bien possible,
Que le change logeat en vn si beau subiect:
Ha cruelle, ha fascheuse, ha rigoureux obiect,
Pour trop te carresser veux tu m'estre nuisible.

Pardon mon cœur pardon vrayement ie te confesse
Ie te dis ie l'aduoüe auoir vn peu de tort:
Mais aussi voudroit tu consentir à ma mort,

FAU

Faute d'auoir vn bien par vn peu de tristesse.
Sus sus approche toy que ta bouche ie baise,
Redonne moy la vie en baisant tes beaux yeux,
Alors ie me croiray plus content que les Dieux
Si en ayant c'et heur ta colere s'appaise.

Air de Cour.

VN iour Madame Perrette
Me mena dans son iardin
Me donna par amourette
Vn bouquet de Roumarin.
   Et autre chose & tout
   Que ie n'ose dire, dire, dire,
   Et autre chose & tout
   Ie ne vous diray meshuy tout.
Ie luy dis bas en l'aureille
Ma douce amye baisez moy,
Baisez moy à la pareille,
I'en ay besoin par ma foy.
   Et autre chose, &c.
Point ne fit de la mauuaise,
Ie la iettay à l'enuers
Puis ie l'accolle, & la baise
Vy ses genoux descouuers.
   Et autre chose, &c.

Ainsi comme pourrez croire
Cela me mist en chaleur
Et me vint vne collere
Qui me fist enfler le cœur.
  Et autre chose,&c.
 Ie commençay à combattre
La pauurette se rendit,
Deux fois, voire quatre,
Puis l'aleine me faillit.
  Et autre chose,&c.
 Elle foüilla en sa boursette
D'vn escu me fit present
Grand mercy vous dy Perrette
Grand mercy de vostre argent.
  Et autre chose,&c.
 Beuuez vn peu ce (dit-elle)
Pour vous remettre en vigueur.
Ie responds, Madamoiselle
Le vin me fait mal au cœur.
  Et autre chose,&c.
 Deuisons vn peu ce (dit-elle)
Me voulez-vous ià laisser?
Par ma foy Madamoiselle

Ie

Chansons amoureuses.

Ie suis las de deuiser.

  Et autre chose, &c.
 Et demain au matin
Ie reuiendray rire, rire,
Et demain au matin
Ie reuiendray au iardin.
  Et autre chose & tout,
  Ie ne vous diray meshuy tost.

  Air de Cour.

ALors que mon cœur s'engage
Ce n'est sinon pour vn iour:
Car de languir en seruage
Ce n'est pas faire l'amour.
 Ie ne puis aymer qu'vn temps
 Car i'ayme les inconstans.
 C'est à faire à la vieillesse
De garder la loyauté,
Vne gaillarde ieunesse,
Ne se plaist qu'à nouueauté.
 Ie ne puis, &c.
 En aymer vne centaine
C'est courtiser nuict & iour:
C'est rendre preuue certaine,

Z 4

Que l'on a beaucoup d'amour.
> Ie ne puis, &c.

Garder toufiours fa franchife
Ne fe repaiftre de vent,
Ne faire cas de fa prife
Pouffer toufiours plus auant.
> Ie ne puis, &c.

Mais qu'eſt-ce que la conſtance
Ie voudroye qu'on me le dit:
Ce n'eſt rien que patience
Vn vray rompement d'eſprit.
> Ie ne puis aymer qu'vn temps
> Car i'ayme les inconſtans.

Vous qui blaſmez l'inconſtance
Vous ignorez le plaiſir,
C'eſt eſtre ſans cognoiſſance
Que de n'auoir qu'vn deſir.
> Ie ne puis aymer qu'vn temps
> Car i'ayme les inconſtans.

Air de Cour.

QVand ie ſuis loin de voſtre veuë
Ie ſens vn mal de ne vous voir,
Si bien qu'vn deſirer me tuë

M'emportant malgré mon pouuoir.
    Las soyez aueugles mes yeux,
    Le voir vous est pernicieux.
  Puis quand ie voy vostre presence
Ie voy tant de perfections
Que le desir de iouyssance
Me brusle de cent passions.
    Las soyez aueugles, &c.
  Ne voir point cela qu'on desire
Sans qui la vie est vn trespas,
N'est-ce pas le plus grand martyre
Qu'on puisse endurer icy bas?
    Las soyez aueuglez, &c.
  Aussi voir vne chose belle
Et sans fin brusler au desir,
N'est ce pas peine plus cruelle
Que l'enfer en puisse choisir?
    Las soyez aueugles, &c.
  Doncques ie voudrois pour mon aise
N'auoir point veu tant de beauté
Ou pouuoir esteindre ma braise,
L'vn d'eux est la felicité.
    Las soyez aueugles mes yeux

Le voir vous est pernitieux.
Air de Cour.

TRaistre afin de m'abuser
Tu me requis l'autre iour,
Le coucher que par amour
Ne te voulus refuser:
Pourquoy donc in grat mocqueur
T'enfuis tu m'ayant surpris.
  Au vouleur, au volleur,
   Rends mon cœur que tu as pris.
 Auec moy te fis giste,
Mais quand tu me vis dormant,
Larron tu vins finement,
Mon estomac crocheter,
Lors tu as pris le meilleur
De mon tresor de haut pris.
  Au volleur, &c.
 Ains qu'esueillee i'eusse esté
Larron tu t'en estois fuy,
Si bien que quand ie te suiuy
Tu ris de ma pauureté
Si tu auois vn bon cœur
Tu craindrois d'estre reprins.
      Au

Chansons amoureuses.

Au volleur, au voulleur,
Rends mon cœur que tu as pris
Ha le voyla, ie le voy
Arrestez le mes amis,
Dans ce logis il s'est mis
La Dame l'ayme ie le croy
Son sein est le recelleur
De ces larcins entrepris.
    Au voulleur, &c.
Dame ne te fie à luy
Il te fera comme moy:
Vn larron n'a point de foy
Il le faut prendre auiourd'huy,
Rends le donc pour ton honneur
Où ie crieray a haut cris.
    Au voulleur au voulleur,
    Rends mon cœur que tu as pris.

Air de Cour.

LA Diane que ie sers
Ne court plus par les deserts
On n'oyt plus parmy les bois
Le son de sa douce voix:
Plus ne vois ce petit Dieu

Qui la fuyuoit en tout lieu
Ie ne vois plus l'arc tendu
Que i'ay par trop attendu.

 A l'entour de ces forests,
Ie ni voy cordes ni rhets,
Ie n'entens ne cor ny cors,
Comme l'on faisoit à lors
Ie n'entens ni vois ni cris
Comme l'on auoit appris:
O quel amere liqueur
Me vient saisir en mon cœur.

 Les riuages des ruisseaux,
Argentins aux claires eaux,
Ni les bois de fleur acinez
Ie ne voy plus entourez
De la bande à chasteté
Qui tant de fois l'ont esté,
Ni plus retentir le son
De mainte belle chanson.

 Plus n'en voy de mal menez,
Plus n'en voy de destournez,
Tous asseurez ie les voy
Et en repos,fors que moy

Qui

Chansons amoureuses.

Qui suis tousiours enserré
Du traict qu'on m'a desserré,
Par sa diuine beauté
Dont ie sens la cruauté.

O lumiere des hauts Cieux
Qui esclaire en ces bas lieux,
Et vois de tes rayons ouuerts
Tous endroits de l'vniuers:
Monte plus haut d'vn degré
Ta sœur t'en sçaura bon gré,
Et puis nous faires asçauoir
La part où l'on les peut voir.

Air de Cour.

Depuis le iour qu'à la fontaine
 I'ay veu ton flanc,
Tes deux plliers, qui ton corps maine,
En ton sein blanc,
Tousiours despuis, belle tousiours
I'ay eu tristesse,
I'en ay passé maints iours & nuicts
En longs ennuits.

Me tiendras-tu tousiours rigueur
Gaye bergere,

N'adou

N'a douciras[-tu] point ton cœur
En ma langueur.

Depuis le iour que suis en peine
Et en tourment,
Le feu brusle dedans mes veines
Incessamment,
Pour te porter trop d'amitié,
Gaye bergere,
Auras-tu point de moy pitié
En l'amitié?

  Me tiendras tu, &c.

Quand ie t'entens gaye brunette
Sous les ormeaux,
De moy-mesme ie me souhaitte
Au fond des eaux,
Car de ton deux chant gracieux
Gaye bergere,
Me rauis le cœur & les yeux
Iusques aux cieux.

  Me tiendras-tu, &c.

Helas! ie suis tout seul qui pleure
En dur tourment,
Ta cruauté veut que ie meure

     Iour

Chansons amoureuses.

Iournellement,
Ie voy les autres pastoureaux
Qui en grand ioye
Resonnent de leurs chalumeaux
Sous ses ormeaux.
  Me tiendras tu, &c.
 Si tu permettois ma brunette
Qu'en ce verd pré
Nous cueillissions la violette,
Te serois gré
 Pour me tenir le plus heureux,
En ma maistresse
Que tous les autres amoureux
Et langoureux.
  Me tiendras tu, &c.
 Retirons nous donc ma brunette
De la chaleur,
Approchons de ceste coudrette
Pour le meilleur,
Pour estaindre la grand'racur
Du feu qui brusle,
A mon pauure cœur le milleur
Par ta rigueur.

      Me

Me tiendras-tu, &c.
Si ie te tenois ma brunette
Aupres de moy
Dedans ma chambre bien secrette
Tout à recoy
Nous discourrions entre nous deux
Combien de peine
I'ay de ton regard rigoureux,
De tes beaux yeux.
Me tiendras-tu, &c.
Si tu oyois donc mon vaique
Sous les Ormeaux,
La douce sauuage musique
De ses oiseaux:
Qui desgorgent sur le Printemps
Combien de ioye
Les bergers d'emmi les champs
Que i'ayme tant.
Me tiendras tu, &c.
Allons nous en donc ma brunette
Toy seule & moy,
Viens donc apporte ta houlette
Allons suis moy,

Ie te donneray mon chappeau
Et ma musette,
Et vn aignelet le plus beau
De mon troupeau.
  Me tiendras-tu, &c.

  Or promets moy donc ma brunette
Ton amitié,
Ie te promets sur toute chose,
Que t'aymeray,
Ie te feray place auec moy
Dans ma logette,
Et si auras ie sçay bien quoy
Du tout à toy.
  Me tiendras-tu tousiours rigueur
Gaye bergere,
N'adouciras tu point ton cœur
En ma langueur.

  Air de Cour.

IL est vray ie le confesse,
Ie suis amoureux,
Mais ce bel œil qui me blesse,
Me rend si heureux,
Qu'au Dieux ie ne porte enuie,

Seruant sa beauté,
Qui tient mon ame asseruie
Et ma liberté.

 Son œil qui charme les ames,
De son traict vainqueur,
Brusle de si douces flames,
Mon ame & mon cœur,
Que les beautez plus aymables,
Qui sont sous les Cieux,
Ne sont point si agreables,
Comme elle à mes yeux.

 Si mon cœur prise la gloire,
D'estre en son pouuoir,
Elle cherist la victoire,
Qu'elle en pense auoir,
Si ie luy monstre les chaynes,
Dont ie suis lié,
Elle me conte ses peines,
Et son amitié.

 Le plus grand mal que ie sente,
Le plus grand tourment,
A mon amour violente,
C'est l'esloignement,

Si le Ciel nous deſaſſemble,
Seulement vn iour,
Ie meurs de deux maux enſemble,
D'abſence & d'amour.

Toute autre peine cruelle,
Qui me peut ſaiſir,
Souffrant pour choſe ſi belle,
Ne m'eſt que plaiſir,
I'auray touſiours dans mon ame,
Ce contentement,
Qu'amour d'vne meſme flame,
Nous va conſommant.

Air de Cour.

Coeur va toſt mon pauure cœur
Va toſt vers ceſte cruelle:
Et luy dis de qu'elle ardeur
Ie bruſle pour l'amour d'elle.

Di luy comme nuict & iour,
Abſent d'elle ie ſouſpire,
Di luy que pour ſon amour,
Ie n'ay que peine & martire.

Di luy comme ſans repos,
Eternellement ie pleure,

Di luy comme à tous propos,
Ie trespasse d'heure en heure.
 Mais entre tant de rigueurs,
Tant de peines, tant d'alarmes,
Tant de souspirs, tant d'ardeurs,
Tant de trespas, tant de larmes,
 Di luy que si quelquesfois,
Elle à de moy souuenance,
Ie suis encores mille fois,
Trop heureux en ceste absence.

Chanson amoureuse.

Allons ma follastre mignonne,
Sous l'espaisseur de ces bois verds
Sentirons l'herbe qui fleuronne
Et verrons son esmail diuers :
La nous ferons deux ou trois tours
Communiquant de nos amours,
Puis apres   Pres
De quelque fraische ombrelette
De Cypres,
Nous yrons cueillir l'herbette.
 Là nous reposerons mignarde
Tout le iour à nostre loisir,

Sans

Chanfons amoureufes. 317

Sans que perfonne prenne garde
A noftre defiré plaifir:
Là tu diras vne chanfon,
Et ie te refpondray au fon,
En chantant, Tant
Que les oifeaux par merueille
Efcoutant,
Nous viendrons prefter l'oreille.
  Là tu verras les Tourterelles
Pratiquer leurs ieux amoureux,
Et les mignardes colombelles
S'entrebaifer de deux à deux:
Là tu verras les paffereaux
Sauteler fur les arbriffeaux,
Dont le bruit Suit
Toute la foreft efpaiffe
Qui produit
En nos cœurs grand'allegreffe.
  Or nous voici ma chere amie
Voici le lieu tant defiré,
Ou nous auions fi grand enuie
De deuifer à noftre gré:
Ie te prie ne perdons temps
Aa 3

A nos plus gaillards passetemps:
Car le iour   Cour
Ou quelque ialoux de rage
En amour
Nous pourra porter dommage.
 Assieds toy donc ma mignonnette
Sur le touffeau de ce gason,
Ie m'assiray sur ceste herbette
Me penchant dessus ton giron:
Tu me diras tout ton souci
Ie te diray le mien aussi,
Et serons   Prompts
A nous aider dés ceste heure
Si voulons,
Que plaisir nous en demeure.
 Ie te prie doncques ne te bouge,
Si tu veux mon mal alleger,
Afin que sur ta leure rouge
Ie puisse cueillir vn baiser:
Ha ma mignonne ie me pers
Apres le miel de ces baisers,
Mon soulas   Las!
Vois-tu pas que ie trespasse
          Car

Car tu m'as
Osté le cœur de sa place.
 Ie n'auois plus d'espoir Madame,
De reuoir la clarté des Cieux,
Car tu m'auois desrobé l'ame
Auec ton baiser gracieux:
Si ay-ie encor pourtant desir
Vne autre fois de remourir,
Si ma mort   Sort
Du sucre doux de ta bouche
Qui m'endort,
Aussi tost que ie la touche.
 Baise moy donc & me rebaise
Car ce me sera fort grand heur.
Si durant le cours de tel aise
Entre tes mains ie rends mon cœur
Car aussi bien ne veux-ie pas
Le garder que pour tes esbats,
Mon cœur est   Prest
D'abandonner sa demeure
S'il te plaist,
Que sur ta bouche ie meure.
 Or c'est assez baisé follastre,

Mettons fin à nos passe-temps,
Demain nous reuiendrons esbatre
Pour rendre nos desirs contens:
Nostre plaisir redoublera
Qui d'vn tel heur nous comblera,
Que les Dieux　　　　　　Mieux,
Tous les Cieux ne fauorisent
Qu'en ces lieux
Cette nostre mignardise.

Air de Cour.

Amour n'est plus mon maistre,
Plus son sert ie ne suis,
Chacun peut bien cognoistre
Que c'est amour ie fuis,
Maintenant ne poursuis
Que d'aller droit aux Cieux,
Madame ie suis vieux.

Quand i'allois à la dance
Mon cœur alloit vollant,
Redoublant sa cadance
Sus vn pied fretillant:
Mais ce feu violant
M'a rabbatu tout court,

Madame ie suis sourd.

J'ay veu qu'à ces alarmes
I'estois de plus adroits,
Ie pouuois faire carmes
Pour le moins quatre ou trois
Maintenant ie ne vois
Qu'vn az à mon trictrac,
Madame ie suis flac.

Ie ne voulois qu'vn signe
Pour m'en aller tout droit,
Labourer dans la vigne
Comme amour commandoit:
Mais helas! que feroit
Vn ouurier sans fesson,
Madame ie suis sou.

Ie n'ay plus ceste haleine
Ni la viue couleur
Ne l'eau qui porte graine
Pour esteindre chaleur:
Ie n'ay rien de meilleur
Sinon le bout du bec,
Madame ie suis sec.

Ce seroit vn altere

Pour vn espoux trop doux,
Se rendre volontaire
A cause de mes coups,
Plus vous hasteriez vous
Plus i'yrois pas à pas,
Madame ie suis las.

 N'ayant rien dans mes veines
Ie recerche de pres,
Quelque douce fontaine
Pour me loger au fraiz :
Maintenant ie me fais
Appeller mal adroit,
Madame ie suis froid.

 Or ie vous dis Madame
Si vous estiez ainsi
Enflambé d'vne flamme
Qu'vn amoureux transi :
Si me parliez d'amour
Pour en auoir secours,
Tous mes membres sont sourds.

 Bref, ie vous dy Madame
Pour vous le faire court
Ie suis vn corps sans ame

N'ayant

Chanſons amoureuſes.

N'ayant ſauce ni gouſt:
Il n'y a plus de recours
Quant eſt du perroquet,
Madame c'eſt tout fait.

Semble l'anatomie
De quelque treſpaſſé,
Qu'on tire d'vne Egliſe
Où eſtoit enchaſſé:
Et comme vn vieux caſſé
Me retire & m'endors,
Cerchant droit ce cahos.

Chanſon.

Puis que ce vieillard bleſme
Sans vertu ni pouuoir,
N'a la force de meſme
A l'amoureux deuoir:
S'il vous plaiſt de m'auoir
Pour fidelle ſuiet,
Madame ie ſuis preſt.

Si la lourde vieilleſſe
Chancelle ſans vigueur,
L'appui de ma ieuneſſe
Eſt encore en ſa fleur:

S'il

S'il est glassé de peur
A ce gentil assaut,
Madame ie suis chaud.

Son addresse premiere
De picquer il n'a pas:
Mais pour donner carriere
Iamais ie ne suis las:
Soit pour aller au pas
Ou voltiger en rond,
Madame ie suis prompt.

Si le fol fait l'entree
Ie me puis asseurer,
Que la barbe gelloe
N'y peut rien esperer,
Donc pour y aspirer
Ne me fermez ce trou,
Madame ie suis fou.

Le vieillard est sans force
A l'amoureux effort,
Il n'a rien que l'escorce
Madame ie suis fort:
Il ressemble en son mort
Vne souche de bois,

Mada

Madame ie suis frais.
　Les seillons de sa face
Qui n'a plus rien de beau,
Semblant vne carcasse
Hautesse d'vn tombeau,
Il a flacqué la peau
Le chose mol & froid,
Madame ie l'ay droit.
　　Nature ne façonne
Rien qui soit occieux,
Deployez donc mignonne
Vostre oustil gratieux:
Car de ces plaisans ieux,
Le vieillard est retif
Madame ie suis vif.
　　Ne vueillez donc pretendre
De pouuoir allumer,
Vn feu de ceste cendre
Qui ne peut s'enflammer:
Mais s'il vous plaist d'aimer
Vn fidelle suiet,
Madame ie suis prest.

Air

Quand ie voy ce bel œil vainqueur,
Roy de mon cœur,
L'honneur de le voir seulement
Plain de victoire,
M'est vne gloire
A mon tourment.

Encor qu'on ne me voye pas,
Suyure ses pas,
Ce n'est pas que son amitié,
Soit effacee
De ma pensee,
N'y sa beauté.

Ce sont d'autres empeschemens,
D'aucuns amans,
Qui de mille fascheux discours,
M'ont retenué,
Ma chere veuë
Durant deux iours.

Non ie croy qu'elle fait mon bien:
Car ie voy bien,
Qu'elle à eu de mon amitié,
Et de ma vie,

Trop

Trop plus d'ennuye,
Que de pitié.
 Ne suis ie pas infortuné
De n'estre nay
Que pour l'aymer & l'estimer
Plus que moy mesme,
Quand ie ne m'ayme
Que pour l'aymer.
 Las ie sçay bien que ses beaux yeux
Flambeaux des Cieux,
Sçauent mieux blesser que guarir,
A mon domage,
L'aprentissage
M'en fait mourir.
 Mes yeux parlent assez pour moy
Quand ie la voy,
Mes desirs luy sont descouuers,
Et mon martyre
En est la lire,
L'air, & les vers.
 Ce qui force ma volonté,
C'est la beauté
Ce qui la rend belle tousiours.

Sans artifice,
C'est mon seruice,
Et mes amours.
　　Ie suis a elle, & si n'ay rien
Qui ne soit sien
A son immortelle beauté,
Ie sacrifie
Auec ma vie,
Ma liberté.

Air de Cour.

BErgere ton bel œil vainqueur,
Roy de mon cœur,
　　A fait en fin que mon vouloir,
Est de te suyure,
Et ne plus viure
Que sous ta loy.
　　Ie t'ayme trop plus que mes yeux,
Car c'est mon mieux,
C'est tout mon bien tout mon plaisir
Toute ma flame,
Toute mon ame,
Tout mon desir.
　　Le premier iour que ie te vey

Ie fus

Je fus raui
De la grand beauté de tes yeux,
De ton corsage,
Et ton visage
Tant gracieux.
    Deslors esperdu ie me sens,
Et plus ne prens
Plaisir a rien qu'à te seruir
Ta belle face,
Et bonne grace
Me font mourir.
    Ta bouche est bordee de satin
De rouge teinct,
Qui semble vn bouton vermeillet
Ou quelque rose
Vn peu declose.
Ou quelque œillet.
    O Cupidon Dieu des amans
Qui vont fuyant,
Tes commandemens & desirs,
Fais qu'en liesse
De ma maistresse,
Puisse ouyr.

La fleur ou l'eslite des
Air de Cour.

QVe faites vous Bergere
Seullette en se parquet,
Ie cueils la violette,
Pour y faire vn bouquet,
Gentille Pastourelle
Pour qui la cueillez vous,
Pour mon amant fidalle:
Que i'aime par sus tous.

   S'il vous plaist de me dire,
Là où est vostre amant,
S'il est vray qu'il vous ayme,
Ie l'aymeray autant,
Gentille Pastourelle
Est-il point icy pres,
il dort sus la fougere
A l'ombre d'vn Cypres.

   Cependant qu'il repose
Faites moy vn plaisir,
De me dire la chose
Dont vous auez desir,
Ce que ie vous demande
De l'amoureux merci,

Mon

Mon honneur te commande
D'auoir de luy souci.

Que tout amant fidelle,
Aime parfaitement,
Non suiect à cautelle,
Ou subit changement,
Car s'il change d'amie:
Elle change d'ami,
De changer est folie,
Cerchez ailleurs parti.

De vostre honneur mignonne,
Ie le garderay bien,
Si ie vous l'abandonne
Ie n'y auray plus rien,
Or laissons ce langage,
Et ce fascheux discours;
Ie ne suis si vollage
A changer mes amours.

Ma treschere maistresse,
Ie n'aime autre que vous,
Ie ne me soucis guere
D'vn tel amant que vous:
Vous estes donc cruelle,

Et sans nulle pitié,
Non, non ie suis fidelle
En parfaite amitié.
　Las ie suis tout en flame
Vueillez moy secourir,
Cerchez vne autre Dame
Qui vous vueille seruir,
Faut-il que ie trespasse
Faute d'vne faueur,
I'ayme mieux que ce face
Que perdre mon honneur,
　Ma treschere maistresse
Aymez moy de bon cœur
Cerchez ailleurs Deesse
Car i'ay vn seruiteur
D'vne amoureuse rage,
Mouray-ie à ceste fois,
C'est trop tins ce langage
Adieu car ie m'en vois,
　Monsieur ie vous supplie
Soyez fidelle amant,
A la parfaite amie,
Qu'aymez si loyaument,

Soyez

Soyez en asseurance,
Que si vous la trompez,
Quelque iour sans doutance,
D'elle trompé serez.

Air de Cour.

ON dit qu'en ce monde
Il n'y a plus grand plaisir
Que d'embrasser l'homme,
Pour contenter son desir,
Quand ce vient l'heure & le temps
Que les parties sont contens.,
 Tous nuds en chemises
Nous nous couchons ioliment,
Et du lict aux prises,
Puis de là l'attouchement,
Du toucher vient le desir,
Et du iouyr le plaisir.
 Puis en telle sorte
Il se presente vn combat,
Ie deffends la porte,
Et le Cheualier m'abat
Si d'extrement par trois fois

Que i'en ay pour mes neuf mois.
   Au ioli vmbrage
De Lauriers, & de Cyprez,
Le long du riuage
Nous nous ioignons de si pres
Que l'ardeur & la chaleur
Nous fait affoiblir le cœur.
   Ce n'est qu'vne ruse
De ce faire tant valoir,
Plus on le refuse
Plus on le desire auoir,
Il faut vn peu contester
Auant que de prester.
   Sus l'herbe fleurie
Nous prenons ainsi le soing,
Dedans la Prairie
D'y fouler ainsi le foing
Tant que recreus, & tous las
Nous endormons sur le ras.
   Quand vient la nuictee,
Mon ami gaillardement
Estant ià couchee
M'embrasse ioyeusement,

Chanſons amoureuſes. 375

En bon point c'eſt aduancé
Et ne luy ay refuſé.
 Eſtant ſus la terre
De la couche il eſt tombé,
Ie me tiens en ſerre:
Mais bien toſt s'eſt reuelé:
Lors ie me prins à chanter,
Et luy de me carreſſer.
 Rien tant ne contente
Que ſe voir au lict couché,
Auprés ſon amante
Pour preuue de l'amitié,
Ce n'eſt que pour paſſe-temps
Quand les parties ſont conſens.
 Et vous trouppe ſainte
Qui entendez la leçon,
Follaſtrez ſans crainte,
Auec quelque bon garçon,
Que chacun prenne le ſien
Ainſi comme i'ay le mien.
 Ie ſçay bien qu'en ſomme
Ie puis prendre mon plaiſir,
I'ayme vn Gentil-homme

Bb 4

Qui ne manque à mon desir,
Aussi tost comme il me plaist,
A l'instant le voila prest.

Air de Cour.

IE n'aimeray iamais en vain:
Car c'est vne pure folie
Aimer du iour au l'endemain,
C'est ce qui contente ma vie,
    Ma foy me voilla me voicy,
    I'aime fort à faire cecy,
    Ma foy me voicy, me voila,
    I'aime fort à faire cela.
Ie suis tour la de souspirer,
Ie trouue vaine ma complainte,
Et ne me plaist plus d'endurer
La peine qu'on estime fainte:
    Ma foy me voila, &c.
    Tant plus ie m'arreste en vn lieu,
Et moins i'en tire d'asseurance,
C'est trop suiui l'aisle d'vn Dieu,
Si le fruict ne suit l'esperance:
    Ma foy me voila, &c.
    Les vns aiment l'honnesteté,

Chansons amoureuses.

La voix, la douceur, & la grace,
Et chacun aime la beauté:
Mais ce n'est rien si l'on n'embrasse:
 Ma foy me voila, me voicy,
 Il n'est rien plus doux que cecy,
 Ma foy me voicy, me voila.
 Il n'est rien plus doux que cela.

Air de Cour.

Esprits qui souspirez tant d'amoureuses plaintes
Qui me nommez cruelle, & cruels vos malheurs
Toutes vos passions veritables ou faintes
Rendurcissent ma glace au feu de vos chaleurs.

Vous parlez aux rochers, vous paignez dessus l'onde,
Vous embrassez les vens trompeurs de vos desirs,
L'on ne verra iamais d'vne flamme seconde
R'allumer ma ieunesse aux feux de vos souspirs.

Si ie fus quelquefois du traict d'amour attainte,
La flesche en fut si belle, & l'arc aussi parfaict,
Qu'aussi tost que la parque en eust la cause esteinte
Ie fis priere aux Dieux d'en esteindre l'effect.

Nos desirs enlacez dans vn mesme cordage,
Nos esprits allumez d'vn celeste flambeau,
Et nos chastes amours ne firent qu'vn voyage,
Renfermez par la mort dans vn mesme tombeau.

De la mort de mon bien naquit vostre esperance,
Mais ce n'aistre pour elle est vn mourir pour vous;

Car ie ne puis aymer l'espoir qui prend naissance
De la perte d'vn bien dont l'heur me fut si doux.

Vous aimez ie le croy, mais vostre amour extreme
Regarde plus à soy qu'à mon contentement,
Vous faite mon vouloir pour l'amour de vous mesme,
Et pour me contenter vous me donnez tourment.

Ia vois vous n'estes point desireux de vostre aise,
Vous estes poursuiuant de vostre desplaisir:
Car vous n'aurez iamais d'attente qui vous plaise,
Ni d'effect qui ne soit contre vostre desir.

Ne parlez plus d'amour, ie n'é suis point capable,
I'ay perdu le desir propre à le receuoir,
Il a suyui l'obiect qui seul m'estoit aimable,
Et quant il reuiendra, ie ne le veux plus voir.

Air de Cour.

I'Eusse bien voulu traicter
L'amour auec Isabelle:
Mais ie craignois de verser
L'argent de mon escarcelle:
  Aussi dit-on que le coust
  Fait souuent perdre le goust.
Ie luy composois des vers
Faignant de mourir pour elle,
Mais pour tomber à l'enuers
Elle haussoit mon escarcelle:
    Aussi

Aussi dit-on que le coust
  Fait souuent perdre le goust.
Ie portois jà ses couleurs
Comme seruiteur fidelle,
Luy descouurant mes douleurs
Ie fermois mon escarcele:
  Aussi dit-on que le coust
  Fait souuent perdre le goust.
Ie baisotois ses cheueux,
Son fronc, sa bouche tant belle:
Mais j'auois tousiours mes yeux
Fichez sur mon escarselle:
  Aussi dit-on, &c.
Ie luy manioys son sain,
Sa douce enfleure iumelle,
Ie n'y mettois qu'vne main
L'autre sus mon escarcelle:
  Aussi dit-on, &c.
Ie la quittay sur ma foy
Sans m'y rompre la ceruelle,
I'eusse empli ie ne sçay quoy
Pour vuider mon escarcelle:
  Aussi dit-on que le coust

Fait

La fleur ou l'eslite des
Fait souuent perdre le goust.
Air de Cour.

Vollez petit archer
Droit à ma Dame,
Remonstrez luy tousiours
Quelle est ma flame,
Et que sans elle suis   bis
Vn corps sans ame.

Vollez dessus ces yeux
Trop mignarde,
En passant par ces fleurs
Donnez vous garde,
De brusler aux rayons   bis
De son œillade.

Vollez dessus son front,
Dessus ces roses,
Qui sur ces leures sont
Tousiours encloses,
Onc iamais on ne vid   bis
Plus belle chose.

Pour sortir du tourment
De ces flammesches,
En passant vistement
                                Tirez

Tirez vos fleches,
Au profond de son cœur bis.
Pour faire bresche.
  Si vous faites cela
Sans qu'on murmure,
I'espere que sera
Mon seul demeure:
Car ie le veux tenir bis.
Tant que ie meure.
  Ne descens plus aual
Au cœur de grace,
Et garde qu'vn riual
N'y prenne place,
Et qu'vn nouueau pourtrait bis.
Le mien ne face.
  Vous estes vn enfant
D'vn franc courage,
Vous traictez la dedans
Vn cœur vollage,
Vous vous laissez gaster bis.
Vostre visage.
  Deffendez brauement
Vostre demeure.

De

De mon cœur procedant
Ie dis à l'heure,
Que ie vous seruiray   bis
Tant que ie meure.
　　En fin en la baisant
Chacun dit d'elle,
Que ie suis son seruant,
Et que pour elle
Ie ne vis qu'en langueur,   bis
Par trop cruelle.
　　Tu aspire trop tost
A ceste affaire,
Ce ne vient à propos
D'y satisfaire,
Aux esprits trop boüillans   bis
Rien ne prospere.
　　I'ay bien le bon vouloir
De t'y complaire,
Mais ie n'ay le pouuoir
Pour cest affaire,
Le temps n'est pas perdu   bis
Que l'on differe.
　　Si ie fauorisois

Chansons amoureuses. 383

Ton entreprinse,
Ie croy que tu m'aurois
Bien tost surprise,
Ce que l'on a sans peine   bis
On le mesprise.
    Tu n'auras pas de moy
Ce que tu pense:
Si ie ne vois en toy
De la constance,
Amour se doit gaigner   bis
Par patience.
    Si tu voulois m'amour
Ores m'entendre,
I'espererois vn iour
Content te rendre,
Tout vient assez à temps   bis
Qui peut attendre.
    Amour qui pert les yeux
Enuers Madame,
Remonstrez luy tousiours
Qu'elle est ma flame,
Et que sans elle suis
Vn corps sans ame,
                         Et

Et que sans elle suis
Vn corps sans ame.

Air de Cour.

IE ne veux plus suiure
Vn cœur si peu arresté
Ie ne veux plus viure
Auec tant de cruauté,
Celle qui ne peut aimer
Ne me sçauroit enflammer.

Ie vous ay aimée,
Mais c'est trop fidellement:
Mon ame charmee
M'en fait hayr le tourment,
C'est pourquoy ie ne veux plus
Vous suiure auec tant d'abus.

Vos promesses saintes
Ce sont perduës au vent,
Ce sont de vos faintes,
Vous en vsez trop souuent,
Ie suis le premier trompé,
Vn autre y est attrappé.

Si plus i'y retourne
Plus i'espreuue la rigueur

Que l'amour me donne
Tant de traicts dedans mon cœur.
I'apprendray la cruauté
A me mettre en liberté.
　Pour tenir mon ame
Il faut aimer autrement,
I'ay veu voſtre flame,
Et ne ſuis plus voſtre amant:
Si elle m'a ſçeu lier,
Elle m'a ſçeu deſlier.
　Ceſte aſpre pointure
S'eſt piquer à tout iamais,
La peine eſt trop dure
Pour la porter deſormais,
Ses liens se ſont rompus,
Ie vous prie n'en parlons plus.

Air de Cour.

DOrmant i'ay quelque fois ſongé
Qu'é mouſche i'eſtois eſchangé,
Et que ie volletrois ſans ceſſe
Sà & là deſſus les habits.
Baiſant & rebaiſant les plis
De la robbe de ma maiſtreſſe.

Ie m'essorois parmi son sain
De beaux lys & de roses plain,
Et puis d'vne brusque vollee
En estendant mes aislerons
I'allois sur les cheueux si blonds
Percher mon ame desolee.

Apres ie vins à ses beaux yeux,
Raui de contempler mon mieux,
Quant elle d'vne viue flame
Brusla mes aisles de son feu,
Et depuis l'heure ie n'ay peu
Reuoler aux cœur de Madame.

Lors aux pieds elle me foula,
Et i'entendis qu'elle parla,
Ces mots espris d'vne colere,
Qui à mes yeux ose voler
Il y doit ses aisles brusler,
Et mourir comme temeraire.

Air de Cour.

I'Ayme en ce village
Vn ioli Berger,
Il n'est point vollage
N'y son cœur leger, gay,

Quoy

Quoy que l'on m'en die
Seray son amie.

 Il est aggreable
Et de bonne façon,
Encor plus aimable
Qu'il n'est beau garçon, gay,
Quoy que l'on m'en die
Seray son amie.

 L'amour & la flame,
Qui brusle son cœur,
Embraze mon ame
De pareille ardeur, gay,
Quoy que l'on m'en die
Seray son amie.

 Ceux-là qui d'enuie
Me le vont blasmant,
N'auront en leur vie,
Si fidelle Amant, gay,
Quoy que l'on m'en die,
Seray son amie.

 Ie sçay qu'il n'adore
Que moy seulement,
Et moy qui l'honore,

Aussi constamment, gay,
Quoy que l'on m'en die,
Seray son amye.

 Ie sçay bien qu'il n'ayme
Que moy sous les cieux
D'vne amour extresme
Qui est dans ces yeux, gay,
Quoy que l'on m'en die.
Seray son amie.

 Si en ma presence
Quelque autre il cherit
Ce n'est qu'apparence,
Le cœur me l'a dit, gay,
Quoy que l'on m'en die
Seray son amie.

Quoy que l'on le prie
De quelque autre aimer,
Iamais en sa vie
Ne voudra changer, gay,
Quoy que l'on m'en die
Seray son amie.

 Ie suis asseuree
De sa loyauté,

Il me la iuree
C'est la verité, gay,
Quoy que l'on m'en die
Seray son amie.

 Et quant il souspire
Ie me fons en pleurs
Il plaint mon martire
Ie plains ses douleurs, gay
Quoy que l'on m'en die,
Seray son amie.

 Las! ie ne puis viure
Si ie ne le voy,
Mon cœur pour le suiure
S'absente de moy, gay,
Quoy que l'on m'en die
Seray son amie.

 En parle qui voudra
Iamais ie n'auray,
Seruant plus l'oyal,
Plustost ie mourray, gay,
Quoy que l'on m'en die
Seray son amie.

 Viens donc mon ami,

Approche de moy
Passe ton ennuy,
Il ne tien qu'à toy, gay,
Quoy que l'on m'en die
Seray son amie.

Air de Cour.

Mon cœur & ma vie,
Ie suis bien tenu,
A ta courtoisie,
Me voila venu, gay,
  Sans peine & destresse
  Passons nostre ieunesse.
Le dieu Cupidon
M'a frappé au cœur,
Et de son brandon
Me rend en chaleur, gay,
  En ioye & liesse
  Passons nostre ieunesse.
Cà ma douce amie
Voyons ses tetons,
Ceste chair polie,
Ces rouges boutons, gay,
  En ioye & liesse

Passons

Chansons amoureuses.

Passons nostre ieunesse.
Allons ma Guerriere
Pres de ce buisson,
Vous direz Bergere
Vn mot de chanson, gay,
 En ioye & liesse
  Passons nostre ieunesse.
Sà que ie te baise
Encore vne fois,
Vien doncques mon aise
Aupres de ce bois, gay.
 En ioye & liesse, &c.
Voy-tu le fueillage
De ce beau Cypres.
Allons à l'ombrage
Pour chercher le frais gay.
 En ioye & liesse
  Passons nostre ieunesse.
Sus donc ma mignonne,
Sus embrasse moy,
Ie suis la personne
Qui est tout à toy gay.
 En ioye & liesse

Passons nostre ieunesse.
I' est ià haute heure,
Sus retirons nous
En nostre demeure,
Gardans nos amours gay,
En ioye & liesse
Passons nostre ieunesse.

Air de Cour.

Viue le gris ma couleur fauorite,
Puis qu'elle plaist à ma belle Carite
A celle dóc les beaux yeux m'ót surpris,
　　Viue le gris, &c.
Beau gris signat de mó plaisát martire
Et du traual pour lequel ie souspire,
Sur les couleurs ie luy donne le pris.
　　Viue le gris, &c.
Cóme au soldat vne playe hónorable
Sert de tesmoin de sa valeur notable,
Et du trauail qu'à la guerre il a pris.
　　Viue le gris, &c.　　　(donne
Le gris n'est point de ses couleurs qu'ó
Pour vestement à la sotte personne,
Le Roy souuent en porte à ses habits,
　　　　　　　Viue

Chansons amoureuses.

Viue le gris, &c. (aisles
Amour au moins en doit peindre ses
Car le trauail de ses peines cruelles,
Il fait sentir à ses plus fauoris,
  Viue le gris, &c.
  A ce gris donc ie fais vne requeste,
C'est que iamais ne soit veu en ma teste
Ie l'aime bien, mais c'est à mes habis,
  Viue le gris, &c.

Air de Cour.

IE trouuay la belle vn iour
Celle pour qui ie souspire,
Lors ie la requis d'amour
Et de ce que l'on desire,
Cela s'entend sans le dire.
 Elle destourna ses yeux,
Ses beaux yeux que tant i'admire,
Et d'vn soufris gracieux
Dit ie croy que voulez rire,
Cela s'entend sans le dire.
 Non fay belle sur ma foy
Ie vous compte mon martire:
Ie vous supplie faites moy
     Cc 5

Iouyr du bien où i'aspire,
Cela s'entend sans le dire.
 Le bien que ie veux de vous
C'est vn bien qui tout attire:
Si delectable, & si doux
Que tout amant le desire,
Cela s'entend sans le dire.
 Et alors ie m'approchay
De sa gorge de Porphire,
Et le gason ie touchay
Ou amour tient son empire,
Cela s'entend sans le dire.
 Lors ie prins tout à loisir,
Les faueurs qu'amour inspire,
Dont i'eus autant de plaisir,
Que i'auois eu de martire,
Cela s'entend sans le dire.

Air de Cour.

Viue Dames d'esprits
 Qui font maint seruiteur,
Qui n'estime le prix
De ce friuolle honneur,
A qui en veux-ie gay,

Gay

Chansons amoureuses.

Gay au bont de l'œsteur.

Durant que Mars enflamme,
En France sa rigueur,
I'ay eu de maint gendarme
Esprouué la valeur,
A qui en veux-ie gay,
Gay au bont de l'œsteur.

Et combien qu'en courant
Leur pistollet faulceur,
Iamais à mon deuant,
N'ont donné de tremeur,
A qui en veux-ie gay,
Gay au bont de l'œsteur.

Point ie ne m'esbahis
Si Mars le Dieu vainqueur
Fut pris auec Cypris
Dans la rethz du forgeur,
A qui en veux-ie gay,
Gay au bont de l'œsteur.

Tereites & Vlcan
Ont eu place en mon cœur,
Oncques n'en refusé,
Aucun pour sa laideur,

A qui

A qui en veux-ie gay,
Gay au bont de l'œsteur.
 I'ay floré defloré,
Sous Priape la fleur,
De maint ieune auollé,
Tant royal que ligueur,
A qui en veux ie-gay,
Gay au bont de l'œsteur.
 Ie t'adore Priape
En ta rubi condeur,
De mon amour s'atrape,
Tu es l'agriculteur,
A qui en veux-ie gay,
Gay au bont de l'œsteur.
 Vous ô mes terriens,
Airez en doux labeur,
Venez mes cypriens,
Ie tiens public ouureur,
A qui en veux-ie gay,
Gay an bont de l'œsteur.
 Acourez Cheualiers
D'vne grande roideur
Secourir me venez

Con

Chansons amoureuses. 397

Contre ce Dieu vainqueur,
A qui en veux-ie gay,
Gay au bont de l'œsteur.

   C'est archer Cupidon
M'a r'assiegé le cœur,
Et faut que tout de bon
l'aye vn vray combateur,
A qui en veux-ie gay,
Gay au bon de l'œsteur.

   Il m'en faut vn qui ait
De ieunesse la fleur,
Pour payer le souhait
A ce tres-grand Seigneur,
A qui en veux-ie gay,
Gay au bont de l'œsteur.

   Qui porte neufue lance
En somptueux honneur,
Auec les balances
De moyenne grosseur,
A qui en veux-ie gay,
Gay au bont de l'œsteur.

   Qu'il vienne sans doutance
D'vne grande fureur,

Sept ou huict coups de lance
Me donner de roideur,
A qui en veux-ie gay,
Gay au bont de l'œsteur.

　　Deffule l'ornement
De sa lance en honneur,
Saluant humblement
Ma richesse & grandeur,
A qui en veux-ie gay,
Gay au bont de l'œsteur.

　　Lors pour de Cupidon
Appaiser la fureur,
Luy donne pour rançon
Du miel de douceur,
A qui en veux-ie gay,
Gay au bont de l'œsteur.

　　Puisse-ie vser ma vie
En tel heur & douceur,
Tousiours en compagnie
D'vn loyal seruiteur,
A qui en veux-ie gay,
Gay au bont de l'œsteur.

Air

Air de Cour.

AMour qui sçais qu'elle est ma foy
Et qui sçais qu'elle est ma mai-
Va t'en ie te supplie pour moy, (stresse,
Luy dire vn mot de ma destresse.

Baise luy les mains de ma part,
Et si elle fait la farrouche,
Va t'en la trouuer à l'escart
Et pour moy baise luy la bouche.

Conte luy comme nuict & iour
Ie ne faits que penser en elle,
Et à establir nostre amour
Afin de la rendre immortelle,

Dits luy que d'elle estant absent
Ie trouue vne seulle iournee,
Pour la rigueur que mon cœur sent
Plus longue deux fois qu'vne annee.

Et amour si tu la vois,
Qu'elle n'eust desir de m'atendre,
Prens moy vn traict de ton carquois
Et luy fais mon amour entendre.

Fais ie te supplie sentir,
Combien la personne est blasmee:
Qui

Qui est retifue à consentir.
D'aymer alors qu'elle est aimée.
Grave dans son cœur aussi bien
 ...om & ma flamme divine,
 ...me tu as gravé le sien
u plus profond de ma poictrine.

Air de Cour.

REsueillez-vous belle Catin.
Et allons cueillir ce matin
La rose que pour mon amour.
Vous me promistes l'autre iour.
　　Viue l'amour, viue ses feux,
　C'est mourir que viure sans eux.
Pastoureau ie vous ayme bien,
Mais pourtant ie n'en feray rien,
Car on dit qu'en cueillant la fleur
Le rosier perdroit sa saueur.
　　Viue l'amour, &c.
Ouy bien qui la voudroit rauir
Et l'emporter pour s'en seruir,
Mais belle mon contentement
C'est de vous baiser seulement.
　　Viue l'amour, &c.

l'ay

J'ay peur que sous ceste raison
Tu caches quelque trahison,
Car auiourd'huy tous les bergers
Sont menteurs, trompeurs, ou legers,
    Viue l'amour, &c.

    Ie iureray par vos beaux yeux,
Et par le pouuoir de nos Dieux
De iamais rien ne souhaitter,
Qui ne vous puisse contenter.
    Viue l'amour, &c.

    C'est trop longuement marchander
Ce qu'on ne doit point demander,
Ie dis que de tous ces esbats
Pastoureau vous ne l'aurez pas.
    Viue l'amour, viue ses feux,
    C'est mourir que viure sans eux.

Air de Cour.

IE suis prisonnier arresté
D'vn beau subiet qui m'a sçeu prendre
S'il me donnoit ma liberté,
Ma foy ie la luy voudroy rendre.

    Ces yeux me plaisent bien si fort
Que i'en trouue doux le martire,

Bref s'ils m'auoient iuré ma mort,
Ie ne les voudroy pas desdire.

Ceux-là qui disent sans raison
Poussez d'vn erreur ancienne,
Qu'il n'est point de belle prison
Ils ne virent iamais la mienne.

C'est vne prison de douceur
Il n'y a tourment ny supplice,
C'est vne prison sans rigueur,
C'est vn Paradis de delice.

Quel plaisir auroit vn amant
Iouyssant de chose tant belle,
Puis que i'ay du contentement
Au mal que i'endure pour elle.

Il n'est plaisir égal au mien
Ie ne voudroy pas estre libre,
Mon seruage est mon plus grand bien
Sans ma prison ie ne puis viure.

Belle prison où se repaist
La beauté de mon ennemie,
Las! vous pouuez quant il vous plaist
Me donner la mort ou la vie.

Chan

Chanson.

Vluray-ie touſiours en triſteſſe
N'auray-ie iamais reconfort,
As-tu point pitié ma maiſtreſſe
De moy qui ſuis à demy mort
Ie croy que non par cruauté,
De rigueur ie ſeray traité.

Tant plus ie faits ma doleance
De ce que ie ne iouys point
Elle me dit prens patience
Vn iour viendra du tout a point
Alors me preſente vn baiſer
Penſant de cela m'appaiſer.

Mon Dieu le baiſer d'vne Dame
Me pourroit-il mon mal guerir:
Non pluſtoſt augmenter ma flamme
C'eſt bien pour me faire mourir:
Mais ie ne ſçay comme il m'en prend
De trop aimer ie m'en repens.

En loyauté ie t'ay aimee
Penſant par là gaigner ton cœur,
Mais oncques en iour de ta vie
Ne m'as vſé que de rigueur,

Dd 2

Tu iouyssois de tes amours
Tu n'en iouyras pas tousiours.

 Or cerchez qui vous entretienne
D'oresnauant plus à loysir,
Celle qui voudra estre mienne
Me donnera plus de plaisir,
Ie ne veux plus l'amour des yeux
Sans esperance d'auoir mieux.

 Et a toy rude geoliere
Qui tiens mon cœur en ta prison
Tu le detiens cruelle & fiere
Sans que luy donnes guerison:
Mais puis que nul bien ie ny voy
Ie ne veux plus estre qu'à moy,

 Si ie l'eusse recognuë telle
Ie n'eusse voulu m'y fier
Car vn'ame si infidelle,
N'eust eu pouuoir de m'attirer,
Et si n'en fusse pas ainsi
Comme ie suis pasle & transi.

 Pauures amoureux prenez exemple
Et ma passion regardez,
Cruauté sous mon mal contemple,

De

Chansons amoureuses. 405

De trop aymer vous en gardez.
Vous voyez donc comme il m'en prēd
De trop aimer ie m'en repens.

 Tous compagnons de ceste ville
Prenez en moy compaſſion
N'aimez pas tant les ieunes filles
Qu'il ne vous iouënt d'abuſion
Pource que ie m'y ſuis fié
Ie ne m'en ſuis pas bien trouué.

Air de Cour.

PVis qu'au lieu de la douceur
 Mille morts en l'ame
I'eſprouue par la rigueur
D'vne ingratte Dame
Or ſus doncques Dieu d'amours
Donne moy quelque ſecours.

 Celle en qui i'ay mis ma foy
Mon ſang & ma vie
Ores d'vn autre que moy
Veut eſtre ſeruie
Or ſus doncques Dieu d'amours
Donne moy quelque ſecours.

 Elle eſt laſſe de m'aimer

Dd 3

Pour vn peu d'abfence
Le vent efmeu fur la mer
N'a tant d'inconftance
Or fus doncques Dieu d'amours
Donne moy quelque fecours.

Vn amy ne luy fuffit
Pour fa foif ardante
Vn beau iour trois elle en fit
Pour eftre contente
Or fus doncques Dieu d'amours
Donne moy quelque fecours.

Si i'eſſaye à m'approcher
D'elle c'eft fans doute
Qu'elle reſſemble au rocher
Qui point ne m'efcoute
Or fus doncques Dieu d'amours
Donne moy quelque fecours.

C'eft fon œil qui ma deçeu
Et fon cœur farrouche
Dans lequel elle a conçeu
L'ennuy qui me touche
Or fus doncques Dieu d'amours
Donne moy quelque fecours.

Chansons amoureuses. 407

Au moins tant qu'elle viura
Pour me venger d'elle
Sur son front le nom aura
D'ingratte & cruelle
Or sus doncques Dieu d'amours
Donne moy quelque secours.

Air de Cour.

EStendu parmi les fleurs
Que i'arrouse de mes pleurs,
Ie m'escrie & me lamente
Sur le suiet d'vne Amante.

Ie fais naistre des Zephirs
De mes amoureux souspirs,
Et le feu qui m'enuironne
Brusle l'herbe qui fleuronne.

Ha que ie porte de traicts,
Que ie souffre de regrets,
Et que la mort endormie
Se monstre peu mon amie.

Ie l'inuoque tous les iours
Car en ce penible cours
Où la fortune m'eslance
La mort est mon esperance.

Mort mon vnique repos,
Mort que ie porte à mes os:
Chere mort que ie desire
Pour le feu que ie souspire.
    Le temps mesnagers des ans,
Fidelle ami des Amans,
Peut adoucir le courage
D'vne amante si sauuage.
    Mais helas! il est trop tard,
Car desia mon ame part
De son escorce mondaine
Pour mettre fin à ma peine.

Air de Cour.

TAnt plus l'Amant est heureux
    Durant la presence
Tant plus se rend langoureux,
Par trop longue absence.
    Cupidon petit archer
    Tu vends ton plaisir trop cher.
    Aussi tost que ie suis loing
Des yeux de la belle
Mon cœur est pressé de soing,
Pour tourner vers elle.

Cu

Cupidon, petit, &c.
Comme l'on voit se nourrir,
Au feu la Salmande
Aussi puis-ie sans mourir
Souffrir ardeur grande.
　　Cupidon petit, &c.
Allez donc petits enfans
Cercher vostre frere,
Car ces traits sont triomphans
Cypris & sa mere.
　　Cupidon petit, &c.
Ceux là qui estant absens
Oublient leurs maistresses,
Doyvent souffrir en tout temps
Douleur & tristesse.
　　Cupidon petit, &c.
Vne trouppe d'enfançons
En voyant ma peine,
Me plaignoient par leurs chansons
D'amour toute pleine.
　　Cupidon petit archer,
　　Tu vens ton plaisir trop cher.
Dd 5

LE pauure amour est descouuert
Ie luy vay bien chanter sa vie
Il ne me prendra plus sans verd,
Fy de l'amour ie le deffie.
  Fy, fi, fi, de l'amour
    Qui nous tourméte nuict & iour.
  C'est vn trompeur, vn affronteur,
Dont les ruses sont les conquestes,
Et son artifice enchanteur
C'est de changer les Dieux en bestes.
  Fi, fi, fi, de l'amour, &c.
  Sa mine est faite pour piper
Et son Esprit fait pour sa mine,
Il ne peut viure sans tromper,
Et ne peut tromper sans sa ruyne.
  Fi, fi, fi, de l'amour, &c.
  Il prend naissance en deçeuant
C'est vn naturel de vipere,
Que nostre ame va conçeuant,
Et puis qu'il fait mourir sa mere.
  Fi, fi, fi, de l'amour, &c.
  Il trahit tousiours la raison

Quand elle se plaist à l'entendre,
Il met le feu dans la maison,
Et puis se loge sous la cendre.
    Fi, fi, fi, de l'amour, &c.
Il l'allume, & desteint apres,
Et d'vne humeur tousiours contraire
Fait tousiours contraire traicts.
En fin tousiours c'est mal nous faire.
    Fi, fi, fi, de l'amour, &c.
Le plus doux de sa cruauté
C'est que bien tost elle est finie,
Puis que la plus longue beauté
N'est qu'vne courte tyrannie.
    Fi, fi, fi, de l'amour
      Qui nous tourmente nuict & iour.

Air de Cour.

LAs! ma mere ie ne puis
Paracheuer ma fusee,
Tant esperduë ie suis
D'vn doux baiser abusee.
  Alors que ie veux saisir
Ma quenoüille & mon ouurage,
Il me vient vn souuenir

Qui m'en ostè le courage.
  I'ay veu que ie n'auois soing
Que des banquets & des dances,
Maintenant ie suis bien loing
De toutes ces resiouyssances.
  I'ay veu que i'allois cercher
Les compagnies pour rire
Maintenant pour me cacher
Seullette ie me retire.
  Ceux qui me voyent ainsi
Pensiuement langoureuse
Disent que i'ay du soucy
Et que ie suis amoureuse.
  Ie ne sçay que c'est d'amour
Ni de quel bois il se chauffe
Mais ie sens bien nuict & iour
Vn petit feu qui m'eschauffe.
  Ie sens aussi mon teton
S'enfler plus gros que de coustume
Qui enflamme mon bouton
Comme pour faire empostume.
  Et plus bas dont ie me deux
En vn lieu bien fort estrange

Me

Chansons amoureuses.

Me n'aist vn bort de cheueux
Qui sans cesse me demange.
  Qui pis est depuis trois mois
Ma pris vn mal sous la banche
Qui m'a desia par trois fois
Souillé ma chemise blanche.
  Ma mere sçauez vous point
Vous qui auez la cognoissance
Quel est le mal qui m'espoint
Et d'où il prend sa n'aissance.
  Il est vray qu'vn de ses tours
Comme i'estois en mal-aise,
Vn ieune enfant fist maints tours
Pour me voir parmy la presse.
  Ie le vy mais ie n'eu pas
Dans l'Eglise assez d'audace
Pour prendre esgard à ses pas
Et le regarder en face.
  Depuis ie l'ay veu passer
Cent fois pour me recognoistre
Et à toute heure hausser
La veuë à nostre fenestre.
  L'autre iour ie l'apperçeu

Com

Comme il trauersoit la ruë
Vn œillade i'en receu
Qui m'a depuis tout' esmeuë.
　Las ! ma mere il est si beau
Il a l'œil si debonnaire
Et luysant comme vn flambeau
Où comme vne estoille claire.
　Son maintien est si accort
Si gracieuse est sa face
Il à le geste & le port
Encor de meilleure grace.
　Si souffrez plus longuement
Que sans le voir ie demeure
Ie croy que finablement
Il conuiendra que ie meure.
　　　　　Chanson.

LE celeste flambeau
Des astres le plus beau
Tournant en double cours,
Et ordinaire,
Ne fait point tant de tours
Qu'on m'en fait faire.
　L'ample mer est souuent

Agi

Chansons amoureuses.

Agitee de vent;
Mais ie suis tourmenté
Plus que son onde,
Par ma folle bonté
Seruant au monde.

   Dés que fus mis és mains
Des hommes inhumains,
Mars le monde troubla
De meurtre & vice,
Et la terre combla
De malefice.

   Depuis ie n'ay cessé
D'estre fort oppressé,
Finement attrappé
Par mer & terre,
Fondu forgé, frappé,
Porté en guerre.

   Tous les iours cisaillé
Fracassé, tenaillé,
Par tant de mains passé
Mal à mon aise,
Chargé, cloué, cassé,
Mis en fournaise.

De

De l'vn suis trop aimé
Qui me tient enfermé,
Et l'autre desirant
Viure en liesse,
Tousiours me va tirant
Piece apres piece.

Ie n'ay aucun plaisir
Ni repos, ni loisir,
En nul lieu seiourner
Et me faut estre,
Prompt à me destourner
Et changer maistre.

Or si Na paix d'enhaut
Faisoit ça bas vn saut
Mes membres foudroyees
Seront plus fermes,
Et trop mieux employees
Qu'à faire alarmes.

Air de Cour.

MEdor tu fus heureux,
Alors qu'aupres de ta belle An-(gelique
Tu iouyssois de sa beauté vnicque
Plus heureux qu'amoureux.

Apres

Chansons amoureuses.

   Apres mille baisers
Laissant le fruict de l'amoureuse enuie
Tu engrauois le beau nom de t'amie,
Dedans mille arbres verds.

   Puis baisot, tant ses yeux, (rine
Puis son beau fronc, puis sa gorge yuio
Puis succetant sa leure corallyne,
Tu mesprisois les Dieux.

   Aupres de ce plaisir,
Ni le nectar, ni la douce ambroisie
N'eussent pas seu souller ta fantasie
Contente en son desir.

   Ainsi qu'au beau Printemps
Dedans vn bois la chaste tourterelle
Auec son per & du bec & des aisles,
Prent mille passe-temps.

   Ainsi gentil Medor (dices
Loing du commun apres mille blan-
Tu retenois mille & mille delices,
Mille plaisirs encor,

  Les bois & les Rochers,
Et des ruisseaux les eaux claires coul-
    lantes

E

Faisoyent vn bruit entre elles murmu-
rantes.

  Ialoux & enuieux
D'vn tel plaisir le rocher & la roche,
L'eau côtre l'eau, l'arbre à l'arbre s'ap-
  proche
L'vn de l'autre amoureux.

  Fusse apres le printemps
Du froid hiuer la saison retournee,
Dessous les pieds la terre estoit aornee
De mille passetemps.

  Cupidon gratieux
Auoit semé dans l'œil de ta Deesse
L'amour, le ris,& la douce caresse
Qui te rendoit heureux.

  Mais helas ! ie ne sçay
De quel destin la puissance inhumaine
Troble mó bien&augmente ma peine,
Quelque part que ie vay.

  Tousiours, tousiours le duel
Tousiours les pleurs, tousiours les
  chaudes larmes
Tousiours l'amour me dresse mille a-
  larmes   Et

Et me meine au cercueil.
 Ie n'ay rien qu'vn regret
Qu'vn defefpoir, qu'vne peur, qu'vne crainte
Pour le loyer de l'amitié fi fainte,
D'vn celefte fuiet.
 O trifte cruauté
Dure rigueur, pourquoy t'es tu logee
Dans celle-là qui la tient engagee
La mienne liberté.
 Plus dur que diamant, ou œuure de nature
Ma maiftreffe à l'ame farrouche & dure
Et n'en ofe approcher.

Chanfon.

MArgot fi à prins fa houlette,
Et Robin à prins fon bourdon
S'en vont cueillant la violette,
A l'ombre d'vn petit buiffon.
 Retrouuerrons nous point nos moutons
 Petite Bergere,
Retrouuerrós nous point nos moutós

Dedans ses buissons.
Nous cueillirons la violette
De musette nous ioüerons,
Et danserons dessus l'herbette,
Vous & moy nous nous esbatrons.
 Retrouuerrons nous, &c.
Ie suis encore trop ieunette
Pour bien entendre tes chansons,
Si dánseray-ie à ta musette
Les bransles gayes & tordions.
 Retrouuerrons nous, &c.
Margot tu peux en ceste dance,
Ton train haster on bransler doux:
Car ie t'attends & ne m'auance.
Pour faire rencontrer nos coups.
 Retrouuerrons nous, &c.
Pour mieux m'aprendre la cadence
Robin ie m'en confie en vous,
Et voudrois bien que c'este dance
Vous m'aprinssiez tous les iours.
 Retrouuerons nous, &c.
Margos il faut pour recompense
Que tu me laisse accommoder,
 Ce

Ce beau Bourdon auec mon Enche
Pour plaisamment les accorder.
  Rettrouuerrons nous, &c.
        Chanson.

Madelon tu n'aime pas
Les appas,
Dont amour deçoit nos ames
Ie le crois : car tu le dis
Et te ris,
De tes amoureuse, flames.
  Il n'est rien sous le Soleil
De pareil,
C'est vn bien qui tout attire
Dont la preuue ne s'en fait
Qu'à l'effect,
La bouche ne le peut dire.
  Bien-heureuse est Madelon
Si selon
Les paroles de ta bouche,
Ton cœur plain de liberté
N'a esté,
Suiet à ce Dieu farrouche.
  Vn baiser prins é l'escart

            Ee 3

Vn regard,
Vn sous-ris, vne parolle
Donne du contentement
A l'Amant,
Peur que son mal ne l'affolle.
　　Mais encor' faut-il sentir
Sans mentir,
Vn tourment si agreable
Dont celuy qui n'a tasté
N'a gousté,
Du monde le plus aymable.
　　Magdelon dont deuinez
Si pouuez,
Combien de plaisirs ensemble
Quand deux corps, & deux esprits
Bien vnis,
Se peuuent lier ensemble.

Air de Cour.

BElle donnez moy vostre amour,
Vous donray robbe de velours,
Auec vne coiffeure belle,
Et si vous feray Damoiselle.
　　Habit de gris c'est mon estat,

Manger pain bis, manger du lart,
Aller aux champs garder les vaches,
Ie veux bien qu'vn chacun le sçache.

 Ie vous donray or & argent,
Cinq cens escus & tout contant,
Et si n'ay rien que ne vous donne
Si voulez estre ma mignonne.

 N'ay que faire de vos escus,
Allez Monsieur n'en parlez plus,
I'ayme bien mieux estre au village
Mangeant du laict & du fourmage.

 Vous n'auez qu'vn bonnet de gris,
Et ne mangez que du pain bis,
Si vous voulez estre m'amie,
Ie vous feray bien plus iolie.

 Allez Monsieur retirez vous:
Car ie n'ay que faire de vous,
I'aymerois mieux estre en mesnage,
Auec vn pitaux de village.

 M'amie ne vous faschez pas,
I'ay encores trois cens ducats,
Dequoy vous faire bonne chere,
Et pour bien traicter vostre mere,

Tout voſtre or & voſtre parler
Ne me fera pourtant aller
Auec vous ma foy ie vous iure,
Retirez vous ſans plus d'iniure.

Belle quittez tous ces propos,
Auec moy ſerez en repos,
Quittez là ce pauure vilage,
Ie vous donray autre heritage.

I'ayme mieux endurer le mal,
Auec ce ruſtique trauail,
Que de donner mon pucelage,
Pour l'eſpoir de quelque heritage.

Mignonne croyez ſur ma foy,
Et venez vous en auec moy,
Vous ſerez plus que ma perſonne
Si voulez eſtre ma mignonne.

Il ne ſert rien de tant parler,
Ie voy qu'il vaut mieux m'en aller,
Adieu vilain plein de folie,
Ie maudits ceſte vilanie.

Air de Cour.

PVis que tu as tant de beauté
Belle mignonne ma Karite,

Puis

Chansons amoureuses.

Puis que tu as tant de merite
Aye donc plus de volonté.

Mignonne tu faux grandement
Ta beauté seroit inutile
En te rendant si difficile,
Ayme ceux qui te vont aymant.

Belle guerriere aux beaux yeux doux
Belle qui prenez tout le monde,
Belles qui estes sans seconde:
N'estes vous nee que pour vous?

Vous nous monstrez vn beau thresor
Pour nous faire venir enuie,
Et puis comme l'on vous en prie:
Vous dites que nous auons tort.

A quoy sert il beaucoup de bien
Si l'on ne s'en aide à soy-mesme,
N'est-ce pas vne faute extreme:
Que d'auoir prou & n'auoir rien?

C'est faillir volontairement:
Car tout le monde vous pourchasse,
Ou vous auez le cœur de glace,
Ou vous estes sans sentiment.

Aymez mon cœur qui est à vous

Charité commence à soy-mesme
Puis qu'il vous adore & vous ayme:
Vous ne ferez rien que pour vous.

 Si quelqu'vn vous va suppliant
De vous donner vn cœur fidelle,
Si vous le refusez cruelle
Vous n'auez point de iugement.

Air de Cour.

IE n'aime rien que vous ma belle Da-
Et si i'en suis ialoux   (me,
Dedans mon ame.

 Ie vous dône mô cœur, aussi ma vie,
Appaise tes douleurs
Ie te supplie.
Ie fuis la liberté, & l'inconstance,
Ie suis la fermeté,
Et l'asseurance.

 Ie veux que ma prison soit eternelle,
Ie veux que mon amour
Me soit fidelle.

 En fin ie n'ayme rien plus que vous
Malheureux est celuy
Qui ne vous aime.

Air de Cour.

Que me sert il d'endurer
Tant de peine & de tristesse,
Que me sert de souspirer
Puis que ne puis esperer
Nul secours de ma maistresse.

 Pourquoy m'iray-je noyant
Dans l'eau de mes propres larmes,
Pourquoy m'iray-je bruslant
Dans le feu me deffaisant
Du fer de mes propres armes.

 Cerchez Madame vn amant
Qui d'vn œillade se passe,
Quand à moy en vous aimant
Si ie n'ay l'attouchement
Il faut donc que ie trespasse.

 Ie ne puis faire le fin,
Car tout ce que ie pourchasse,
A vous voir soir & matin,
Ne tend rien à autre fin,
Sinon que ie vous embrasse.

 Si ne me voulez souffrir,
Ne pensez pas que ie meure,

Ie

Ie ne puis d'amour mourir,
Ie trouueray pour iouyr,
Cent femmes tout a vn heure.

   Car d'endurer nuict & iour
Sans espoir de iouyssance,
C'est estre sot en amour,
Apres le peine a son tour,
Doit meriter recompense.

   Que m'y sert de souspirer,
Puis que m'amie ay perduë,
C'est sur le bort de la mer,
D'y recueillir sans semer,
Et bastir dedans la nuë.

Air de Cour.

AS tu encore enuie,
O berger mal'heureux.
D'assuiettir ta vie,
Au tourmens amoureux.
   Non tu ne dois plus viure,
   Meurs, meurs,
   Tu ne dois plus suruiure,
   A tes mal'heurs.
Aurois tu le courage,

De

De viure sous la loy,
D'vne Dame volage,
Qui se mocque de toy.
  Non tu ne dois,&c.
 Puis que ton esperance,
Ne t'a rien r'apporté,
Et que ta patience
Accroist ta cruauté.
  Non tu ne dois,&c.
 Si penses à ta peine
Donner allegement,
Tu semes sur l'areine,
Et veux fuir le vent.
  Non tu ne dois,&c.
 Quand tu t'aproches d'elle,
Pour plaindre ta douleur,
Alors tant plus cruelle
Augmente sa rigueur.
  Non tu dois,&c.
 Par fois elle sçait feindre,
D'auoir de toy pitié,
Quand tu viens à te plaindre
De son peu d'amitié.

Non tu ne dois, &c.
Mais tu n'as que l'amorce,
Vn autre en à le cœur,
Et qui a moins d'escorce
En demeure vainqueur.
Non tu ne dois, &c.
Ou sont tant de promesses
Ou son tant de sermens,
Ou sont tant de carresses,
Et tant d'embrassemens ?
Non tu ne dois, &c.
Ces promesses contraintes
Ces sermens desguisez,
Et ces carresses feintes,
Sont pour le abusez.
Non tu ne dois, &c.
La femme de nature,
Est vne sable mouuant
Et tout ce qu'elle asseure,
N'est en fin que du vent.
Non tu ne dois, &c.
Quoy qu'elle pense ou face,
Le cuidant celer mieux

Il se voit dans sa face,
Et se lit dans ses yeux.
  Non tu ne dois,&c.
 Ces flammes estouffees,
Que receloit son cœur,
Ce sont les vrays trophees
D'vn autre amant vainqueur.
  Non tu ne dois,&c.
 En fin son inconstance
Et sa legereté,
Seront la recompence
De ta fidelité.
  Non tu ne dois,&c.
 Sa volonté est telle,
D'auoir beaucoup d'Amants
Et tenir aupres d'elle
Vn d'entr'eux pour vn temps.
  Non tu ne dois,&c.
 Delaisse donc la Dame,
Qui te tient captiué,
Laissant l'amour infame,
Dont tu es ennyuré.
  Non tu ne dois, &c.

     Et

Et ne te defefpere,
Car tu verras vn iour
Ta Dame fi fiere,
Regretter ton amour.
  Non tu ne dois plus viure,
   Meurs, meurs,
   Tu ne dois plus furuiure,
A tes mal'heurs.

Chanfon.

SOnt les filles de Somme
Qui s'en vont au trefport dibe dot,
Rencontrerent vn homme,
Qui cheuauchoit le trot dibe dot,
 Voire ma commere n'en dites dites,
 Voire ma commere n'en dittes mot.
 Rencontrerent vn homme
Qui cheuauchoit le trot dibe dot,
Leur demanda les belles,
Où allez vous fi toft dibe dot.
  Voire ma commere, &c.
Leur demanda les belles
Où allez vous fi toft dibe dot,
Nous allons à courcelles

      Pour

Pour achepter des pots dibe dot.
  Voire ma commere, &c.
Pour achepter des pots dibe dot,
Nous allons à courcelles
Si voulez compagnie,
Ie n'iray pas si fort dibe dot.
  Voire ma commere, &c.
Si voulez compagnie
Ie n'iray pas si fort dibe dot,
Parle à la plus iolie,
Et l'acoste aussi tost dibe dot.
  Voire ma commere, &c.
Parle à la plus iolie
Et l'acoste aussi tost dibe dot,
Il l'empoigne & l'embrasse,
La ietta sur le dos dibe dot.
  Voire ma commere, &c.
Il l'empoigne & l'embrasse
La ietta sur le dos dibe dot,
Elle s'est escriee
A l'ayde sœur Margot dibe dot.
  Voire ma commere, &c.
Elle s'est escriee

F f

A l'ayde sœur Margot dibe dot.
Ie suis des-honoree
Si ne venez bien tost dibe dot.
  Voire ma commere,&c.
 Ie suis des-honoree
Si ne venez bien tost dibe dot
Ayant sa charge preste
Il amorça bien tost dibe dot.
  Voire ma commere,&c.
 Ayant sa charge preste
Il amorça bien tost dibe dot,
Et l'amorce ayant prinse,
Tira tout aussi tost dibe dot.
  Voire ma commere,&c.
 Et l'amorce ayant prinse,
Tira tout aussi tost dibe dot,
Voyant la compagnie,
Si la quitta bien tost dibe dot.
  Voire ma commere,&c.
 Voyant la compagnie,
Si la quitta bien tost dibe dot,
Et sans adieu luy dire
S'enfuit au grand gallop dibe dot,
    Voire

Voire ma commere n'en dites dites,
Voire ma commere n'en dites mot.

Chanson.

N'A vous point veu la Peronnelle
Que les gensd'armes ont amenee
  Et où?   (la belle.
Sur le pont d'Auignon i'ay ouy châter
Qui en son chant disoit vne chanson
  Et quelle?   (nouuelle.
Vous aurez sur l'oreille mon fronc,
Vous aurez sur l'oreille.
  Et quand?
Quand la bergere va aux champs,
Tousiours bon temps,
A son ami s'en va disant.
  Et quoy?   (poux,
Baisez moy Iean ie vous tueray des
Baisez moy bien ie les tueray trestous.
  Pourquoy?
Pour l'amour de Margot
Qu'on dit qui m'aime m'aime,
Pour l'amour de Margot
Qu'on dit qui m'aime trop.

Qui est-elle?
La musniere de Vernon preste moy
 ton fronc
Tu ne l'auras pas la la, elle mignonne &
Et si elle a fait l'amour.　　(gorriere,
Quel amour?
L'amour auec l'honneur combat de-
 dans mon cœur,
Mon vouloir & mon deuoir s'en vont
 disant.
Et quoy?
Baisons nous belle cependant
Que se presente le loisir,
Et puis que nous nous aymons tant,
Iouyssons de nostre plaisir.
Quel plaisir?
Pour cinq ou six coups Guillemette
M'esconduirez-vous?
Et Guillemette où auez vous les yeux
D'vn tel lobet faire vostre amoureux
Qui a tousiours sa main.
Et où?
Et sa iolie brayette,
　　　　　　　　　　　　Tant

Chansons amoureuses.

Tant vous allez doux Guillemette,
Tant vous allez doux.
  En quel lieu?
 Sus le bois brunette mon bel amy
  m'attend
  Pourquoy faire?
C'est pour y planter des choux,
Ie reniedienne frere Estienne,
C'est pour y planter des choux,
Ie reniedienne tout debout.
  En quel endroit?
 C'est au pays de par de là, la belle
  bergere.
  Qui fait-elle?
La soubredoudou luron luretté,
La soubredoudou derriere le four.
  Auec qui?
 Auec ces croquans, ces pilleurs de
  bon homme.
  Où sont ils?
Ils sont à la saint Iean des choux,
Les gens, les gens, les gensd'armes
Ils sont à la sainct Iean des choux,
    Ff 3

Les gensd'armes de Poitou.
Combien sont-ils?
Ils sont bien trois mille homme-
Tant de Reistres qu'Allemans:
Où vont-ils?
Le Dauphiné si n'est pas large,
Il en sera pluſtoſt paſſé.
Et quand?
Quand ce beau Printemps ie voy
i'apperçoy.
Par où?
Ie regarday par vn pertuis vremen,
Qu'eſt-ce que tu vis?
I'auiſay des culs tous nuds.
Qu'eſtoyent-ils?
Le berger & la bergere ſont à l'om-
bre d'vn buiſſon,
Et ſont ſi pres l'vn de l'autre qu'à grād
peine les voit-on.
Eſt il vray?
Il eſt vray ie le confeſſe
Ie ſuis amoureux.
De qui?

C'eſt

C'est de Denyse qu'est reuenuë en
   France,
Qui se veut r'embarquer.
   Où va elle?
Les Carabins la mandent
Qu'elle les aille trouuer.
   Et où
En vn pays estrange cent lieuës de là
   la mer.
   Quel pays.
C'est en Surie pays tant redouté,
   hau la gay.
   Qui faire?
Il y a compagnie de gens de tous
   mestiers.
   Que font-ils?
Ils vont prendre Bauiere,
Claquedent sans parler.
   Et comment?
Comme on void flotter la mer,
Et changer la Lune.
   Et quand?
Quand ie vois ce bel œil vainqueur,

Roy de mon cœur.
Qu'est-il?
Ie ne vous le veux, ie ne vous le veux,
Ie ne vous le veux pas dire.

L'amant.

IE ne sçay que ie doy faire,
Puis que ton cœur endurcy,
Me traicte comme vne forfaire
Sans s'esmouuoir à mercy:
　　Puis que i'ayme loyaument,
　　Ayme moy pareillement.

L'amie.

Monsieur ne trouuez estrange,
Si ie ne vous puis aymer,
Car mon cœur du tout se range,
A l'amour tyranniser.
　　Eh! pour Dieu laisse m'en paix,
　　Car ie n'aymeray iamais.

L'amant.

Quoy? veux-tu quitter le monde,
Las! veux-tu point m'abuser
Çà donc que ma tresse blonde,
Soit coupee sans plus tarder.

Puis

Puis que i'ayme, &c.
L'amie.
Puis que ie quitte le monde,
Quitter le vous faut aussi,
Car en Dieu seul ie me fonde,
Dressant mes amours à luy.
Eh! pour Dieu, &c.
L'amant.
Ah! fiere, rogue, hypocrite,
D'aymer Dieu tu fais semblant,
Quoy mon dur mal ne t'incite
D'en auoir le sentiment.
Puis que i'ayme, &c.
L'amie.
Ie meure, mon gentilhomme,
Ie meure, vous auez tort,
De me blasmer ainsi comme
Vous m'allez blasmant si fort.
Eh! pour Dieu, &c.
L'amant.
Ie meure, ma gentil Dame,
Ie meure vous auez tort,
De me laisser rendre l'ame

Faute d'vn peu de confort.
  Puis que i'ayme,&c.
   L'amie.
Le confort, que ie vous donne,
C'est que vous m'aymez en vain,
Ie ne veux aymer personne,
Ni auiourd'huy ne demain.
  Eh! pour Dieu,&c.
   L'amant.
Ie m'en vay donc solitaire,
Dans quelque antre me cacher,
Puis que suis contraint ce faire,
Pour ma rage contenter.
  Dedans vn desert ie vais,
  Demeurer pour tout iamais.
   Chanson.
OR escoutez gentils galands
Tout pour amour ie vous prie,
D'vne fille de quinze ans
Qui estoit cointe & iolie,
Qui s'en alloit l'autre iour
Chantant par si grand doulour
Elle disoit en sa chanson,

Ie m'en vay planter le cresson.
  Ainsi qu'elle s'en alloit,
Vne proye a rencontree,
Vn fort & puissant varlet,
Qui ne sçauroit sa pensee,
A elle s'en alla de hait,
Et luy dit en peu de plait,
Où allez vous Marion?
Ie m'en vay planter le cresson.
  Si ne le sçauez planter,
Ie vous apprendray la guise:
Sa robbe luy va leuer,
Son plisson & sa chemise:
D'vne plante au bas ronget
Luy plante en son iardinet.
Puis luy a dit Marion,
On plante ainsi le cresson.
  Quant la fillette eut senty
La douceur de ceste plante:
Elle dit mon doux amy,
Vers vous i'ay mis mon attente,
Ie n'ay amy ne parent
Que i'ayme si parfaitement,

Mieux

Mieux vaut que tout alençon
La plante de ce cresson.

Onc iamais en mon viuant
Ne senty si douce chose:
C'est dommage vrayement
Qu'vn tel galand se repose,
Si vous estes bon galois,
Commencez vne autre fois,
ie vous donray le renom
De bien planter le cresson.

Quand le cresson fut planté,
En la iolie cressonniere,
Le iardinier print congé
De la belle iardiniere,
Luy disant sans nul seiour,
Adieu iusques au retour,
Vous auez par sainct Simon
Grande plante de cresson.

Chanson.

C'Est la fille du Roy, qui est au pied de la tour,
Qui ploure & souspire & meine grand douleur
Helas! il n'a nul mal qui n'a le mal d'amour,
Qui ploure & souspire & meine grand douleur,
sa mere luy demande fille qu'auez vous.

Helas

Chansons amoureuses.

Helas! il n'a nul mal, &c.
Sa mere luy demande fille qu'auez vous,
Y voulez vous vn Conte, Baron, ou Seignour.
Helas! il n'a nul mal, &c.
Y voulez vous vn Conte, Baron, ou Seignour,
Ie veux mon amy Pierre qui est dedans la tour,
Helas! il n'a nul mal, &c.
Ie veux mon amy Pierre qui est dedans la tour,
Taisez vous ma fille, ce n'est pas pour vous.
Helas! il n'a nul mal, &c.
Taisez vous ma fille ce n'est pas pour vous
Il y sera pendu demain au point du iour.
Helas il n'a nul mal, &c.
Il y sera pendu demain au point du iour,
Si l'on le fait mourir enterrez moy dessous.
Helas! il n'a nul mal, &c.
Si l'on le fait mourir enterrez moy dessous
Tous ceux qui passeront diront voyla doulour.
Helas! il n'a nul mal, &c.
Tous ceux qui passeront diront voyla doulour,
Las! qu'vne fille meure pour son trop grand'amour
Helas! il n'a nul mal, &c.
Las! qu'vne fille meure pour sa trop grand amour,
Ceste piteuse exemple seruira pour trestous.
Helas! il n'a nul mal, &c.
Ceste piteuse exemple seruira pour trestous,
Et la grand' cruauté demourera sur vous.
Helas! il n'a nul mal, &c.
Et la grand cruauté demourera sur vous

Lors

Lors nos cœurs s'en iront droit au temple d'amours.
Helas ! il n'a nul mal qui n'a le mal d'amour.

Air de Cour.

IL estoit vn bon poste
Qui reuenoit de Rome,
A son chemin acoste
Vne iolie mignonne,
Par trois fois la fringuee
A l'ombre d'vn buisson,
Et puis la remenee,
Tout droit à sa maison.
    Fringuez fringuez poste fringuez
    Tousiours beuuant du bon,
    Et puis la remenez,
    Tout droit à sa maison.
  Le poste s'en retourne,
Trouuer sa compagnie,
Les autres luy ont dit,
Vous n'y entrerez mye,
Vous estes vn fringueur,
Et nous ne fringuons point
En nostre compagnie,

Vous ne hanterez point.
>Fringuez, &c.

Il leur à dit mes freres
Ne vous souciez mye,
Il y a pour l'ordinaire
La mignonne iolie,
Mettez vous en priere,
Trestous à deux genoux,
Et puis apres soupper,
Nous fringuerons trestous.
>Fringuez, &c.

PVis que le Ciel veut ainsi
Que mon mal ie regrette
Ie m'en yray dedans ce bois
Chanter mes amoureux discours, (tes,
Ou estes vous allez mes belles amouret
Changerez vous de lieu tous les iours.
>Demeurant en ce desert
Si ma langue est muette,
I'engraueray mon tourment
Sus les hauts rochers d'allentour,
>Ou estes vous, &c

I'ay beau conter mon tourment
Et ma douleur secrette, Rien

Rien ne respond à ma voix,
Les Arbres sont muets & sourds.
   Ou estes vous, &c
 La seule Echo prend pitié
Des souspirs que ie iette,
Et se complaint auec moy,
Redisant mes tristes discours.
   Ou estes vous, &c.
 Ie banniray tout plaisir
Seulement ie souhaitte,
D'auoir peinte aupres de moy,
La Deesse de mes amours.
   Ou estes vous, &c.
 Tu n'es pas douce pourtant
A ma iuste requeste,
Ie trouue plus d'amitié,
Dans le cœur des Tigres, & des Ours
   Ou estes vous, &c.
 Las! ne reuerray-ie plus
Ceste beauté parfaicte,
Quoy? me faudra-il mourir;
Sans esperer aucun secours.
   Ou estes vous, &c.

Adieu

Adieu donc legere foy
Plus que la girouette,
Tant que i'auray l'ame au corps
Ne me fieray à tes amours.
   Adieu vous dis cruelles amourettes
A dieu vous dis, c'est pour tousiours.
Chanson.

LA belle s'en va au moulin,
Deſſus ſon aſne baudouin
Pour gaigner ſa mouture.
   Lantrin, lanfra, la mirligaudichon,
   La dondaine la don don,
   Pour gaigner ſa mouture,
   A l'ombre d'vn buiſſon.
Quand le muſnier la vit venir,
De rire ne ſe peut tenir,
Voicy la femme a l'Aſne,
   Lanfrin, lanfra, &c.
Muſnier me moudras tu mon grain,
Ouy Madame ie le veux bien
Vous moudrez la premiere,
   Lanfrin, lanfra, &c.
   Tandis que le moulin mouloit,
G

Le musnier la belle baiso it,
Et le loup mengeoit l'Asne,
    Lanfrin, lanfra, &c.
Helas! dit elle beau musnier,
Que maudit en soit le mestier,
Le loup à mangé l'Asne,
    Lanfrin, lanfra, &c.
En ma bourse i'ay de l'argent,
Prenez deux escus tout contant,
Acheptez vn autre asne,
    Lanfrin, lanfra, &c.
La belle s'en va au marché,
Pour la vn autre asne achepter,
Achepta vne asnesse,
    Lanfrin, lanfra, &c.
Quand son mary la vit venir,
De crier ne se peut tenir
Ce n'est pas la nostre asne,
    Lanfrin, lanfra, &c,
Mari tu as beu vin nouueau,
Qui t'a faict troubler le cerueau
As mescognu nostre asne,
    Lanfrin, lanfra, &c.

Voicy

Voicy le ioly mois de May,
Que toutes bestes changent poil,
Aussi à faict nostre asne,
    Lanfrin, la fra, la mirligaudichon
    La dondaine la dondon,
    Aussi à faict nostre asne,
    A l'ombre d'vn buisson.

Chanson.

IE voudrois qu'il m'eust cousté,
Ma robe & mon chaperon,
Et que ieusse bien trouué
Quelque gentil compagnon,
Qui sçeust vendenger ma treille,
Sans corbeille,
Ie luy liurerois l'affaire
De plain saut.
    Sus à coup qu'on la resueille,
    La bouteille,
    Il n'est plus temps qu'on sommeille
    Boire il faut.
Vn amoureux la vint voir
Qui estoit frisque & mignon,
Voulant son amour auoir,

Cognoissant bien sa façon,
Luy dit monstre moy la treille,
S'elle est belle
Vous verrez que ie sçay faire,
De plein saut.
  Sus à coup, &c.
 La Dame luy a monstré
La place de son labeur,
Le compagnon est entré,
D'vn plein saut tout au milieu,
Il luy vendengea sa treille,
Sans corbeille,
Il y prenoit bon courage
Ce lourdaut.
  Sus à coup, &c.
 Ce pendant qu'il besongnoit,
Et qu'il estoit au plus fort
La Dame le regardoit,
Disant amy frappez fort,
Que l'ouurage de ma treille
Qui remeuille,
Ne vienne à se desecher,
Sentant le chaut.

       Sus

Chansons amoureuses.

  Sus à coup, &c.
Lors luy dit le compagnon,
Madame vous auez tort,
Il n'est si bon biberon,
Qui sçeust besongner plus fort,
Forte à faire est vostre ouurage,
C'est outrage,
Car ie y perds tout mon courage,
Tant i'ay chaut.
  Sus à coup, &c.
La Dame oyant ces propos,
Voit qu'il veut faire retraicte
Ce pendant elle n'a repos,
Sçachant son œuure imparfaicte,
Dit acheuons à ma treille
Auant boire,
Puis vuiderons la bouteille,
Mon michaut.
  Sous à coup, &c.
Le compagnon print courage,
Dedans sa treille rentra,
Et fit tresbien son ouurage
Tant qu'elle s'en contenta,

Dist quand vous aurez affaire,
A vostre treille,
Ie liureray ma bouteille,
De plein saut.
    Sus à coup qu'on la resueille
    La bouteille,
    Il n'est plus téps qu'on sommeille
    Boire il faut.

Air de Cour.

SI nous sommes vilageois,
Nos amours en sont plus belles,
Ceux qui habitent les bois,
Ne sont iamais infidelles,
On ne vit iamais berger
Estre inconstant & leger.
    Dans nos corps de paisans,
Son logees les belles ames,
Ainsi que les courtisans,
Nous sentons des viues flames,
Amour ayme autant les bois,
Que les Palais des grands Roys.
    La commune ambition,
De nos ames boscageres,

De

Chansons amoureuses.

Depend de la passion,
De nos fideles bergeres,
A la Cour le plus souuent,
L'on ne se paist que de vent.

   Si nous n'auons le discours
Pour esmouuoir nos maistresses,
Nous auons en nos amours,
D'autres sortes de caresses,
Dont nous le pouuons charmer
Et contraindre à nous aymer.

  Si quelqu'vne veut de nous,
Reçeuoir nostre seruice,
Croyez que nous sommes tous
Naiz sans aucun artifice.
Car chacun porte dans soy,
L'honneur, l'amour & la foy.

   Si nous chansons & nos voix,
Ne se chantent en musique,
Pour le moins dedans les bois,
A nostre mode rustique,
Accompagnans les oyseaux,
Nous chantons soubs les ormeaux.

   Vous qui viuez amoureux,

A la façon courtisane,
Vostre amour n'est pas heureux,
Comme l'amour paysane,
Vne seule nous conduit,
C'est le Soleil qui nous luit.

 Si nos habits & nos pas
Sont de garçons de vilage
Vn bel œil ne laisse pas,
D'animer nostre courage,
Chez nous est le vray amour,
Et le faux est à la Cour.

 L'amour de ces courtisans,
Est inconstante & legere:
Mais celle de paysans,
Est d'immortelle duree,
Dans les bois non à la Cour,
Se loge le vray amour.

Air de Cour.

NOus estions trois Dames,
Vestues de damas,
Nous allions sur Marne
Prendre nos esbats.
 Hé voyez comment il trotte,
A son

Chansons amoureuses.

A son pas comment il va.
　Nous allions sur Marne,
Prendre nos esbats,
Par la passe vn poste
Qui nous salua.
　Hé voyez, &c.
Par la passe vn poste,
Qui nous salua,
A la plus accorte,
Si luy demanda.
　Hé voyez, &c.
　A la plus accorte,
Si luy demanda
Sera ce vous belle,
Qui mamie sera.
　Hé voyez, &c.
　Sera ce vous belle,
Qui mamie sera
Dans mon escarcelle,
I'ay bien cent ducats.
　Hé voyez, &c.
　Dans mon escarcelle,
I'ay bien cent ducats,

Gg 5

Auec ma monteure,
Qui est bon traquenart.
    Hé voyez, &c.
Auec ma monteure,
Qui est bon traquenart,
De ie n'ay cure :
Mais bien des ducats.
    Hé voyez, &c.
De ce ie n'ay cure :
Mais bien des ducats,
Luy dit à l'oreille
Allons à l'escart :
    Hé voyez, &c.
Luy dit à l'oreille,
Allons à l'escart.
Vous aurez la bille,
Auec le billart,
    Hé voyez, &c.
Vous aurez la bille
Auec le billart.
Quoy oyant la fille,
Monta à cheual.
    Hé voyez, &c.

Air

Chansons amoureuses.
Air de Cour.

QVand l'infidelle vsoit enuers moy de ses charmes
Son traistre cœur m'alloit de souspirs esmouuãt
Sa bouche de sermens & ses deux yeux de larmes:
Mais enfin ce n'estoit que des eaux & du vent.

Ses yeux qui nourrissoiẽt tãt d'art en leur prunelle
S'ilz ne m'eussent deçeu l'on s'en fut esbahi,
Ses yeux qui n'estoient siens que pour estre infidelles,
Il y alloit du leur s'ilz ne m'eussent trahi.

Elle iuroit ses yeux qu'elle s'estoit rengee,
A ne vouloir changer d'humeur aucunement,
Et si ne mentoit pas bien qu'elle fut changee,
Car son humeur estoit de mesme changement.

Mais ie me trompois bien de penser cela d'elle,
Et ne congnoissois pas ces traicts malicieux,
Ce n'estoit que du vent enclos dans sa ceruelle,
Qui se tournoit en pluye & sortoit par ses yeux.

Elle iuroit ses yeux lumieres pariurees,
Et ses yeux consentoient a l'infidelité
Que nos amours seroient à iamais prophanees:
Mais ses yeux prophanez n'ont pas dit verité.

Ie deuois souhaitter afin de ne me plaindre,
Qu'ilz n'eussent peu s'ayder sinon de la rigueur
Infidelle aux beaux yeux qui sçauez si bien feindre,
Changerez vous point d'yeux aussi bien que de cœur.

Elle iuroit ses yeux qui pour feindre ses peines,
Arrousoient son beau sein de leur humidité
Ie pensoit que ces yeux fussent viues fontaines,

Et

Et qu'elle eust dedans l'ame vn roc de fermeté.

Infidelle beauté qui me rendras plus sage,
Desormais à l'endroit des autres que de toy,
Ie te dois mon escolle & mon appentissage,
Et te paye en ces vers tous ce que ie te doy.

Air de Cour.

O Beaux yeux qui sçauez si doucement charmer
Qu'il faut ou viure aueugle ou mourir en ser-
O beaux yeux qui m'auez appris à bié aymer (uage
Que vous m'en faictes bien payer l'apprentissage.

O beaux yeux ie ne voy ni ne vi que par vous,
Ie suis vn corps sans ame absent de vostre veuë:
Mais des que ie vous voy si riant & si doux,
Amour pour m'animer en ame se transmue.

O beaux yeux qui pleuuez des flames & des traits,
Rien ne trompe vos coups l'attente en est fatalle,
Vous blesses aussi bien de loing comme de prez,
Et vostre doux regard est le dard de Cephalle.

O beaux yeux dont les rais donnent iour à mes iours
Vous n'estes point des yeux comme le monde pense,
Non, vous estes des cieux influants des amours
Aussi l'amour luy mesme est vostre intelligence.

O beaux yeux que ie crains en aymant d'offencer
Si ie pouuois redire auecques les parolles,
Ce que m'enseigne l'ame auecques le penser,
Vous auriez autels & seriez mes idolles.

O beaux yeux ie vous offre ainsi qu'ô fait aux dieux
Mon ame en sacrifice ardamment allumee,

L'of

L'offrande en est petite, helas! mais ô beaux yeux,
La faute en est à vous qui l'auez consommee.
    O beaux yeux puis que Dieu ferma vostre beauté.
Pour estre vn Paradis d'amoureuses delices,
N'armez pas vos rigueurs de si grand cruauté,
Ne faictes pas de vous vn enfer de supplices.

Air de Cour.

Mignone que ne craignez vous,
    Voyât le tourment que i'édure,
Que les Dieux n'entrent en courroux
De m'estre si cruelle & dure.
    Vrayemét vous estes bié mauuaise,
    De refuser que ie vous baise.
Vous sçauez combien il y a,
Qu'amour comme vn pauure forsaire,
De vos beaux cheueux me lia,
Et vous m'estes tousiours contraire
    Vrayement vous estes, &c.
Si les Dieux du plus precieux
De leur thresor vous ont faict riche,
Ils sont ialoux & enuieux,
Que de leur bien on soit si seiche.
    Vrayement vous estes, &c.
                                Cessez

Cessez donc mignonne cessez,
De m'estre si fiere & cruelle,
Aymez moy & recongnoissez,
Que ie suis loyal & fidelle.
Et vous ne serez plus mauuaise,
Si permettez que ie vous baise.
Mais si d'vn obstiné vouloir,
Vous m'estes tousiours si farrouche,
Mes yeux n'auront plus de pouuoir
De me faire aymer vostre bouche.
Et faudra que ie me retire,
Pour mettre fin à mon martire.

Air de Cour.

IL n'est plus grand tourment,
Ny estrange martyre
Que d'aymer loyaument,
Parquoy ie peux bien dire,
Celuy est malheureux
Qui deuient amoureux.
C'est archer Cupidon
A mon cœur a fait bresche
Par la flamme & brandon
De sa cruelle flesche.

Celuy

Celuy est malheureux, &c.
Ie n'ay pour mon confort
Que les champs & la plaine
Ie souhaitte la mort
Pour me tirer de peine.
Celuy est malheureux, &c.
Ie me tiendrois heureux
De voir mourir mon ame
Du nectar amoureux
Des beaux yeux de Madame.
Celuy est malheureux, &c.
Le murmure des eaux
De ses fontaines claires
Allegent mes trauaux
Mes soufpirs & miseres.
Celuy est malheureux. &c.
Mais ie vis en mourant
En ceste terre basse
Dans les bois demourant
Ne tenant voye ni trasse.
Celuy est malheureux
Qui deuient amoureux.
Dessous les chesnes vers

Ie

Ie me mets à l'ombrage
Faisant mes piteux vers
Icy passant mon aage.
  Celuy est malheureux
  Qui deuient amoureux.

Air de Cour.

Ceux qui peignent Amour sans yeux
N'ont pas bien sa force cogneuë,
Il voit plus clair qu'aucuns des Dieux,
Las i'ay trop essayé sa veuë.
 Souuent en pensant me sauuer
Ie me perds aux lieux solitaires,
Mais il ne faut à me trouuer
Dans les plus sauuages repaires.
 Quoy que ie coure incessamment
Par desers, montagnes, & plaines,
Il ne m'eslongne aucunement,
Et che fait souffrir mille peines.
 Helas! il a mauuais regard,
De cent mille traits qu'il m'adresse,
Il ne me frappe en nulle part
Qu'au cœur, ou tousiours il me blesse.

Chansons amoureuses. 465

Il a donc des yeux, & voit bien,
En quel endroit qu'il vueille atteindre:
Mais il est sourd, & n'entend rien
On a beau souspirer & plaindre.

Dequoy me sert donc ce pauois,
Et ce dard que prens pour deffence
Veu que par monts & par les bois,
Tousiours mon pauure cœur offence.

I'ayme bien mieux donc me saisir
D'vn seruiteur doux & traictable,
Pour viure mieux à mon plaisir
Que c'est amour mal agreable.

S'il eust ouy tant de regrets,
Tant de cris, tant d'aigres complaintes,
Que ie lasche aux lieux plus secrets,
Tesmoins de mes dures atteintes.

Quand il n'eust point eu d'amitié
Et qu'il eust tout bruslé de rage,
Ie suis seur qu'il eust eu pitié,
Et qu'il eust changé de courage.

Que me faut-il donc esperer
Suiuant ce Dieu plein de furie:
Il voit pour me martyrer,

Hh

Et n'entend rien quand ie le prie.

Chanson.

MOn pere a des brebis tant,
Gentil petit casaquin blanc,
Il me les enuoye gardant,
Et tant,& tant
Tu m'y donnes de peine,
Tu ne m'en donras plus tant
Gentil petit casaquin blanc.

Il me les enuoye gardant,
Gentil petit casaquin blanc,
Par les ruës & par les champs:
Et tant,& tant
Tu m'y donnes de peine,
Tu ne m'en donras plus tant,
Gentil petit casaquin blanc.

Par les ruës & par les champs
Gentil petit casaquin blanc,
Le mien amy va deuant,
Et tant,& tant
Tu m'y donnes de peine,
Tu ne m'en donras plus tant
Gentil petit casaquin blanc,

Le mien ami va deuant,
Gentil petit casaquin blanc,
Qui d'amours me va priant,
Et tant, & tant
Tu m'y donnes de peine,
Tu ne m'en, &c.

 Qui d'amours me va priant,
Gentil petit casaquin blanc,
Ie luy respons en riant,
Et tant, & tant
Tu m'y donnes de peine,
Tu ne m'en, &c.

 Ie luy respons en riant,
Que mon pere me battoit tant,
Et tant, & tant
Tu m'y donnes de peine,
Tu ne m'en donras plus tant
Gentil petit casaquin blanc.

Air de Cour.

SI i'ay fait nouuel amour,
Qu'on ne le trouue estrange,
De changer sept fois le iour
L'appetit muë & change:

Car de n'aimer qu'en vn lieu c'est folie
Il faut changer auant que l'on s'ennuye.
　　L'on se fasche de manger
Tousiours d'vne viande,
Deslors que ie puis changer
Vne autre ie demande:
Qu'incontinent pour vne autre ioublie
Voila comment mon amour se manie.
　　Le Renard d'vn seul terrier,
N'a seulement la cure,
En diuers lieux l'Espreuier,
Va cercher sa pasture:
Et l'hôme accort souuent chãge d'amie,
Voila comment mon amour se manie.
　　Comme on void flotter la mer
Et rechanger la Lune,
L'on me voit la blonde aimer
La blanche aussi la brune,
I'aime aussi tost Margot comme Marie,
Voila comment mon amour se manie.
　　Mon cœur ainsi que mes yeux,
En plusieurs lieux aspire
I'ayme à Cæn i'ayme à bayeux,

Chansons amoureuses.

A Falaize & à Vire,
Bref il ne chaut au galland maisqu'il rie
Voila comment mon amour se manie.
 Il est bien vray qui ie dis
A quelqu'vnes d'icelles:
Qu'elle est mon vray Paradis,
Et qu'entre les plus belles
Seulle ie lay esleue pour mamie
Voila comment mon amour se manie.
 Pires que vieux singes sont
Tousiours elles medisent,
Faire faut comme elles font,
Dire comme elles disent,
Feindre d'aymer donner le coup & vie
Voila comment mon amour se manie.
 Aussi tost que i'en ay faict,
Ie pousse ma fortune,
Me remettant en effect
D'en piper encor vne,
Qui tout soudain côme l'autre i'oublie
Voila comment mon amour se manie.
 I'en ay bien aimé six vingts
Belles & d'amour pleines,

Ausquelles iamais ne tins fidelité cer-
taine,
Sinó au plus que pour heure & demie,
Voila comment mon amour se manie.
    Quand l'on peint sa deité
Des aisles on luy forme,
Car comme à legereté
Sa nature est conforme
Fermeté est sa plus grand'ennemie,
Ainsi enfuis, c'est bien ma pure vie.
    Vn homme est bien hebeté
Des fureurs amoureuses,
De tenir fidelité
A toutes ces pisseuses,
Qui n'ont au cœur que fard & trompe-
Il est bien fol qui en elles se fie. (rie,
    Qui fidelle aura vescu
En ce monde asseruie,
N'y aura ni moins ni plus,
En la seconde vie,
Car la n'y faut ny amant ny amie,
Il est bien fol qui ne faict drollerie.
    Pour toute conclusion i'admonneste
les hommes

De ne faire exception d'elles sont com-
  me pommes
Belles au dehors & au dedans pourrie,
Il est bien fol qui en elles se fie.

Chanson.

O Dieu que de trauaux ô que de lar-
  O que d'alarmes   (mes
I'endure iour & nuict d'vne cruelle
Car quand dormir ie veux,
Lors la belle aux beaux yeux
Vient qui m'esueille.   bis

  Il me souuient encor belle maistresse
De ta rudesse,
Qu'vn iour me pourmenant deuant ta
Dés que m'auez auisé   (porte
Pour plus me mespriser
Fis de la sotte.   bis

  Mais garde bien qu'amour ne se des-
Contre ton regne   (daigne
Prenant le sceptre à luy que ta main
Pour n'auoir eu pitié,   (porte
De la grande amitié
  Que ie te porte.

Hh 4

Ce m'est vn viure amer & fort estrãge
Quand ie ne mange
Sinõ de tes gros mots pour nourriture,
Bref belle ie ne sçay
Ni peine ni essay
Que ie n'endure.   bis

Vn traistre & faux guerrier duquel la veuë
M'est incognuë
Vn soir me promenãt de luy fort proche
Si tost qu'il eut visé
Ie fus martyrisé
Au costé gauche.   bis

La belle il est en vous d'oster la flesche
Qui à fait bresche,
Où si de la tirer amour vous garde
Au moins poussez ce dart,
Perçez de part en part
Ce cœur malade.

I'aymerois mieux cent fois,
Estre soubs terre
Qu'en ceste guerre,
Estant desia vaincu sans esperance
D'estre victorieux

Car

Chansons amoureuses. 473

Car contre vos beaux yeux
Nul n'a puissance.   bis
   Belle ie ne croy pas que i'ay affaire
Vn purgatoire:
Car celuy qui à fait, ciel, terre, & l'onde
Sçait qu'ay assez souffert,
Pour estre vostre serf
En ce bas monde.   bis
   A dieu maistresse, adieu, peu tarde
Que ie ne meure,   (l'heure
l'ay ià fait deux souspirs, l'autre est fort
Ie mourray tu viuras   (proche:
Mais belle tu auras
Tousiours reproche.   bis

Air de Cour.

Madame dés que ie vous vis,
Ie fus espris de vostre gace,
Ie fus de vostre beauté pris:
Et vous bien plus froide que glace.
   Printes ma bague, & puis à Dieu,
   Vrayement c'est se mocquer du ieu.
Vous me fist'assez beau semblant,
Ce n'estoit pour me satisfaire:

Hh 5

D'vne bague vous fis present,
Vous sçeustes bien me la soustraire.
 Printes ma bague, & puis adieu,
 Vrayement c'est se mocquer du ieu.
 Que si mon cœur donnee vous l'a,
C'estoit pour en vous plaisir prendre:
Mais si nous ne faisons cela,
Ie vous adiourne à me la rendre.
 Prendre ma bague, & puis adieu.
 Vrayement c'est se mocquer du ieu.
 Vn diamant riche, & de pris,
Vous le donner sans vous rien faire,
Il y en a bien à Paris,
Ie ne sçauroy point le vous taire.
 Prendre ma bague, & puis adieu,
 Vrayement c'est se mocquer du ieu.
 Tout bien fait requiert son guerdon,
Puis donc que vous auez ma bague,
Et qu'auez accepté le don,
Permettez que ie vous embague.
 Prendre ma bague, & puis adieu,
 Vrayement c'est se mocquer du ieu.
Sus, non feray, rendez me la:

Ie viens prefentement d'apprendre,
Qu'vn lourdaut hier vous trepela,
En defpit il vous la faut rendre.
 Or i'ay ma bague adieu vous dis,
 Quittes foyons & bons amis.
Chanfon.
Nous fommes vne bande
De compagnons gallois,
Nul de nous ne demande
Lance, picque, ou harnois,
Nous ioüons des haubois
Qui font doux comme voix,
Quand nous fommes enfemble,
Nous beuuons vin François,
Maintenant eft le chois
Ainfi comme il nous femble.
 Or nour refiouyffons,
 Chantons vne chanfon
 Qui foit cointe & iolie:
 Ce n'eft pas la façon
 D'engendrer marriffon
 En bonne compagnie.
Chaffons tous en arriere

Car

Ces auaritieux
Qui boyuent de la biere,
Encor sont trop heureux,
Leurs escus sont leurs Dieux,
Ils en sont amoureux,
Car ils n'ont autre attente,
Il n'est qu'estre ioyeux,
Et boire à qui mieux mieux
Iusqu'à ce qu'on s'en sente.
  Or nous resiouyssons, &c.
 Quand nous sommes à table
Deuant vn bon fagot
Ny Roy ny Connestable,
Ne craignons d'vn ergot,
Nous rions de Margot,
Qui met l'andoüille au pot
Sans lauer c'est sa guise,
Puis apres vient Philipot
Qui apporte plein pot,
C'est nostre marchandise.
  Or nous resiouyssons, &c.
 Si quelqu'vn nous demande
De la belle Margot,

Fust

Fust ce le Roy de France,
N'en sçaura pas vn mot.
Nous escumons le pot
De la belle Margot,
Sans cuiller, mais du manche
Qui escume si fort
Que iamais n'en resort,
Qu'il n'ait vuidé la grange.
  Or nous resiouyssons, &c.
 Viue l'Imprimerie
Et tous les compagnons:
Aussi la Librerie
Auec les bons garçons,
Tabourins nous sonnons,
Et de bon vin beuuons
Quand nous l'auons sur table,
Nous mangeons gras chappons,
Saucisses & gros iambons,
Qui est vn cas notable.
  Or nous resiouyssons,
  Chantons vne chanson,
  Qui soit cointe & iolie:
  Ce n'est pas la façon
D'en

D'engendrer marrisson
En bonne compagnie.

Air de Cour.

IE suis amoureux d'vne fille,
En mettant ma main dans son sein
Ma p,qué de son esguille,
Et esgratigné la main.

Ah! qu'elle est fascheuse & restiue,
Ie ne l'eusse iamais pensé,
Il faut que ie luy r'escriue
Pour estre recompensé. (lire,

Mais ie croy qu'ell' ne sçait point
C'est vne bergere des champs
Il ne luy faut point escrire:
Mais luy faire des presens.

Tenez ceci gaye bergere,
Ces rubis auec mon cœur:
Vne bonne mesnagere
Prend tout de son seruiteur.

Vous en aurez bien d'auantage
M'asseurant que vostre amour
Croistra dans vostre courage
Plus fort que de iour en iour,

Or

Or voyez qu'elle piqueure
Mauuaise qui vient de vous
Voyez qu'elle esgratigneure
Preuue de vostre courroux.

Or puisque vous estes mocquee:
Mais pour n'estre plus mocqué,
Et vrayement vous serez picquee
Puis que vous m'auez picqué.

Chanson.

A Paris des Dames ya,
Desquelles ne faut rien dire
Pourtant entre celle-là
Est vne qui sçait bien rire,
Elle veut apprendre à escrire
En parchemin doux & net:
Mais le plus qu'elle desire
C'est l'encre hors du cornet.

Par deuant elle passa
De façon assez notoire
Vn clerc qui la salua:
Comme bien il sçauoit faire,
Desirant fort luy complaire
Luy dit ce mot en secret:

Qu'il

Qu'il auoit vne escritoire
Et de l'encre en son coret.
    Lors la Dame l'assina
Sans autre discours luy faire
A sa chambre le mena,
Pour parler de son affaire
En luy disant sans colere,
Escriuez moy vn billet,
Seruez moy de secretaire
Se auez de l'encre au coret.
    D'eux ou trois mots luy escrit
Sans reprendre son alleine,
Alors la Dame luy dit,
Pour moy prenez trop de peine
Dieu me doint malle sepmaine,
Si ie ne vous dy de fait,
Que m'auez rendu certaine
Qu'auez de l'encre au coret.
    Ayant repris ses esprits
Se raproche de la Dame,
Luy contant quelque deuis
Se sent r'allumer sa flame,
Et tout aussi tost s'auance,

Pour

Chansons amoureuses.

Pour entrer au cabinet,
N'y espargnant point son encre
Qu'il ostoit de son coret.

  La Dame ayant senty
Pat espreuue tres-certaine,
Luy parla disant ainsi,
Ie te pry reprens alleine
Et puis on verra sans feinte,
Si entens bien le secret
Pour ietter prompt & sans peine
L'encre hors de ton coret.

  Quand le ieune cler ouyt
Ce qui luy disoit la Dame,
Dans sa tremie luy mit,
De l'encre encore vne dragme,
Alors luy dit c'est sans blasme
Qu'il faut acheuer l'effet
Ie ne sçaurois sur mon ame
N'ay plus d'encre à mon coret.

      I i

CHANSONS
A DANSER.

I tu veux apprendre
Les pas à danser,
Il faut pour l'entendre
Vers moy t'auancer.
Fay donc a la dance le tour que voila
Soubs ceste cadance tu feras cela
Ie croy que tu refues,
A ce que ie voy
Ouure vn peu tes greues,
Et fais comme moy.
  Fay donc, &c.
Tu n'es point esmue
A glisser tes pas
Si tu ne remue,
Tu n'apprendras pas.
  Fay donc, &c.
Que te sert de feindre,
En tes pas perdans

Il ne faut rien craindre
Te voila dedans.
  Fay dóc à la dance le tour que voila
  Soubs ceste cadance tu feras cela.

Chanson à danser.

Suis ie pas belle & d'assez bonne prise,
  D'assez bon cœur pour combatre en chemise bon
    Pourquoy ne seray ie donc,
De ce beau garçon l'amie,
    Pourquoy ne seray ie donc
    L'amye de ce beau garçon.
  D'assez bon cœur pour combatre en chemise,
Il y a ià long temps qu'on m'vse de remise bon,
    Pourquoy ne seray, &c.
Il y a ià long temps qu'on m'vse de remise,
I'aimerois mieux cent fois venir aux prises bon,
    Pourquoy ne seray, &c.
  I'aymerois mieux cent fois venir aux prises,
Que de tenir si cher ma marchandise bon,
    Pourquoy ne seray, &c.
  Que de tenir si cher ma marchandise,
A mon amy i'en feray courtoisie bon,
    Pourquoy ne seray, &c.
  A mon amy i'en feray courtoisie,
Et le vieillard sera le sieur de conardise bon,
    Pourquoy ne seray, &c.
  Et le vieillard sera le sieur de conardise

Nous luy ferons porter les armes de moyſe bon,
Pourquoy ne ſeray, &c.
Nous luy ferons porter les armes moyſe,
S'il a mal à ſa teſte qu'il metté ſa chemiſe bon,
Pourquoy ne ſeray ie donc
De ce beau garçon baiſee,
Pourquoy ne ſeray ie donc,
Baiſee de ce beau garçon.

Chanſon à danſer.

BVuons mes voiſines
Nous n'y buuons point.
Nos maris ſont aux vignes,
Tous tous nuds en pourpoint.
　Nos maris ſont aux vignes
Tous nuds en pourpoint,
Les mouches les piquent
Leur leur leur bourdons leur point.
　Les mouches les piquent
Leur bourdons leur point,
Vint arriuer vn frere
Con con con ne cognoiſt point.
　Vint arriuer vn frere,
Con ne cognoiſt point,

Chansons amoureuses.

Qui m'y dit ma commere
Ie ie ie viens de fort loing.

   Qui m'y dit ma commere
Ie viens de fort loing,
I'ay tant enuie de boire
Vous vous ne m'en donnez point.

   I'ay tant enuie de boire,
Vous ne m'en donnez point,
I'ay dans ma pennetiere
Vn vn vn paté de Coin.

   I'ay dans ma pennetiere
Vn paté de Coin,
Et encore autre chose
Con con con ne sçauez point.

   Et encore autre chose
Con ne sçauez point,
Que vous dire ie n'ose
Qui qui tend & me point.

   Que vous dire ie n'ose
Qui tend & me point,
Montez haut à la chambre
Vous vous le verrez au moins.

   Montez haut à la chambre

La fleur ou l'eslite des

Vous le verrez au moins,
Quand ils furent ensemble,
De de de venir aux mains.
  Quand ils furent ensemble,
De venir aux mains
Ie vous prie ce dit elle,
Re re reuenez demain.
  Ie vous prie ce dit elle,
Reuenez demain,
Nous aurons la bouteille,
Tout tout tout pleine de vin.

   Chanson à danser.

LA haut dans ce bois
 Proche d'vn hermitte,
Est vn vilagois
Qui n'a vne pitte,
 Hau marguerite,
 Hau hau hau hau la margueritte hau.
Est vn vilageois
Qui n'a vne pitte
Mais bien qui vaut mieux
Vne fleur deslite,
 Hau marguerite, &c.

      Mais

Chansons amoureuses.

Mais bien qui vaut mieux
Vne fleur deflite,
Qui de ses beaux yeux,
L'amour mesme incite,
    Hau marguerite, &c.
  Qui de ses beaux yeux,
L'amour mesme incitte,
Elle va par fois,
Cueillir la noisille;
    Hau marguerite, &c.
Elle la par fois
Cueillir la noisille,
En sentant le frais
La belle sommeille,
    Hau marguerite, &c.
  En sentant le frais,
La belle sommeille,
La chaleur venant
Elle s'est endormie,
    Hau marguerite, &c.
  La chaleur venant
Elle s'est endormie,
  Arriue incontinent

Bonne compagnie,
 Hau marguerite,&c.
 Arriue incontinent
Bonne compagnie,
Disant a par eux,
Voila belle fille,
 Hau marguerite,&c.
 Disant a par eux,
Voila belle fille,
Ce dit le plus vieux
Elle est bien gentille,
 Hau marguerite, &c.
 Ce dit le plus vieux
Elle est bien gentille,
L'autre la voyant
Descend au plus vitte,
 Hau marguerite, &c.
L'autre la voyant
Descend au plus vitte,
Saisit a l'instant
Ceste fleur deslite.
 Hau marguerite,&c.
 Saisit à l'instant

Ceste

Chansons amoureuses.

Ceste fleur deflite,
Ell' s'esueille en sursaut,
Et si fort s'escrie.
  Hau margueritte, &c.
Ell' s'esueille en sursaut,
Et si fort s'escrie,
Si fort & si haut
Que son amy la ouye.
  Hau margueritte, &c.
Si fort & si haut
Que son amy la ouye,
Qui leur dit alors,
C'est à vous follie.
  Hau margueritte, &c.
Qui leur dit alors
C'est à vous folie,
De saisir au corps
Ma loyalle amie.
  Hau margueritte, &c.
De saisir au corps
Ma loyalle amie
Eux oyant le bruit
Prennent la guaritte.

  Hau marguerite,&c.
 Eux oyant le bruit
Prennent la guariffée,
Cessant leur deduit
Laissent margueritte.
  Hau margueritte,
  Hau hau hau hau
  La margueritte hau.

   Chanson à danser.

MOn pere ma donnée,
A vn ieune Aduocat,
La premiere nuitee
Qu'auec moy il coucha la la.
  Courage courage ma fille.
  Non tu n'en mourras pas.
 La premiere nuitee
Qu'auec moy il coucha,
Il me vint sans parler
Frapper de son matelats.
  Courage courage,&c.
 Il me vint sans parler
Frapper de son matelats,
Ie me prins à crier.
     Venez

Venez à mon trespas.
  Courage courage, &c.
 Ie me prins à crier
Venez à mon trespas,
Ma mere oyans ma plainte
Vint qui me consola.
  Courage courage, &c.
 Ma mere oyant ma plainte
Vint & me consola,
Me disant n'ayes crainte
Non tu n'en mourras pas.
  Courage courage, &c.
 Me disant n'ayez crainte,
Non tu n'en mourras pas,
Car i'estois de ta sorte
Quand l'on me fit cela.
  Courage courage, &c.
 Car i'estois de ta sorte
Quand l'on me fit cela,
Et si i'en fusse morte
Tu ne serois pas là.
  Courage courage, &c.
 Et si i'en fusse morte

Tu

Tu ne serois pas la,
Au fort si tu y meurs
Enterree tu seras.
  Courage courage, &c.
 Au fort si tu y meurs
Enterree tu seras,
Et auec force pleurs,
Las! on te portera.
  Courage courage, &c.
 Et auec force pleurs,
Las! on te portera
Au plus haut de la vi'le,
Ton sepulchre sera.
  Courage courage, &c.
 Au plus haut de la ville
Ton sepulchre sera,
Et par vn homme habille,
Ces mots l'on grauera.
  Courage courage, &c.
 Et par vn homme habille
Ces mots l'on grauera,
Cy gist la ieune fille
Qui mourut de cela.

        Cou

Courage courage, &c.
Cy gist la ieune fille,
Qui mourut de cela
C'à esté la premiere
La derniere sera.
Courage courage ma fille,
Non tu n'en mourras pas.

Chanson à danser.

NOus estions trois ieunes filles,
Toutes dansans dans vn pré,
Vint arriuer de la ville la la,
Vn bon drole d'Escollier lalironfa,
Vint arriuer de la ville
Vn bon drolle d'Escollier,
Qui nous dit mes ieunes Dames la la
Pourrois ie auec vous danser lalironfa.
Qui nous dit mes ieunes Damés
Pourrois ie auec vous dancer,
Il despouilla sa soutane la la,
Et vint auec nous bransler lalironfa,
Il despouilla sa soutane,
Et vint auec nous bransler,
Quand la dance fut faillie la la,

A rire

A rire il nous demanda lalironfa,
    Quand la dance fut faillie
A rire il nous demanda,
Qu'elle dy nous, ie te prie la, la,
Voudrois tu pour tes esbats lalironfa.
    Qu'elle dy nous, ie te prie,
Voudrois tu pour tes esbats:
Ie n'en voudrois pas pour vne la la:
Mais trop bien toutes vous trois lali-
    Ie n'en voudrois pas pour vne: (ronfa.
Mais trop bien toutes vous trois,
L'vne feroit ma cuisine la la,
L'autre feroit pour mon choix la liron-
    L'vne feroit ma cuisine   (fa.
L'autre feroit pour mon choix,
Pour celle qui est plus ieune la la,
Coucheroit entre mes bras lalironfa.
    Pour celle qui est plus ieune,
Coucheroit entre mes bras,
Tes fortes fiebures cartaines la la,
Tu peux bien prendre cela lalironfa.
    Tes fortes fiebures cartaines
Tu peux bien prendre cela,

Chanſons amoureuſes.

Tout honteux il s'en retourne la la,
Sa quille pendante en bas lalironfa.
  Tout honteux il s'en retourne,
Sa quille pendante en bas,
Retrouuer ſa compagnie la la,
Ou il ne s'en vanta pas lalironfa.

Chanſon à Danſer.

C'Eſt le verdier de Bernay,
Qui pour ſe donner carriere
A eſté planter vn may
Deuant l'huis de la muſniere.
  L'on la la tire lire la lira,
  L'on la la rirelire.
A eſté planter vn may
Deuant l'huis de la muſniere,
Apres qu'ils l'eurent planté
Ils s'en ſont en allez boire.
  L'on la la la, &c.
  Apres qu'ils l'eurent planté,
Ils s'en ſont en allez boire,
Et quand ils eurent tout beu
S'en viennet veoir la muſniere.
  L'on la la la, &c.

Et

Et quand ils eurent tous beu
S'en viennent voir la mufniere,
Le mufnier eſt ſuruenu
Qui à veu tout l'affaire.
  L'on la la la, &c.
Le Mufnier eſt ſuruenu
Qui à veü toute l'affaire,
Sortez tous hors ma maiſon,
Vous n'auez icy que faire,
  L'on la la la, &c.
Sortez tous hors ma maiſon,
Vous n'auez icy que faire,
Et à grands coups de baſton
Il vous charge la mufniere.
  L'on la la la, &c.
Et à grands coups de baſton
Il vous charge la mufniere,
Hola hau meſchant mufnier
Pourquoy bas tu ma commere.
  L'on la la la, &c.
Hola hau meſchant mufnier
Pourquoy bas tu ma commere,
Ie la battray car des hier,

La trouuay en la maniere.
  L'on la la la, &c.
Ie la battray car des hier
La trouuay en la maniere,
Ie vous laisse à penser,
Si cela m'y doibt bien plaire.
  L'on la la tire lire la rira,
  L'on la la tire lire.

Chanson à danser.

I'Ay tant battu i'ay tant vané,
Tournez ce moulin tourné,
Et si n'ay qu'vn boisseau de blé
  Tousiours,
  Tousiours tourne ce moulin
  D'amour.
 Et si n'ay qu'vn boisseau de blé,
Tournez ce moulin tourné,
Et au moulin m'en suis allé.
  Tousiours, &c.
 Et au moulin m'en suis allé
Tournez ce moulin tourné,
Mulnier y moudras tu mon grain.
  Tousiours, &c.

Musnier y moudras tu mon grain
Tousiours tourne ce moulin,
Et ouy Dame si vous voulez.
  Tousiours,&c.
  Et ouy Dame si vous voulez
Tournez ce moulin tournez,
Quellé mouture prenderez.
  Tousiours,&c.
  Qu'elle mouture prenderez
Tournez ce moulin tournez,
De mon auoine & de mon blé.
  Tousiours,&c.
  De mon auoine & de mon blé
Tournez ce moulin tournez,
Ou de ma seruante ou de moy.
  Tousiours,&c.
  Ou de ma seruante ou de moy
Tournez ce moulin tournez,
Le musnier fut fin assez,
  Tousiours,&c.
  Le musnier fut fin assez
Tournez ce moulin tournez,
A prins mouture à deux costez.
      Tou

Chansons amoureuses.

  Tousiours,&c.
A prins mouture à deux costez
Tournez ce moulin tournez,
De la Dame & de son blé,
  Tousiours,
  Tousiours ce moulin
  D'amour.

Chanson à danser.

EN reuenant d'vn bourg prez de Marmande
Ie rencontray Ianneton l'Allemande,
Mon cœur, m'amour, ma mignonne, ma belle
Ie ne t'ou, ie ne t'ou, ie ne t'oublieray iamais,
Ie rencontray Ianneton l'Allemande,
Ou allez vous belle ie luy demande,
  Mon cœur, m'amour, &c.
Ou allez vous belle ie luy demande,
Elle m'y dit, ie m'en vay à Marmande,
  Mon cœur, m'amour, &c.
Elle m'y dit ie m'en vay à Marmande
Ie la priay d'vn ioly tour de dance,

Mon cœur mamour, &c.
Ie la priay d'vn ioly tour de dance
Elle m'y respond n'entendre la cadéce,
Mon cœur, &c.
Elle m'y respond n'entendre la ca-
dence
Lors ie la pris par sa iolie main blāche,
Mon cœur, &c.
Lors ie la pris par ses iolies mains
blanches
Ie luy monstray le remuement des hā-
Mon cœur, &c. (ches,
Ie luy monstray le remuement des
hanches
Pas deux ou trois fois tant qu'elle fut
recrande,
Mon cœur, &c.
Par deux ou trois fois tant qu'elle fut
recrande
C'est assez faict retournōs à Marmāde,
Ianneton mon cœur ma mignonne ma
belle (iamais.
Ie ne t'eu ie ne t'ou ie ne t'oublieray

Chanson à danser.

Quand la bergere va aux champs
   Tousiours bon temps,
Sa quenouillette va fillant,
   Tousiours bergere,
   Tousiours ma mignonne
   Tousiours bon temps.

Sa quenouillette va fillant
Tousiours bon temps,
Et son fuseau luy va tombant,
   Tousiours bergere, &c.

Et son fuseau luy va tombant
Tousiours bon temps,
Son amy luy va recueillant,
   Tousiours bergere, &c.

Son amy luy va recueillant
Tousiours bon temps,
A chasque fois en la baisant,
   Tousiours bergere, &c.

A chasque fois en la baisant
Tousiours bon temps,
Et sa mere luy va disant,
   Tousiours bergere, &c.

Et sa mere luy va disant
Tousiours bon temps.
Gouuerne toy bien mon enfant,
Tousiours bergere,&c.
Gouuerne toy bien mon enfant,
Tousiours bon temps,
Helas! ma mere il n'est plus temps
Tousiours bergere,&c.
Helas! ma mere il n'est plus temps
Tousiours bon temps,
Car ie suis ià grosse d'enfant,
Tousiours bergere,&c.
Car ie suis ià grosse d'enfant
Tousiours bon temps,
Qui t'a dy moy faict c'est enfant,
Tousiours bergere,&c.
Qui t'a dy moy faict c'est enfant
Tousiours bon temps,
C'est vn bourgeois de S. Amant,
Tousiours bergere,&c.
C'est vn bourgeois de S. Amant
Tousiours bon temps,
Qui me l'a faict dessus vn banc,
Tou

Touſiours bergere, &c.
Qui me l'a faict deſſus vn banc,
Touſiours bon temps,
Et ſi m'a donné cinq cens francs,
Touſiours bergere, &c.
Et ſi m'a donné cinq cens francs
Touſiours bon temps,
Pour nourrir la mere & l'enfant,
Touſiours bergere,
Touſiours ma mignonne.
Touſiours bon temps.

Chanſon à danſer.

IE me leuay par vn matin,
Que iour il n'eſtoit mie
Ie m'en entray dans nos iardins,
Pour cueillir la ſoucie.
  Dibe dibe doube la la la,
  Paſſons melancolie.
Ie m'en entray dans nos iardins
Pour cueillir la ſoucie,
Ie n'en eus pas cueilly trois brins,
Que mon amy n'arriue.
  Dibe dibe doube, &c.

Ie n'en eus pas cueilly trois brins,
Que mon amy n'arriue,
Lequel me requit d'vn baiser
Ne l'ose esconduire.
  Dibe dibe doube,&c.
 Lequel me requit d'vn baiser
Ne l'ose esconduire,
Prenez en deux prenez en trois
Passez en voſtre enuie,
  Dibe dibe doube,&c.
 Prenez en deux prenez en trois,
Passez en voſtre enuie:
Mais quand vous aurez faict de moy,
Ne vous en moquez mie.
  Dibe dibe doube,&c.
 Mais quand vous aurez fait de moy
Ne vous en moquez mie,
Car si mon frere le sçauoit
Vous osteroit la vie.
  Dibe dibe doube, &c.
 Car si mon frere le sçauoit
Vous osteroit la vie,
Pource ma sœur elle sçait fort bien,

Qui ne s'en faict que rire.
>Dibe dibe doube, &c.
Pour ma sœur elle sçait fort bien
Qui ne s'en faict que rire,
Car elle en faisoit bien autant,
Quand elle estoit petite.
>Dibe dibe doube & la la la,
>Passons melancolie.

Chanson à danser.

IE m'y leuay vn iour de grand matin
  la la,
Ie m'en entray dans nos ioly iardin
  la la,
>Et ola la la & moy ie meine l'asne,
>Ie cache le baudet la ridet,
>Ie cache le baudet.
Ie m'en entray dans nos ioly iardin
  la la,
Ie rencontray rossignolet ioly la la,
>Et ola la la, &c.
Ie rencontray rossignolet ioly la la,
Qui en son chant disoit de soir & de
  matin la la,

Et ola la ia, &c.
Qui en son chant disoit de soir & de matin la la
Or faict il bon aymer la fille à son voisin la la,
Et ola la la, &c.
Or fait il bon aymer la fille à son voisin la la
S'il ne la voit au vespre il la voit au matin la la
Et ola la la, &c.
S'il ne la voit au vespre il la voit au matin la la
Et qu'au ieu d'amourette il faut estre assez fin la la
Et ola la la, &c.
Et qu'au ieu d'amourette il faut estre assez fin
Pour faire la chosette n'estre iamais chagrin
Et ola la la & moy ie meine l'asne,
Ie cache le baudet la rider,
Ie cache le baudet.

Chanson.

ENtre Paris & la Rochelle
Haube du cul serrez les fesses,
Ie rencontray trois Damoiselles
Haube du cul,
L'entredeux l'entredeux de vos fesses
N'est-ce mye la roye de vos culs.

Ie rencontray trois Damoiselles
Haube du cul serrez les fesses,
Dont la plus ieune est la plus belle,
Haube du cul, &c.

Dont la plus ieune est la plus belle,
Haube du cul serrez les fesses,
A son sein a deux pommettes
Haube du cul, &c.

A son sein a deux pommettes
Haube du cul serrez voz fesses,
L'on n'y ose la main mettre
Haube du cul, &c.

L'on n'y ose la main mettre,
Haube du cul serrez les fesses,
Si n'est clerc ou fils de maistre
Haube du cul, &c.

Si n'est clerc ou fils de maistre

Haube du cul serrez les fesses,
Ou si n'a oy chanter l'alouette,
Haube du cul, &c.

Ou si n'a oy chanter l'alouette
Haube du cul serrez les fesses
Et fidelle en amourettes,
Haube du cul,
L'entredeux l'entredeux de vos fesses
N'est-ce mie la roye de vos culs.

Chanson à danser.

IE m'y leuay par vn matin,
Vremen,
Ie m'en entray dans nos iardins,
    Vremen vremen le bon vremen.
Ie m'en entray dans nos iardins
Vremen,
Ie regarday vn pertus
    Vremen vremen, &c.
Ie regarday par vn pertus
Vremen,
Iauisay deux culs tous nuds
    Vremen vremen, &c.

Iaui

Chansons amoureuses.

Iauisay deux culs tous nuds,
Vremen,
Musnier musnier que fais tu,
    Vremen vremen, &c.
Musnier musnier que fais tu
Vremen,
Ie pilotte le vergus,
    Vremen vremen, &c.
Ie pilotte le vergus
Vremen,
Le pillon estoit velu,
    Vremen vremen, &c.
Le pillon estoit pelu
Vremen,
Le mortier estoit fendu
    Vremen Vremen, &c.
Le mortier estoit fendu
Vremen,
Le vergus s'estoit espandu,
    Vremen vremen, &c.
Le vergus s'est respandu
Vremen, (men,
L'vn dessoubz l'autre estoit dessus vre-
    Vre

Vremen le bon vremen.
Chanson à danser.

MOn pere trois moulins auoit,
Deux sont à luy & l'autre à moy,
Ie suis muniere moy,
Ie suis musniere.
Deux sont à luy & l'autre à moy,
Et le musnier qui les tenoit.
Ie suis muniere, &c.
Et le musnier qui les tenoit
Vne si belle fille auoit,
Ie suis musniere, &c.
Vne si belle fille auoit,
Ie luy dy belle baisez moy,
Ie suis musniere, &c.
Ie luy dy belle baisez moy,
De vos deux yeux regardez moy,
Ie suis musniere, &c.
De vos deux yeux regardez moy
De vos deux bras embrassez moy,
Ie suis musniere, &c.
De vos deux bras embrassez moy
De mon manteau vous couuriray,

Ie

Chanſons amoureuſes.

Ie ſuis muniere,&c.
De mon manteau vous couuriray
Et de mon pic vous fouiray,
Ie ſuis muſniere,&c.
Et de mon pic vous fouiray
Tant que ie vous contenteray,
Ie ſuis muſniere moy
Ie ſuis muſniere,&c.

Chanſon à danſer.

MArotte eſt bien malade,
L'on ne ſçait qu'elle à eu
Barbiers & medecins y ſont treſtous
venus,
Sus le menu ſus le menu,
Sus le menu mamie Marotte,
Marotte ſur le menu.
Barbiers & medecins,
Y ſont treſtous venus,
Or nous dittes Marotte,
Ou vous tient il le plus,
Sus le menu,&c.
Or nous dittes Marotte,
Ou vous tient il le plus,

Tout

Tout proche de la motte
Droit dedans mon fendu,
    Sus le menu, &c.
  Tout proche de la motte
Droit dedans mon fendu,
Elle à leué la cuisse
En tira du plus sur,
    Sus le menu, &c.
  Elle à leué la cuisse
En tira du plus sur,
Tout beau tout beau Marotte
Ne nous en tirez plus
    Sus le menu, &c.
  Tout beau tout beau Marotte
Ne nous en tirez plus,
La boisson est puante,
Le vaisseau sent le fus,
    Sus le menu, &c.
  La boisson est puante
Le vaisseau sent le fus,
Gardez le pour vos nopces
Seruira de vergus,
    Sus le menu, &c.

Chansons amoureuses.
Chanson à danser.

IE m'en allay hersoir soupper,
Chez mon voisin le boulenger,
Et il iuroit & pariuroit
Que par le pain qu'il y vendoit,
Qui m'y pust entrer dans le corps
La mie dedans la crotte dehors.

 Et onque pis
Que ie ne vous vis,
Messire henry
 Ie ne fis folie de mon corps.

Ie m'en allay hersoir soupper
Chez mon voisin le tauernier,
Et il iuroit & pariuroit
Que par le vin qu'il y vendoit,
Qui luy pust entrer dans le corps
Le vin dedans le pot dehors.

 Et onques, &c.

Ie m'en allay hersoir soupper,
Chez mon voisin Iean le boucher,
Et il iuroit & pariuroit
Que par la cher qu'il y vendoit,
Qui m'y pust entrer dans le corps.

La chair dedans les os dehors.]
　　　Et onques, &c.
Ie m'en allay' hersoir soupper,
Chez mon voisin le paticier:
Et il iuroit & pariuroit
Que par le paté qu'il vendoit,
Qui luy peust entrer dans le corps,
Paté dedans le four dehors.
　　　Et onques, &c.
　　　　Chanson à danser.

L'Autre iour ie m'y leuay
Plus matin que de coustume,
En nostre iardin entray
Pour cueillir de la verdure, la nuict,
　　La nuict, la nuict m'y dure,
　　Vray Dieu que la nuict m'y dure,
　En nostre iardin entray
Pour cueillir de la verdure.
Le mien ami rencontray
Qui iamais ne m'auoit veuë, la nuict
　　　La nuict, &c.
　Le mien amy rencontray
Qui iamais ne m'auoit veue,

Il

Chansons amoureuses.

Il me tira de son sein
La plus gaillarde ceinture, la nuict.
    La nuict, &c.

Il me tira de son sein
La plus gaillarde ceinture,
Qui couchera auec moy
Ell' l'aura c'est chose seure, la nuict.
    La nuict, &c.

Qui couchera auec moy
Il gaignera la ceinture,
Pardon ne sera pas moy
I'aurois peur d'estre feruë, la nuict.
    La nuict, &c.

Pardon ne sera pas moy
I'aurois peur d'estre feruë,
Sera ma sœur que voyla,
Qui entreprendra l'aduenture, la nuict
    La nuict, &c.

Sera ma sœur que voyla
Qui entreprendra l'aduenture,
Quand ce vint entour minuict.
Ie pensois estre perduë, la nuict.
    La nuict, &c.

Quand ce vint entour minuict
Ie pensois estre perduë,
Quand ce vint au poinct du iour,
Iamais ie ne fus plus druë, la nuict.
    La nuict, &c.

Quand ce vint au poinct du iour
Iamais ie ne fus plus druë,
Ie voudrois qu'il m'eust cousté,
Les deux bouts de ma ceinture, la nuict.
    La nuict, &c.

Ie voudrois qu'il m'eust cousté
Les deux bouts de ma ceinture,
Les deux bouts & le parmy,
Et la robbe qu'ay vestuë, la nuict.
    La nuict, &c.

Les deux bouts & le parmy
Et la robbe qu'ay vestuë,
Et qu'il m'aduint tous les iours,
Vne si bonne aduenture, la nuict.
    La nuict, &c.

Et qu'il m'aduint tous les iours
Vne si bonne aduenture,
Ie marcherois si seiy,

Les carreaux d'emmy la ruë, la nuict
La nuict, la nuict m'y dure,
Vray Dieu que la nuict m'y dure.

Chanson à danser.

EN ce ioly moys de May,
Que ce doux temps renouuelle
Et ce ioly temps d'esté
Ie prins congé de ma belle
Quand ie partis d'auec elle,
Elle m'y disoit tousiours,
  Mandez moy de vos nouuelles
  Adieu mes belles amours.
  Mamie puis que ie m'en vay,
Las! ie vous lairray seullette:
Mais quand vous penserez à moy,
Que ferez vous ma sœur doucette
Ie chanteray dans ma tourelle
Mon cœur y prendra secours.
  Mandez moy, &c.
  I'ay maintes fois passé la mer
Pour vous aller trouuer mamie,
Ie me suis mis en grand danger
En peine de perdre la vie,

Vous le sçauez bien ma Delie,
Si i'aime d'autres que vous.
    Mandez moy, &c.
  I'ay esté battue maintesfois
Mon amy quand à vous par ioye
Ma mere disoit que venois,
D'auec vous en plaisir & ioye,
Or suis ie fille sans ceruelle,
Mon doux amy c'est par vous.
    Mandez moy, &c.
  Ma mignonne mon souci,
Ma toute & ma grassellette,
Ton parler m'a d'aise raui,
Considerant l'amour parfaicte
Que tu as enuers moy, ma belle,
Augmentee tous les iours.
    Mandez moy, &c.
  Si en vostre absence amy
Auez de moy souuance,
Mon cœur seroit resiouy,
Et viurois en esperance
Qu'vn iour serois en ta cordelle,
Et coniointe auecques vous.
              Mandez

Chansons amoureuses.

Mandez moy de vos nouuelles
Adieux mes belles amours.

Chanson à danser.

CHambriere chambriere
Alez tost & venez ça,
Alez à mon amy dire
Que mon mary n'y est pas hola hola,
  Hola hola hola,
   Ie tiens la Dame peu sage
   Qui belle chambriere a,
 Allez à mon ami dire,
Que mon mary n'y est pas,
La chambriere rusee
Print son chaperon de drap hola hola
  Hola hola, &c.
 La chambriere rusee
Print son chaperon de drap,
Et tout droit s'en est allee
Au logis de l'Aduocat hola hola
  Hola hola, &c.
 Et tout droit s'en est allee,
Au logis de l'Aduocat,
Monsieur, Madame vous mande,

Que son mary n'y est pas hola hola.
　　　Hola hola, &c.
　Monsieur Madame vous mande
Que son mary n'y est pas,
Il l'empongne la galande
Dessus son lit la ietta hola hola.
　　　Hola hola, &c.
　Il l'empongne la galande
Dessus son lit la ietta,
Pourquoy faire iray ie à Romme
Quand les pardōs sont deça hola hola,
　　　Hola hola, &c.
　Pourquoy faire iray ie à Romme
Quand les pardons sont deça,
La maistresse est aux fenestres
Qui auisa tout cela hola hola,
　　　Hola hola, &c.
　La maistresse est aux fenestres
Qui auisa tout cela,
Ha dit elle bonne beste
Vostre maistre le sçaura hola hola,
　　　Hola hola, &c.
　Ha dit elle bonne beste
　　　　　　　　　　Vostre

Vostre maistre le sçaura,
Par ma foy si vous luy dirre
Ie conteray vostre das, hola hola,
  Hola hola, &c.
 Par ma foy si vous luy dirre
Ie conteray vostre cas,
La maistresse assez depitte
Dit plus ne me seruiras hola hola,
  Hola hola, &c.
 La maistresse assez depitte
Dit plus ne me seruiras hola hola,
  Hola hola hola,
  Ie tiens la Dame peu sage
  Qui belle chambriere à.

Chanson à danser.

Hier au matin m'y leuay
Allez vous en ie m'en iray,
Au iardin mon pere entray
Par dessoubs vn ente,
 Il est temps de s'en aller,
 Et de congé prendre.
 Au iardin mon pere entray
Allez vous en ie m'en iray,

Trois fleurs d'amour i'y cueillay
Par deffoubs vn ente,
    Il eſt, &c.
  Trois fleurs d'amour i'y cueillay
Allez vous en ie m'en iray,
Vn beau bouquet i'en feray,
Par deffoubs vn ente,
    Il eſt, &c.
  Vn beau bouquet ie luy feray,
Allez vous en ie m'en iray
A la dance ie l'ay porté,
Par deffoubs vn ente,
    Il eſt, &c.
  A la dance ie l'ay porté
Allez vous en ie m'en iray,
A mon amy l'ay preſenté,
Par deffoubs vn ente,
    Il eſt, &c.
  A mon amy l'ay preſenté
Allez vous en ie m'en iray,
Il la prins dont luy en ſçay gré
Par deffoubs vn ente,
    Il eſt, &c.

Il la prins donc luy en sçay gré,
Allez vous en ie m'en iray,
D'vn baiser ma remercié,
Par dessoubs vn ente,
  Il est temps de s'en aller,
  Et de congé prendre,
  Chanson à danser.

C'est au pays de par de la,
 La belle bergere,
Vne claire fontaine y a
 La la la, & la belle bergere.
Vne claire fontaine y a
La belle bergere,
I'en ay tant beu quell' ma faict mal
 La la la, &c.
I'en ay tant beu qu'ell' ma faict mal
La belle bergere,
I'en fus malade au lit trois mois,
 La la la, &c.
I'en fus malade au lit trois mois,
La belle bergere,
Tous mes amis m'y venoient veoir,
 La la la, &c.

Tous

Tous mes amis m'y venoient veoir
La belle bergere,
Mais mon amy n'y venoit pas.
　　La la la, &c.
Mais mon amy n'y venoit pas
La belle bergere,
Il ma mandé qu'il y viendra,
　　La la la, &c.
Il ma mandé qu'il y viendra
La belle bergere,
Vne bouteille apportera,
　　La la la, &c.
Vne bouteille apportera
La belle bergere,
Bouteille n'y vaut rien sans vin.
　　La la la, &c.
Bouteille n'y vaut rien sans vin,
La belle bergere,
La belle vigne sans raisin,
　　La la la, &c.
La belle vigne sans raisin
La belle bergere,
La belle gerbe sans espy,

Chanſons amoureuſes.

La la la, &c.
La belle gerbe ſans eſpy
La belle bergere,
La belle fille ſans amy,
La la la, &c.
La belle fille ſans amy
La belle bergere,
Le compagnon s'il n'eſt hardy,
La la la, &c.
Le compagnon s'il n'eſt hardy
La belle bergere,
Si ne va voir s'amie de nuict,
La la la, & la belle bergere.

Chanſon à danſer.

MOn pere n'a fille que moy
Il a iuré la ſienne foy guoy,
Trepignez vous trepignez,
Trepignez vous comme moy.
Il à iuré la ſienne foy,
Que nonnette il fera de moy guoy
Trepignez, &c.
Que nonnette il fera de moy,
Et non feray pas ne voudray guoy,

Trepi

Trepignez,&c.
Et non feray pas ne voudray
J'aimerois mieux mary auoir guoy,
Trepignez,&c.
I'aymerois mieux mary auoir
Qui my baisast la nuit trois fois guoy
Trepignez,&c.
Qui my baisast la nuict trois fois
L'vne au matin & l'autre au soir guoy
Trepignez,&c.
L'vne au matin & l'autre au soir,
L'autre à minuict ce sõt les trois guoy,
Trepignez vous trespignez,

Chanson à Danser

A Andely sur seine
Trois moulins auoit moulinet,
Le musnier qui les meine
Tant braue il estoit moulinet.
Moulinet engraine, en graine,
Moulinet engraine moy.
Le musnier qui les meine
Tant braue il estoit moulinet,
De iartiers de soye

Ses chausses lioit moulinet,
  Mouliner, &c.
 De jartiers de soye
Ses chausses lioit moulinet,
Et par ici si passe
La fille d'vn Roy moulinet,
  Moulinet, &c.
 Et par ici si passe
La fille d'vn Roy moulinet,
Et meusnier beau meusnier
Iure moy ta foy moulinet.
  Moulinet, &c.
 Et meusnier beau meusnier
Iure moy ta foy moulinet,
Et qu'elle mouture
Prendras-tu de moy moulinet.
  Moulinet, &c.
 Et qu'elle mouture
Prendras-tu de moy moulinet,
Ou de mon auoine,
Ou de mon franc blé moulinet.
  Moulinet, &c.
 Ou de mon auoine,

Ou de mon franc blé moulinet,
Ou de ma chambriere
Qui marche apres moy moulinet.
  Moulinet,&c.
 Ou de ma chambriere
Qui marche apres moy moulinet,
Voſtre chambriere
C'eſt pour mon valet moulinet.
  Moulinet, &c.
 Voſtre chambriere
C'eſt pour mon valet moulinet.
Et voſtre gent corps (belle)
Pour moy s'il vous plaiſt moulinet.
  Moulinet, &c.
 Et voſtre gent corps (belle)
Pour moy s'il vous plait moulinet,
Il l'empoigne, il l'embraſſe
La iette ſur ſon blé moulinet.
  Moulinet, &c.
 Il l'empoigne & l'embraſſe
La iette ſur ſon blé moulinet,
Et meuſnier beau meuſnier
Vous m'enfarinez moulinet.

Moulinet, &c.
Et meusnier beau meusnier
Vous m'enfariez moulinet:
Si ie vous enfarine
Ie vous esterdray moulinet.
  Moulinet, &c.
 Si ie vous enfarine
Ie vous esterdray moulinet,
Et de ma vergette
Ie vous secourray moulinet.
  Moulinet engraine, engraine,
  Moulinet engraine moy.

Chanson à danser.

I'Ay aquis vn seruiteur
Vn iour par fantasie,
Il est gay & gaillard,
Chacun y prend enuie.
  Iamais amour amour
  N'est sans melancolie.
Il est gay & gaillard
Chacun y prend enuie,

Si enuie le surprend,
C'est fait que de ma vie.
    Iamais, &c.
  Si enuie le surprend
C'est fait que de ma vie
Mais enuie ne peut rien,
C'est là où ie me fie.
    Iamais, &c.
  Mais enuie n'y peut rien,
C'est là où ie me fie,
Fi, fi, des amoureux
A qui le cœur varie.
    Iamais, &c.
  Fi, fi, des amoureux
A qui le cœur varie,
Ie ni varieray pas
Moy qui n'est qu'vne fille.
    Iamais, &c.
  Ie ni varieray pas
Moy qui n'est qu'vne fille,
Car i'ay le cœur constant,
Et veux loyauté suiure.
    Iamais amour amour

N'est,

N'est sans melancolie.

Chanson à danser.

L'Autre iour allant cueillir
La fleurette doucereuse:
I'auisay m'amie venir
D'vne façon amoureuse:
Mais pourquoy faisiez vous donc
Tant hersoir de la fascheuse:
Mais pourquoy faisiez vous donc
Tant de la fascheuse.
 I'auisay m'amie venir
D'vne façon amoureuse,
Qui peu à peu s'approchoit
D'vne façon gratieuse.
  Mais pourquoy,&c.
 Qui peu à peu s'approchoit
D'vne façon gratieuse,
Ie la requis d'vn baiser
De sa bouche sauoureuse.
  Mais pourquoy,&c.
Ie la requis d'vn baiser
De sa bouche sauoureuse.

Prenez en vn prenez en deux,
De cela ne vous refuse.
  Mais pourquoy,&c.
 Prenez en vn prenez en deux
De cela ne vous refuse,
Il la print & l'embrassa
La ietta sur la verdure.
  Mais pourquoy,&c.
Il la print & l'embrassa,
La ietta sur la verdure,
Elle s'est prinse à crier,
Me voila fille perduë.
  Mais pourquoy,&c.

Chanson à danser.

L'Autre iour m'acheminay
L'orée d'vne praire verte,
A mon chemin rencontray,
La plus gaye bergeronnette,
 Maistresse que dictes vous
 Serez vous tousiours cruelle.
A mon chemin rencontray

       La

Chansons amoureuses.

La plus gaye bergeronnette,
Alors ie luy demanday,
S'elle seroit m'amiette,
  Maistresse, &c.
 Alors ie luy demanday
S'elle y seroit m'amiette,
Elle m'a respondu que non,
Et qu'elle estoit trop ieunette.
  Maistresse, &c.
 Elle m'a respondu que non.
Et qu'elle estoit trop ieunette,
Et que de ces courtisans
L'amour n'en est point secrette.
  Maistresse, &c.
 Et que de ces courtisans
L'amour n'en est point secrette,
I'aime mieux mon Robinet
A tout sa perse iaquette.
  Maistresse, &c.
 I'aime mieux mon Robinet
A tout sa perse iaquette,
Et auec son gris bonnet
Qu'il ne met qu'aux hautes festes.

Maiſtreſſe, &c.
Et auec ſon gris bonnet
Qui ne met qu'aux hautes feſtes,
Voicy venir Robinet
Qui ioüe de ſa muſette.
 Maiſtreſſe, &c.
Voicy venir Robinet
Qui ioüe de ſa muſette,
Ils ſe mirent à danſer
Le ioly branſl' d'amourette.
 Maiſtreſſe, &c.
Ils ſe mirent à danſer
Le ioli branſl' d'amourette,
Si l'euſſiez veu patiner
Deſſus ces fraiſches herbettes.
 Maiſtreſſe, &c.
Si l'euſſiez veu patiner
Deſſus ces fraiſches herbettes,
Et comme il faiſoit mouuer
Le gros plis de ſa iaquette.
 Maiſtreſſe, &c.
Et comme il faiſoit mouuer
Le gros plis de ſa iaquette,

Et comme il faisoit bransler
Sa gaye bergeronnette.
    Maistresse que dictes vous
    Serez vous tousiours cruelle.

Chanson de l'eau & du vin.

EN France il est survenu grande mutinerie,
C'est du vin qui s'est esmeu contre l'eau par furie
Voulant faire entendre faisant grand esclandre,
Qu'il est plus à redoubter combien qu'elle soit
    grande.
   L'eau alors parlant au vin auec douce maniere,
Tu sçais qu'en pays lointain ie me donne carriere
Luy disant plus outre ie fais moulin moudre,
Et toutes herbes reuerdir & toy couleur de pourpre.
   Le vin deslors faict sçauoir transporté de colere
A l'eau quel est son pouuoir de plus ce qu'il sçait
    faire
Dit qu'il faict Danser Dame en salle & en chambre
Aussi les courtines bransler la fluste d'ou vient
    lambre
   L'eau faisant response au vin ne se voulant pas
    taire
Ie fais les nauires aller basteaux aussi gallere,
Les villes mets en ruine quand ma force domine
Chasteaux rocs pierre & mortier n'est rien que ie ne
    mine
   Quand le vin s'est veu brauer par l'eau orde &
    troublee

Sçachant qu'il a fait tirer maints cruels coups d'espee,
La guerre sans doutance declare à toute oultrance,
Voulant du tout la ruiner auecques sa puissance.

L'eau sans trop se soucier du pouuoir aduersaire,
Mande que sans plus tarder à l'eau grosse riuiere,
Et qu'auec elle ameine la riuiere de Seine,
Ayant du tout proposé mettre le vin en peine.

Le vin estant auisé de la force ennemie,
Mande tost s'acheminer ce fort vin de Candie,
A Madere & Espagne & que Muscat l'accompagne.
Ayant fort bonne volonté de tenir la campagne,

L'eau ne voulant s'arrester ayant ses troupes prestes
Delibere de marcher mettant le Rosne en teste,
Argenton Erdre Yserre, & pour son corps de garde
Se mettoit au beau milieu de la riuiere d'Ardre.

Quand le vin a ouy parler de la grand diligence,
Que fait l'eau pour l'assieger à son pays de France
Mande au vin de Gascongne venir en personne,
Et qu'il ameine auecques luy ce gros vin de Bourgongne

L'eau iura alors mander secours par toute terre,
A la riuiere de Saumur qu'elle vienne à grand erre
A celle de Somme, Duretal, la Garonne,
Vienne Oyse Sone aussi la riuiere d'Yonne.

Le vin estant aduerty de la tresgrande armee,
Que l'eau faict pour se trouuer en bataille rangee
Envoye querir Beaune Orleans & Champagne,
A Limoy Anjou aussi & que Conret l'accompagne.

L'eau

Chansons amoureuses. 537

L'eau se voyant au milieu de si belle exercite,
Faict sçauoir sans point faillir à l'Eseau trop despite
A Loire Oure Maine & pour estre asseuree
Pareillement la grand Mer qu'elle auoit oubliee.
   Quand le vin a ouy parler de la grand mer sallee
Et qu'au costé ennemy elle y estoit allee.
La paix il demande & reparant l'offense,
Permet qu'on vse de luy sans payer nulle hance.

Chanson à boire.

La compagnie doit chanter ensemblement.

ET ou auez tant esté
Ce beau pinceau ce ioly petit pinceau,
Et ou auez vous tant esté
Ce beau pinceau à peindre nez,
Et à la caue & au cellier
Ce beau pinceau ce ioly petit pinceau,
Et à la caue & au cellier
Ce beau pinceau à peindre nez.
   Qu'en auez vous rapporté,
Ce beau pinceau ce ioly petit pinceau,
Qu'en auez vous rapporté,

Mm 5

Des rubis au dessus du nez.
A qui l'auez vous rapporté
Ce beau pinceau ce ioly petit pinceau,
A qui l'auez vous rapporté
A vous qui auez si beau nez.

Ce couplet precedant acheué celuy qui va boire monstrera le verre à celuy qu'il veut inuiter, ce pendant qu'il boira la compagnie chantera ensemblement.

Voila qui s'en va à lavalee ce beau pinceau ce ioly petit pinceau.
Voila qui s'en va à lavalee ce beau pinceau à peindre nez.

Celuy auquel on a beu doit respondre ce couplet ensuiuant.

De vous ne le refuseray
Ce beau pinceau ce ioly petit pinceau,
De vous ne le refuseray
Ce beau pinceau à peindre nez.

Autre chanson.

La compagnie doit chanter ensemblement.

Quand la ligue maudite,
Nos pays gouuernoit,

Chanſons amoureuſes.

Vn chacun eſtoit triſte
Ayans au cœur regret:
Mais maintenant que le Roy regne en France
Prenons reſiouiſſance
Crions viue le Roy.
   Viue le Roy & periſſe la ligue,
   Viue le Roy viue,
   Viue noſtre Roy.
Celuy qui va boire monſtrant le verre à ſon voiſin, chantera ſeul.
A la ſanté du Roy à vous Monſieur & à moy meſme.
La compagnie ce pendant qu'il boit dira.
Viue le Roy, &c.

Autre chanſon.

L'vn de la compagnie chantera ſeul ce couplet tenãt le verre à ſa main le monſtrant à celuy auquel il veut boire, puis le couplet acheué boira.

C'Eſt à toy mon Capitaine
A qui ie bois ce coup d'autant,
Si ie le fais d'vne baleine

Il t'en faudra faire autant.

La compagnie prenant le pot ou la bouteille la tenāt entre leurs bras chanteront ensemblement ce couplet ce pendant qu'il boira.

Ie ne t'y lairray iamais m'amie
Tāt que tu feras glou, glou, glou, glou,
Ie ne t'y lairray iamais m'amie
Tant que nous ayons beu tout.

Celuy auquel l'on a beu doibt respondre seul.

Soldat ie te remercie,
De ce que tu bois à moy
De cela ne t'en soucie,
I'en feray autant que toy.

La compagnie prenans le pot chanteront, &c.

Ie ne t'y l'airray iamais, &c.

Autre chanson.

La compagnie doit chanter ensemblement,

PEndant que boirons ce vin de Gascongne,
Et que nous n'aurons aucune vergongne
Tousiours viurons de plaisir, c'est chose seure

N'o

N'oubliant à boire le vin de quatre heure.

L'vn de la compagnie chantera seul ce couplet.

Sus ie boy à toy d'autāt que ie t'ayme,
Et ainsi que moy boiras d'vne haleine,
Or sus compagnōs beuuons à la rōde,
Arrousans nos gorges du meilleur du monde.

La compagnie chanteront ensemblement cependant qu'il boire ce qui en suit frappant des mains sur la table en façon de tābour iusques à ce qu'il aye beu

Colin tampon, colin tampon, colin tampon.

Autre chanson.

La compagnie doibt chanter ensemblement.

PAssant mainte campagne,
De pays incognus,
Nous sommes en Allemaigne
Des estrangers venus,
C'est pour y voir Fancquefort la iolye,
Et y faire la vie,
Ainsi qu'aduanturiers.
Or beuuons donc compagnons d'a-
uanture

Sans

Sans auoir nulle cure,
Des gens de ces cartiers.
L'vn de la cõpagnie chantera seul ce couplet tenãt le verre.
C'est à toy donc cher frere
Que vay boire d'autant,
Raison te faudra faire
Beuuant allegrement,
Ceste liqueur
Qui faict resiouir l'homme,
Plus que tout l'or en somme
Ce la est pour le seur.
La compagnie chanteront ensemblement ce couplet,
ce pendant qu'il boira.
Or bauuons donc prenons resiouis-
sance,
N'oublions nostre chance
Comme font ces diots,
Et en beuuant menons ioyeuse vie
Chansons melancollie,
En vuidant les plains pots.
Celuy qui aura beu chantera ce couplet moustran
son verre à son compagnon.
Ie l'ay faict d'vne haleine,
N'est-ce pas bien tiré

Tu

Chansons amoureuses.

Tu en fera de mesme,
Si es bien auisé.
Celuy auquel on aura beu respondra.
Ainsi le feray,
De cela n'ayez doute,
Et si pas vne goute
Point ie ni laisseray,
La compagnie recommencera ensemblemens.
Or beuuons donc, &c.
La compagnie doiht chanter ensemblement,

Les enfans de France ayment le bon temps
Et la Normandie souffre grand tourment
Et la Picardie
N'est point resiouye,
S'elle n'y boit d'autant,
Vn archer qui tire tire tire tire tire,
Vn archer qui tire
Tire iusques au blanc.
Celuy qui va boire monstrant le verre à son voisin luy seul chante ces trois lignes suyuantes.
En voila la lance,
Baisee

Baisee sans doutance,
A toy mon enfant.
La compagnie doibt dire pendant qu'il boira,
Et qu'il n'y demeure meure, meure,
meure, meure, rien.
L'vn de la compagnie chantera seul.

I'Ay veu le cerf du bois saillir,
le bois à toy mon bel amy,
Et à ta souueraine
Or verduron duree.
La compagnie doibt dire pendant qu'il boira.
Le cerf du bois si n'est pas pris,
Il n'y faut pas boire a demy
Pas ne luy faut l'haleine,
Or verduron duree,
Celuy qui aura beu dira.
I'ay tant beu que i'ay veu le fons,
Or c'est à toy mon compagnon
A en faire de mesme,
Or verduron duree,

Chanson.

RObin & Marion s'en vont
Cueillir de la porree,

Marion

Chansons amoureuses. 545

Marion se met au mont
Robin à la vallee,
    Vaugue la gallee Robin,
    Vaugue la gallee.
  Marion se met à mont,
Robin à la vallee
Robin auisa le non
De Marion qui bee,
    Vaugue, &c.
  Robin auisa le non
De Marion qui bee,
Viença di moy Marion
Qui t'a ainsi blecee,
    Vaugue, &c.
  Viença di moy Marion
Qui t'a ainsi blecee,
Est-ce morceure de loup,
Ou si c'est coup d'espee,
    Vaugue, &c,
  Est-ce morceure de loup,
Ou si c'est coup d'espee,
Ce n'est morceure ny coup
I'ay esté ainsi nee,

              Nn

Vaugue,&c.
Ce n'est morceure ny coup
I'ay esté ainsi nee,
Ma mere en auoit autant,
Et ma grand sœur ainee,
Vaugue,&c.

Chanson.

BElle fleur iadis amoureuse,
Du Dieu qui nous donne le iour,
Te doy-je nommer mal'heureuse,
Ou trop constante en ton amour.
I'ayme la belle,&c.
Ce Dieu qui en fleur ta chargee,
N'a point changé t'a volonté,
Encor' belle fleur amoureuse,
Sens tu l'effort de ta beauté.
I'ayme la belle,&c.
Tousiours ta face languissante,
Au retz de son œil
Et des que sa clarté s'absente,
Soudain ta beauté se fanit.
I'ayme la belle,&c.
Ie t'ayme soucy miserable,

Ie

Que voulez vous que voulez vous
que i'en face
Ma mere il est trop menu,
Ostez le moy ie n'en veux plus.

Chanson.

Qvand Colinet faisoit l'amour bis
Auec sa toque de velours, bis
Et sa belle iaquette
Qui n'a faict, qui n'a dit
Colinet mon amy,
Et sa belle iaquette
Vray Dieu qu'il est ioly.
   Helas! Guillaume,
   Sur le vert sur le gris sur le iaune,
   Helas! Guillaume l'y lairras tu
   mourir.
Colinet s'en va pourmener bis
Auec sa maistresse à du cler, bis
Pour se donner carriere
Qui n'a faict qui n'a dit
Colinet mon amy,
Pour se donner carriere
Est il pas bien ioly.

Helas! Guillaume, &c.
Quand Colinet reuiét des châps bis
Il veut qu'on frotte son galand, bis
C'est pour afin qu'il entre
Qui n'a faict qui n'a dit
Colinet mon amy,
C'est pour afin qu'il entre
Dedans le pertuis,
Helas! Guillaume, &c.
Quād Coulinet veut s'aprocher bis
Sa femme ne faict que gronder bis
Luy disant que son membre
Qui n'a faict, qui n'a dit
Colinet mon amy,
Luy disant que son membre
Est trop mol & petit.
Helas! Guillaume, &c.
Par la morguoy sera vendu bis
Et couppé rasibus du cul, bis
En depit de ma femme
Qui n'a faict qui n'a dit
Colinet mon amy,
En depit de ma femme

Qui

Qui dit qu'il est trop petit.
    Helas! Guillame, &c.
Vendõs brebis vendons moutõs bis
Vendons tout ce que nous auons, bis
N'y vendons pas ce membre
Qui n'a faict qui n'a dit
Colinet mon amy,
N'y vendons pas ce m'embre
Qui faict la paix au lit.
    Helas! Guillaume,
  Sur le vert sur le gris sur le jaune
Helas! Guillaume t'y lairras tu mourir.

Chanson.

C'Est entre Paris & Lyon
Les femmes ont de si grand con
De si de si grand conscience,
A l'endroit de leur amy,
Croyez que ie le dy,
  Et baille luy bon bransle
  A frere Iean Tibaut,
  Baille luy bon bransle,
  Car la Dame le vaut.
Monsieur auoit enuie de con,

De con de confitures feiches
Pour manger à son desert
Pour auoir le cœur net,
   Et baille luy, &c.

   Madame auoit enuie de vi,
De vi violette blanche
Pour mettre à son cabinet,
Pour y faire vn bouquet,
   Et baille luy, &c.

   Monsieur auoit enuie de cul,
De cul de cultiuer sa vigne
Pour en auoir du proffit,
Ainsi comme il le dit.
   Et baille luy, &c.

   Madame auoit enuie de fou,
De fou de fourrer sa robette
Pour couurir son trediret
Afin qu'il soit de het,
   Et baille luy, &c.

   L'on dit que par de la Paris,
Les hommes ont de si grand vi,
De si de si grandes victoires
Encontre leur ennemis,

Qui

Qui aux champs se sont mis.
  Et baille luy bon bransle
A frere Iehan Tibaut,
Baille luy bon bransle,
Car la Dame le vaut.

Chanson.

Rien n'est de si variable
 Que ces gallans de la Cour
Leur humeur insatiable,
Change à toute heure du iour.
  Voila voila la la la,
  L'humeur de ces belles Aames
  Voila voila la la la,
  L'humeur de ces galans là.
Si quelque obiect se presente,
Qui n'ait encor esté veu
Soudain leur humeur changeante
Se transforme tout en feu.
  Voila voila, &c.
 Chacun d'eux en apparence
Gardent la fidelité:

Mais leur plus grande constance,
C'est en la legereté.
>Voila voila, &c.

Que nous sommes bien heureuses
Mesprisant ces vanitez,
De n'estre point amoureuses
De ces esprits esuentez.
>Voila voila la la la,
>Comme vne dame doit viure,
>Voila voila la la la,
>Comme il les faut laisser là.

Air de Cour.

O Beaux l'auriers que n'ay-ie comme vous
D'vn arbre dur l'insensible racine,
Pour ne ressentir plus les coups
Dont amour blesse ma poitrine.
>Vne Daphné se cacha bien vn iour
Fuiant Phebus soubs vostre escorce tendre
Moy ie ne puis fuir l'amour,

Ni me cacher ni me deffendre.
De voſtre chef l'immuable printemps,
Malgré l'yuer inceſſamment verdoie,
Moy ie ne verdis en nul temps,
N'y pour l'eſpoir n'y pour la ioye.
On dit L'aurier que le foudre enuoyé
Par Iupiter iamais ne vous offence,
Moy i'ay le cœur tout foudroyé,
De flames qu'vn bel œil m'eſlence.
Heureux L'aurier quand le feu vous attaint
En vous plaignant voſtre feuille craquette:
Mais moy bruſlant ie ſuis contraint
De tenir ma douleur ſecrette.
Les francs vainqueurs des genereux Rommains
De voſtre branche honoroient leur victoire,
Aux fers qui enchaiſnent mes mains,
Conſiſte ma plus belle gloire.

Air de Cour.

AV ioly bois ie m'en vay,
Au ioly bois i'iray. Auce

Auec qui?
Auecques vous Madame,
En ce ioly printemps
Auecques vous Madame
Prendre le passetemps.
Et quand?
Quand mon amy vient de dehors
Entre sos bras toute nue,
Il me baise & ie m'endors
Puis apres ie suis plus drue.
Est-il vray?
Il est bien vray
La chose est bien certaine.
Dequoy?
Qu'il est ian ian, ma mere,
Qu'il est ian ian,
Comme le sçais tu?
I'ay veu l'oyseau du nid saillir
Estant tout hors d'aleine.
Que disoit il?
Coucou.

L'amant.

Mignonne la plus gentille,
Qui soit dedans ceste ville
Tes yeux plains de mille appas
Me font hazarder friande,
De te faire vne demande
Me l'accorderas tu pas.

L'amie.

Vostre amour est vagabonde,
Vous donnez à tout le monde
Des propos tous plains d'apas,
Monsieur toutes vos merueilles
N'entrent point en mes oreilles
Non ie ne le feray pas.

L'amant.

Mon amour n'est vagabonde,
Ie ne trompe point le monde
Par des frauduleux appas,
Ni par des feintes merueilles
Ie ne charme les oreilles,
Non ie ne les charmes pas.

L'amie.

Si m'estois tant oubliee

Ou que me fusse liee,
Moy mesme dedans vos lacs
Puis apres comme infidelle
Vous fissiez amour nouuelle,
Non ie ne le feray pas.

L'amant.

Si mon ame estoit liee,
Ou qu'elle fut empiegee
De plusieurs entre les lacs,
Vous pourriez ma Damoiselle
Me tenir pour infidelle:
Mais vous ne le pouuez pas.

L'amie.

Il ne faut qu'vn bruit de ville,
Pour diffamer vne fille,
Et mettre sa gloire abas,
Puis le regret de l'offence
I'ay trop bonne conscience,
Non ie ne le feray pas.

L'amant.

Il ne faut qu'vn bruit de ville,
Pour faire croire à la fille
Qu'on ne faict plus d'elle cas:

Mais

Mais vn amoureux fidele
Sans decroiſſement de zele,
Ayme iuſques au trespas.
L'amie.
La fille eſt comme la roſe,
Qui ſoudain qu'elle eſt eſcloſe
Tout le monde en faict grand cas:
Mais auſſi toſt qu'on la cueille
Elle tombe fueille à fueille,
Non ie ne le feray pas.
L'amant.
La fille ſemble à la roſe,
Laquelle ſi l'on n'arroſe.
Soudain panche contre bas,
Tout de meſme eſt de la fille
Qui eſt au monde inutile,
Si l'homme ne l'ayme pas.
L'amie.
I'ay encor vne autre crainte,
C'eſt de deuenir enceinte,
I'ayme mieux que le trespas
Le plus malheureux m'aduienne
Si ainſi groſſe ie deuienne,

Non ie në le feray pas.
L'amant.
Il ne faut point auoir crainte,
Que pour deuenir enceinte,
Voſtre honneur ſoit mis abas,
Car touſiours le territoire
Qui produit, a plus de gloire,
Que s'il ne produiſoit pas.
L'amie.
Ne perdez pas l'eſperance,
Le temps toute choſe auance,
L'heure marche pas à pas,
Ie prendray ſur ceſt affaire
Vn bon aduis de le faire,
Ou de ne le faire pas.
L'amant.
Donc ie ne perds l'eſperance
De n'auoir voſtre accointance,
De n'eſtre admis en vos bras,
Puis que deſſus cet affaire
Vous aduiſez de la faire.
Ou de ne la faire pas.
L'amie

Chansons amoureuses.

L'amie.

Vous m'auez osté de peine,
Par vostre foy si certaine,
Venez prendre vos esbats,
Si amour frappe à ma porte
De son petit trait qu'il porte,
Ne luy ouuriray-ie pas?

Chanson nouuelle sur l'horrible trahison qu'on a voulu faire au Roy d'Angleterre.

Sur le chant, Cruelle departie, &c.

Qvi veut ouir merueille
Du tout puissant,
Qui d'amour non pareille
Va benissant
   Les Roys, qu'à son image
Il a formez,
Qui d'ennuys & dommage
A preseruez.
   Ce grand Roy d'Angleterre,
Et ses estats,
Fussent desia en terre
Par attentats:

Si le ciel qui gouuerne
Cest vniuers,
N'eust mis l'effroy d'Auerne,
En ces peruers.

Faisant par vne lettre
Voir le dessein,
Qui a faict recognoistre
Cest assassin.

La cour appareillée
Pour le conseil,
Estoit esmerueillée
De l'appareil.

Les traistres par malice
Vouloient à tort
Le Roy, Royne & noblesse
Tous mettre à mort.

Voulans auecque poudre
Et ferrement,
Mettre du tout en foudre
Le Parlement.

Mais Dieu qui fauorize
Tousiours les Rois,
Descouurit l'entreprise

A cest

Chansons amoureuses.

A ceste fois.
    La pouldre preparée
Pour cest effect,
Soubs la sale parée
Fit voir le faict.
    Lors on faict la poursuitte
De toutes parts,
De ceux qui ia en fuitte
Estoient espars.
    Mais en fin la vengeance
Bien se fera,
Car quand moins on y pense,
Arriuera.
    Les presents & salaires
Qu'on donnera,
Pour trouuer les faussaires
Les ruynera.
    Ainsi Dieu par sa grace
Conserue ceux,
Qui pour regner, la place
Ils ont receuz.
    La fortune diuerse
A tous moments,

Les meschans bouleuerse
Aux monuments.

Faut obeir fidelles
Tousiours aux Roys,
Et n'estre point rebelles
Contre leurs loix.

Seruons nous de l'exemple
En ce deffault.
Car qui bien se contemple
Iamais ne fault.

N'est-ce pas vn miracle
De ce grand Dieu,
Qui fait qu'vn tel spectacle
Ne vient à lieu.

Qui trame par enuie
Vn desseing fol,
Doibt abreger sa vie
Par vn licol.

Prions de bon courage
Le Roy des Cieux,
Nous garder de l'outrage
Des enuieux.

Chan

Chansons amoureuses. 567

Chanson nouuelle d'vne seruante de Lyon, laquelle a esté bruslée toute vine, pour auoir empoisonné sa maistresse, pensant auoir son maistre en mariage.   Sur le chant,

Il y a vn clerc en ceste ville,&c.

EScoutez vn cas deplorable,
De moy cheriue & miserable.
Le faict par trop adantureux
D'vn conseil pernicieux.

Moy qui estois pauure seruante,
Mal aduisée & peu sçauante
Ay faict à ma maistresse tort,
En la mettant du tout à mort.

C'est ennemy remply de rage,
Pour me tirer à son seruage
M'est venu ainsi deceuoir,
Pour mon ame excellente auoir.

Disant d'inuention meschante,
Que plus ie ne serois seruante.
Du poison voulois acheter
Pour ma maistresse empoisonner.

Moy estant ainsi poursuyuie
De ce faux Sathan par l'enuie,

Oo 4

M'en absentay de la maison
Pour acheter ceste poison.
  Et puis par vne folle rage
Ie la vins mettre en son potage,
Dont ma maistresse par l'effort
De ce poison fut mise à mort.
  Dequoy esmerueillé mon maistre,
Qui rien ne sçauoit du faict traistre
Que i'auois meschamment commis
Fut en grande tristesse mis.
  Faisant soudain deuoir extreme,
Pour donner remede à sa femme,
De courir aux Chirurgiens,
Pour y trouuer quelques moyens.
  Mais il n'ont sçeu en nulle sorte
Retarder ceste poison forte,
Dont ma bonne maistresse helas,
Est tout soudain mise au trespas.
  Mon maistre ignorant la furie
De la poison & maladie,
Fit subit ma maistresse ouurir
Pour le vilain faict descouurir.
  Aussi tost ma maistresse ouuerte,

Ceste

Chansons amoureuses.

Ceste poison fut descouuerte,
Et fut tout aueré le cas,
De sa mort subite & trespas.

Voyant la trahison meschante,
Et que i'estois seule seruante,
Mon maistre s'en va au Preuost,
Lequel me vient saisir bien tost.

Estant ainsi en prison mise,
Et puis par la iustice enquise
De ce meschant traistre forfait,
Soudain i'ay confessé mon faict.

Disant que soubs espoir volage
D'auoir mon maistre en mariage
I'auois donné ceste poison
A ma maistresse en trahison.

Le cas confessé, la iustice
Me condamne au dernier supplice,
Et de passer par la rigueur
Du feu en tresgrande douleur,

Ainsi par ma faute insensée
Seray toute viue bruslée,
Comme ie l'ay bien merité
Par mon faict plein de cruauté,

Or entre vous autres seruantes
Ne soyez comme moy meschantes,
Priez pour moy le doux Iesus
Conduire mon ame là sus.

*Chanson nouuelle d'vne ieune fille qui
s'est rendue Religieuse pour auoir esté abuzée de son amy pariure.   Sur le chant.*

Du branle de la Reyne.

Qvi veut ouyr chanson
Bien la plus desplorable,
Qu'il vienne ouyr le son
Et le plus lamentable,
De fille,
Gentille,
Qui s'en va au trespas.
Qui ma reduit ainsi
C'est la grand perfidie
D'vn que nommer icy,
Il faut que ie le die,
C'est Pierre,

Qu'en

Chansons amoureuses.

Qu'en terre,
Plus meschant n'y à pas.
 Ce traistre blandisseur,
Par dix mille artifices,
Me rendoit possesseur
De tant de bons seruices,
Qu'encore,
I'ignore,
Qu'il m'ait faict vn tel cas.
 Iamais à ce meschant
Ie ne luy ay faict chose
Pour changer inconstant
Vn amour si bien close,
Dont ore,
Ie plore,
Pour plaisir & soulas.
 Filles qui vous fiez
A ces feinctes promesses,
Que par moy vous soyez
Plus caute à leur finesses,
Qu'en ordre,
Par ordre,
Vous euitiez leurs lacs.

De peur de ne tenter
De quelque autre la ruze
Ie me veux abſenter
Affin qu'on ne m'abuze,
Par fine,
Maligne,
Cautelle ou autre cas.

Au dedans d'vn Couuent,
Ie vais Religieuſe,
Amortir le tourment,
De ma flame amoureuſe,
Que morte,
I'emporte,
Ma chaſteté là bas.

Ainſi par mon malheur
Ie veux ſeruir d'exemple
A celles qu'en honneur
Me ſacreront vn temple,
D'orage,
De rage,
Conſeruant leur ſoulas.

Ie m'en vay de ce lieu,
Dedans vn Oratoire,

Et

Et là tousiours mon Dieu,
J'auray en la memoire,
Du monde,
Immonde,
Laissant tous les esbats.
    Sus tost partons d'icy
Sans tarder dauantage
Prenant pour tout soucy,
De Dieu l'ample heritage,
La terre,
Grand'erre,
Est mon dernier soulas.

F I N.

AV LECTEVR.

AYant ces iours passez faict imprimer ce liure, quelques Asnes vieux sans lippe, mais doubles de queüe, plaisans sonneurs d'espinettes, violleurs, ou violonneurs de violes, raisonnants la musique, principalement quand la liqueur bachique faict son operation, leur causant vn desgorgement Asnonnin qui ne differe d'Orphée qu'en vn poinct. Mais tels quels pourroient ils estre, ie croy que leur enuieuse vie, m'a faict naistre autant d'inuention que d'heur pour rompre leurs desseins. Bien qu'ils ayent prins quelques fueilles de ma Fleur pour enrichir & orner leurs thresors & cabinets, ce neantmoins elle est demeurée en sa force, n'estant en leur puissance de la diminuer non plus de son cours que de son odeur. Mais pensant en moy qu'vne fleur effueillée ne seroit digne d'estre veüe, ie l'ay bien voulu accompagner d'vne esluë par le moyen d'vne recerche exactement faicte, dans les œuures &

manuscripts des plus fameux Poëtes du temps, y apportant tout ce que i'ay trouué de rare & digne d'estre veu, pour en faire vne fleur d'eslite, laquelle ie vous presente, amis Lecteurs : vous priant qu'elle soit preferee à tout autre. Ce faisant me donnerez subiect de continuer vne suite, laquelle ne vous sera moins plaisante que agreable. Adieu.

www.ingramcontent.com/pod-product-compliance
Lightning Source LLC
Chambersburg PA
CBHW060304230426
43663CB00009B/1582